Werner Schiebeler

LEBEN NACH DEM IRDISCHEN TOD

Die Erfahrungen von Verstorbenen

Der Bericht eines Physikers

Verlag „Die Silberschnur“ GmbH

ISBN 3-923 781 - 40 - 7

1. Auflage 1989
Druck: Strüder-Druck, Neuwied
Covergestaltung: Peter Dorn, Wenden
Printed in W.-Germany

Verlag „Die Silberschnur“ GmbH
D 5451 MELSBACH/NEUWIED, Gartenstraße 15

Über das Werk

Die beiden vorangehenden Bände "Der Tod, die Brücke zu neuem Leben" und "Zeugnis für die jenseitige Welt" schildern die vielseitigen Wirkungen, die aus dem nachtodlichen Daseinsbereich auf unsere Erde einströmen. Sie zeigen, daß unsere materielle Welt nicht die einzige Lebensform ist. Diese Erscheinungen liefern die Erfahrungsbeweise dafür, daß der irdische Tod keinesfalls das Ende des Lebens ist und deuten auf eine anschließende feinstoffliche Lebensform in einer anders aufgebauten Welt hin. Seit es Menschen auf dieser Erde gibt, waren große Teile der Menschheit davon überzeugt, daß ein Nachrichtenaustausch zwischen den beiden Lebensbereichen möglich ist und daß man Rat und sogar materielle Hilfe von verstorbenen Vorfahren oder höheren Geistern aus der anderen Welt erhalten kann. Besonders Naturvölker machten davon reichlich bei der Jagd, der Kriegführung und der Aufklärung von Verbrechen Gebrauch. Damit war es ihnen möglich, den täglichen Überlebenskampf besser zu meistern. Bei den europäischen Kulturvölkern geriet das Wissen um diese Dinge weitgehend in Vergessenheit. Erst der im vorigen Jahrhundert aufkommende moderne Spiritismus als praktische Ausübung der Verbindung zur jenseitigen Welt zeigte interessierten und wißbegierigen Menschen, daß man nicht nur gute Ratschläge aus einem anderen Daseinsbereich erhalten konnte, sondern auch umfassende Schilderungen über die dortigen Lebensbedingungen. Über sie wird in diesem Band berichtet, zugleich aber auch vor Phantasieerzeugnissen geltungssüchtiger Geistwesen oder Medien und leichtfertigem Umgang mit spiritistischen Praktiken gewarnt.

Über den Autor

Werner Schiebeler, Diplomphysiker, Prof. Dr. rer. nat., geboren 1923 in Bremen. Studium der Physik in Göttingen und 1955 Promotion mit einer Arbeit am Max-Planck-Institut für Strömungsforschung in Göttingen. Von 1955-1965 Tätigkeit in der Elektroindustrie bei der Fa. Standard-Elektrik-Lorenz AG. in Pforzheim, davon sieben Jahre als Leiter einer Entwicklungsabteilung für elektronische Fernschreibtechnik. Ab 1965 Dozent für Physik und Elektronik an der damaligen Staatlichen Ingenieurschule in Ravensburg, der heutigen Fachhochschule Ravensburg-Weingarten. 1971 Ernennung zum Professor und 1983 der Eintritt in den Ruhestand. Neben den naturwissenschaftlich-technischen Lehrfächern seit 1969 regelmäßige Vorlesungen und Vorträge an der eigenen Hochschule und im ganzen deutschsprachigen Raum über das Lehrgebiet der Parapsychologie und Parapsychophysik auch nach Eintritt des Ruhestandes. Veröffentlichung zahlreicher Zeitschriftenartikel und Broschüren.

Zum Gedenken an

Dr.-Ing. Rudolf Schwarz,

geb. 31.3.1904, gest. 25.2.1963,

den Begründer einer vergleichenden Jenseitskunde

Inhaltsverzeichnis

1. Einleitung

Bei der Erörterung der Frage des irdischen Todes und des eventuell möglichen Fortlebens danach wird häufig die Redensart gebraucht: "Von den Toten ist ja noch keiner zurückgekommen". Sofern mit dieser Aussage eine dauernde Rückkehr gemeint wird und man von einer möglicherweise eintretenden Reinkarnation[1)] absieht, stimmt dieser Ausspruch natürlich. Für kurze Zeiten sind dagegen Verstorbene, die man landläufig als "tot" bezeichnete, schon in zahllosen Fällen auf diese Erde zurückgekehrt. Das geschah entweder in voller körperlicher Gestalt, u.a. bei sogenannten Materialisationsmedien oder aber überwiegend durch vorübergehende Inbesitznahme des Körpers von noch auf dieser Erde lebenden Menschen, die wir als medial bezeichnen. Deren Steuerungszentrum oder ihr menschlicher Willen lassen sich erfahrungsgemäß unter bestimmten Umständen mehr oder weniger stark ausschalten und durch einen fremden Willen ersetzen. Das ist in gewissen Fällen schon unter lebenden Menschen möglich, nämlich durch den Vorgang der sogenannten Hypnose[2)]. In besonderem Maße aber können Verstorbene, sogenannte "Geistwesen", den Willen und das Wachbewußtsein von dazu veranlagten Menschen in mehr oder weniger starken Umfang ausschalten. In ausgeprägten Fällen sind diese dann in der Lage, die Sprechorgane und andere Körperglieder *(z.B. die Hände)* der entsprechend veranlagten Menschen *(man spricht von Medialität = Mittlerfähigkeit)* so anzusteuern, als ob es ihre eigenen wären. Ihr ganzes persönliches Wissen samt ihren Spracheigenheiten können sie auf diese Weise anderen lebenden Personen mitteilen. Je nach dem Grad der Ausschaltung des Wachbewußtseins der vermittelnden Menschen, also der Medien, spricht man von Volltrance, Halbtrance[3)] oder Inspiration.

Die genauen physikalischen und physiologischen Abläufe bei

1) *Reinkarnation = Wiederkehr auf diese Erde in dem Körper eines neugeborenen Kindes, eine Annahme, die u.a. Hindus und Buddhisten vertreten, die aber auch in der Parapsychologie als Hypothese eine Rolle spielt.*

2) *Hypnose (von griech. hypnos = Schlaf) ist eine durch Einrede eines anderen Menschen bewirkte Ausschaltung des normalen Wachbewußtseins und der Entscheidungsfähigkeit und eine weitgehende Unterwerfung unter den Willen des Hypnotiseurs.*

3) *Trance (von manchen Autoren auch "Trans" genannt, von latein. trans = jenseits), ein besonderer Zustand, in dem die Herrschaft des eigenen Willens über den Körper aufgehoben und oft auch das Wachbewußtsein ausgeschaltet ist.*

diesem paranormalen Geschehen sind bis heute unbekannt. Jedoch berichtet der englische parapsychologische Forscher Findlay[1)], was jenseitige Wesenheiten ihm vermittels seines Mediums Sloan zu dem Vorgang sagen konnten (5, S. 214): "Frage: 'Was geschieht eigentlich, wenn ihr das Medium unter euren Einfluß stellt und dessen Stimmorgane benützt?' (Dies bezieht sich auf Trance-Äußerungen, nicht auf die direkte Stimme) Antwort: 'Wenn das Medium unter Kontrolle steht und wir durch seine Stimmorgane sprechen wollen, versetzen wir es in einen passiven Zustand. In diesem Zustand befindet es sich, wenn es in Trance ist. Sein Geist hat für einen Augenblick seinen Körper verlassen und befindet sich außerhalb desselben. Wenn es sich in dieser Verfassung befindet, können wir auf seinen Kehlkopf und seine Stimmbänder, seine Zunge und die Muskeln seines Kehlkopfes einwirken. Jedoch treten wir nicht in das Medium hinein, sondern stehen hinter ihm. Wir können uns in einen Zustand versetzen oder im Einklang mit dem Medium in einem Maße kommen, daß, wenn wir unsere Stimmorgane bewegen, die des Mediums sich entsprechend bewegen. Es besteht ein ätherisches oder psychisches Bindeglied, wie man es nennen will, das auf die Muskeln des Mediums dieselbe Wirkung hat wie eine Stimmgabel auf eine andere Stimmgabel, wenn sie beide auf dieselbe Tonhöhe abgestimmt sind. So wirken die beiden Stimmsysteme in Übereinstimmung miteinander. Es kommt nicht in Frage, daß die Botschaften irgendwie vom Geist des Mediums beeinflußt sind, da dessen Geist keinerlei Rolle dabei spielt. Wir wirken nicht durch seinen Geist, sondern direkt auf seine Stimmorgane[2)]. Alles, was durchkommt, ist genauso, wie es im Geist des wirkenden Ätherwesens entsteht. Geist und Hirn des Mediums sind für den Augenblick ausgeschaltet, und der geistige Organisator beaufsichtigt die Muskeln der Stimmorgane des Mediums.'"

Die äußerlichen Vorgänge der Trance-Rede, der Trance-Schrift *(oft 'automatische Schrift' genannt)* und der Voll- und Teilmaterialisationen sind bereits in den beiden Büchern "Der Tod, die Brücke zu neuem Leben" (17) und "Zeugnis für die jenseitige Welt" (18) von mir ausführlich behandelt worden. Diese Schilderungen betrafen das Auftreten von vielseitigen Einwirkungen, die aus dem nachtodlichen

1) Arthur J. Findlay, 1883-1964, englischer Schriftsteller, Friedensrichter und parapsychologischer Forscher, der mit dem englischen Medium für direkte Stimme John C. Sloan (1870-1951) zusammenarbeitete.

2) Das gilt aber nicht allgemein. Bei anderen Formen der Trance wird auf den Geist (das Gehirn) und nicht auf die Muskeln des Mediums eingewirkt.

Daseinsbereich auf unsere Erde einströmen. Sie zeigen, daß unsere materielle Welt nicht die einzige Lebensform ist. Die Erscheinungen liefern die Erfahrungsbeweise dafür, daß der irdische Tod keinesfalls das Ende des Lebens ist und deuten auf ein anschließendes feinstoffliches Leben in einer anders aufgebauten Welt hin. Seit es Menschen auf dieser Erde gibt, waren große Teile der Menschheit davon überzeugt, daß ein Nachrichtenaustausch zwischen den beiden Lebensbereichen möglich ist und daß man Rat und sogar materielle Hilfe von verstorbenen Vorfahren oder höheren Geistern aus der anderen Welt erhalten kann. Besonders Naturvölker machten davon reichlich bei der Jagd, der Kriegführung und der Aufklärung von Verbrechen Gebrauch. Damit war es ihnen möglich, den täglichen Überlebenskampf besser zu meistern. Bei den europäischen Kulturvölkern geriet das Wissen um diese Dinge weitgehend in Vergessenheit. Erst der im vorigen Jahrhundert aufkommende moderne Spiritismus als praktische Ausübung der Verbindung zur jenseitigen Welt zeigte interessierten und wißbegierigen Menschen, daß Wesenheiten aus einem anderen Daseinsbereich manchmal auch praktische Hilfe für das tägliche Leben geben konnten, und das nicht nur durch mehr oder weniger gute Ratschläge, sondern durch beeindruckende Eingriffe in das Leben einzelner Personen oder sehr wertvolle Informationen. Zwei Beispiele sollen das belegen:

Mitte des vorigen Jahrhunderts lebte in Cleveland (Ohio, USA) der in Deutschland geborene Arzt Dr. med. Bernhard Cyriax. Er war damals Professor an einer medizinischen Hochschule. In jener Zeit griff, ausgehend von dem Spukfall (1848) bei der Familie Cox in dem Dorf Hydesville im Staate New York (USA), der neuzeitliche Spiritismus in starkem Maße um sich. Damit ist gemeint, daß an vielen Stellen Amerikas und wenig später auch in Europa der Versuch gemacht wurde, über medial veranlagte Menschen mit der jenseitigen Welt Verbindung aufzunehmen. Dabei traten die sonderbarsten paraphysikalischen Erscheinungen zutage, wie ich sie in dem Buch "Zeugnis für die jenseitige Welt" (18) beschrieben habe. Um die Echtheit dieser Erscheinungen entbrannte bereits damals ein erbitterter Kampf zwischen ihren Gegnern und Befürwortern. Zu ersteren gehörte anfangs auch Dr. Cyriax. Er sah den Spiritismus als Täuschung an (3, S. 64) und meinte, daß es an der Zeit sei, die Vorgänge zu erforschen und den Schwindel aufzudecken, um seine Weiterverbreitung zu verhindern. Zu diesem Zweck besuchte er ab 1853 spiritistische Sitzungen. Er begann damit in dem Kreis eines Ehepaars Morrill (3, S. 67), wobei Frau Morrill ein gutes Medium für physikalische Phänomene und Trance-Durchgaben war. Man gestattete Cyriax eine genaue Durchsuchung des ganzen Hauses und des Sitzungszimmers, wobei er nichts fand, was zum betrügerischen Hervorbringen der Erscheinungen hätte dienen können. Trotz seiner betonten Skepsis und Vorsicht erlebte er schon bei seiner ersten Sitzungsteilnahme ganz erstaunliche telekinetische Vorgänge, die seine höchste Verwunderung hervorriefen. Außerdem meldete sich für ihn durch das Medium schriftlich seine verstorbene Halbschwester Amanda Cyriax. Sie konnte auf sehr eingehende Fragen über ihr früheres Leben (3, S. 71) und die Familienverhältnisse genaue Auskunft geben. Dabei bediente sie sich der für das amerikanische Medium nicht lesbaren deutschen Schrift. Diese und andere Kundgaben überzeugten Dr. Cyriax schon nach wenigen Sitzungen, daß bei den von ihm erlebten spiritistischen Vorgängen kein Trick, Schwindel oder die Bühnenzauberkunst im Spiel sein konnten. Außerdem machten sich bei ihm selbst sehr bald eigene mediale Fähigkeiten bemerkbar. Diese hatten besonders bei seiner späteren häufigen Teilnahme an Materialisationssitzungen günstige Auswirkungen und führten schließlich zu einem für ihn lebensrettenden Erlebnis. Im Augenblick höchster Gefahr konnten sich bei ihm zwei Phantome auch außerhalb einer Sitzung materialisieren und ihm Hilfe leisten. Cyriax berichtet (3, S. 135):

"Es war, wenn ich mich recht erinnere, kurz nach Neujahr 1869, als ich eines Abends zwischen 11 und 12 Uhr in einem furchtbaren Sturm nach Hause kam und mich zu Bett legte. Wie lange ich geschlafen habe, weiß ich nicht. Ich fühlte auf einmal, wie mein Hündchen mich im Gesicht leckte, ängstlich wimmerte und mit den Füßen die Bettdecke von mir abzukratzen versuchte, also jedenfalls, um mich aufzuwecken. Ich fühlte mich unwohl, es lag wie ein schweres Gewicht auf meiner Brust. Ich fühlte, daß etwas Besonderes, mir Schädliches, eingetreten war. Allein mein Kopf war so schwer, daß ich nicht imstande war, mich zu erheben, und verlor das Bewußtsein.

Plötzlich fühlte ich mich im Bett in die Höhe und aus demselben herausgerissen, durch zwei kräftige Männer aus dem Zimmer hinausgeschleppt in die lange Vorhalle, wo das Fenster auf war, und immerfort gerüttelt, geschüttelt, hin und her geschleift und endlich nach der Wasserleitung geführt, wo man meinen Kopf unter den Kran hielt, denselben öffnete und das kalte Wasser über mich ausströmen ließ. Ich war vollständig willenlos und unterwarf mich allen Manipulationen ohne Widerstand, trotzdem ich nicht begreifen konnte, was das alles zu bedeuten hatte. Jetzt wurde mir geboten, von dem

Wasser zu trinken, und als ich es getan hatte, mußte ich mich stark erbrechen. Nun erst löste sich der Bann. Ich fühlte, daß das Haus von Rauch und Gas erfüllt und ich dem Ersticken nahe gewesen war. Nun schaute ich mir die beiden Männer erst an, und zu meinem größten Erstaunen erkannte ich in ihnen meine nächsten Schutzgeister, den Hans Alexander von Alvensleben und Guillelmo Mazzarini, welche vollständig materialisiert mir kräftig zur Seite standen. Nun erhielt ich von ihnen Aufschluß über das Vorgefallenen: Wie es bei den damals gebrauchten Steward-Öfen stets geschah, hatte ich vor dem Schlafengehen noch einige große Stücke bituminöser Kohle in den Ofen getan und, als diese ziemlich gut brannten, einen Kasten voll aus der Asche ausgesiebter, mit Wasser begossener kleiner Kohlen darauf geschüttet, bis der Ofen voll war, und hatte wie stets die Ofentür aufgelassen. Durch den Sturm war der auf dem Schornstein angebrachte eiserne Hut gebrochen und fest auf die Öffnung gepreßt worden, so daß kein Gas oder Rauch ausströmen konnte, sondern in das Zimmer dringen mußte. Mein Hund, der die Gefahr merkte, wollte mich wecken, aber ich war bereits nicht mehr fähig, mich aus der Betäubung herauszureißen, und wäre sicherlich erstickt, hätten meine geistigen Freunde sich nicht ins Mittel gelegt, sich materialisiert und mich mit physischer Kraft emporgerissen und an die frische Luft gebracht. Mein Hund war uns nachgesprungen, und als er sah, daß ich ihn beobachtete, sprang er heulend und winselnd an mir empor. Ich nahm ihn in meinen Arm und herzte ihn für seinen Versuch, mich zu retten. Er schien sich der Gefahr sehr wohl bewußt zu sein, denn er winselte und schmiegte sich an mich an und leckte mir Gesicht und Hände. 'Jetzt geh erst schnell in das Zimmer', sagte Hans Alexander zu mir, 'öffne die Fenster, lösche das Feuer und hole deinen Kanarienvogel heraus. Derselbe liegt betäubt am Boden des Käfigs, aber wenn du ihn an die Luft bringst, so erholt er sich wieder.' Ich fand den Vogel richtig so, wie er gesagt hatte, hing ihn an die Luft, und so erholte er sich bald.

Nun aber überlief mich mit einem Male ein heftiger Frost, und erst jetzt war ich mir bewußt, daß ich in einem durchnäßten Hemde ohne jegliche andere Bekleidung in dem Durchzug stand und sprach natürlich die Befürchtung aus, daß ich davon sehr krank werden würde. Doch meine geistigen Besucher und Lebensretter beruhigten mich, indem sie mir die Versicherung gaben, daß ich vollständig unter ihrem Einfluß stehe und sie die Reaktion in meinem Körper aufhalten würden. Ich tat, wie sie mir gesagt, rieb mich mit einem türkischen Handtuch tüchtig am ganzen Körper ab, zog ein trockenes

Hemd an und legte mich zu Bett, auf ihr Geheiß die Fenster trotz des Sturmes und der Kälte offen lassend, und nach einigen magnetischen Strichen war ich eingeschlafen. Jedenfalls hatten sie es verstanden, eine kräftige Reaktion hervorzurufen, denn am nächsten Morgen, als ich erwachte, lag ich in starkem Schweiß, fühlte mich aber mit Ausnahme einer Schwäche und etwas benommenem Kopf ganz wohl.

Ich übergebe hiermit den geehrten Lesern die Beschreibung dieser Krafteinwirkung, wie sie mir wahr und wahrhaftig passiert ist im Januar des Jahres 1869 in meiner Wohnung Nr. 130 Ontariostreet zu Cleveland, Ohio. Ich habe sie gegeben in einfachen Worten ohne Ausschmückung, aber auch ohne Weglassung und muß nun den Lesern überlassen, ihr Urteil darüber zu fällen. Für mich steht es fest, daß bei dieser Manifestation, sowie bei den vorher beschriebenen Tatsachen, wirkliche Manifestationen vorliegen und nicht durch meine eigene Psyche mir vorgezauberte plastische Halluzinationen, wofür auch der am darauffolgenden Tag noch zu beobachtende Rauch und Gasgeruch, die offenen Fenster, mein Kanarienvogel im anderen Zimmer, sowie das nasse Hemd und der umgebrochene Hut auf dem Schornstein Zeugnis ablegten."

Dr. Cyriax beschreibt neben weiteren Erlebnissen und Ereignissen noch folgendes, bei dem ein auf dieser Erde lebender Mensch durch Einwirkung einer jenseitigen Wesenheit vor großem Schaden bewahrt wurde. Cyriax war in der Anfangszeit seiner spiritistischen Tätigkeit von einem Maler Lanning in einen sogenannten Entwicklungszirkel eingeladen worden. Dabei handelte es sich um eine Gruppe von Teilnehmern, von denen einige ihre medialen Anlagen zur Entfaltung bringen wollten. Unter den bereits fortgeschrittenen Medien befand sich eine Mrs. French. Von ihr berichtet Dr. Cyriax (3, S. 82):

"Hier sei noch eines höchst merkwürdigen, direkt in das Leben eingreifenden Vorfalls gedacht. Bei einer Nachmittagssitzung erhielt Mrs. French wieder plötzlich eine Mitteilung durch den Geist ihrer Tochter, welche sie veranlaßte, sofort aufzubrechen und mit dem nächsten Zug nach Philadelphia zu fahren, da sie dort in dem Hotel, wo sie gewöhnlich logierte und dessen Besitzer ein spezieller Freund von ihr war, eine Feuersbrunst verhüten müsse. Sie wußte selbst nicht wie, aber gewohnt, den Wünschen ihrer geistigen Führer nachzukommen, zögerte sie nicht, sofort abzureisen, und der Erfolg zeigte, daß ohne ihre Dazwischenkunft ihr Freund Haus und Hof verloren haben würde. Sie kam abends 8 Uhr in Philadelphia an und teilte dem

Hotelbesitzer sogleich ihren Auftrag mit, ohne jedoch im Stande zu sein, Näheres anzugeben. Sie handelte vollständig nach den Eingebungen, welche sie von ihren geistigen Führern erhielt, und so verlangte sie, im Hause umhergeführt zu werden. Beim Durchgehen der verschiedenen Stockwerke blieb sie vor einer kleinen Kammer, welche durch einen Verschlag unter einer Treppe gebildet war, stehen und gab diese Kammer als den Platz an, wo das Feuer angelegt werden würde. Als zufällig der Hausknecht auf den Hofe vorüberging, bezeichnete sie diesen als den Mann, der das Verbrechen begehen würde.

Gegen 11 Uhr nachts begaben sich Mrs. French und der Wirt mit zwei Polizisten in ein der kleinen Kammer gerade gegenüber gelegenes Zimmer. Dort verharrten sie im Dunkeln und ganz im Stillen bis etwas nach Mitternacht, als sie jemand ganz leise auf einer Hintertreppe heraufkommen und die Kammer öffnen hörten. Nach einigen Minuten sagte das Medium, jetzt sei es Zeit. Es wurde Licht gemacht, und die beiden Polizisten sprangen plötzlich aus dem Zimmer und packten einen Mann, gerade als er die Kammertür schloß. Dieser war wirklich der von seinem Hausherrn aus dem Dienst entlassene Hausknecht, welcher sich durch Feuerlegen für die Entlassung rächen wollte. Er hatte einen Korb mit Spänen gefüllt, diese mit Petroleum getränkt und soeben unter die Treppe gesetzt, welche bereits von den Flammen ergriffen war, als man die Kammer öffnete. Da dieser Teil des Hauses gerade die Familienwohnung enthielt und folglich nach Mitternacht nicht mehr von vielen Personen betreten wurde, hatte der Bursche ganz richtig kalkuliert, daß dort das Feuer sich ruhig ausbreiten könne und daß, wenn es entdeckt würde, Hilfe nicht rasch genug herbeigeschafft werden konnte, um das Haus zu retten.

Wie konnte das Medium in Baltimore von diesen Vorgängen eine Kenntnis haben? Gedankenlesen war es nicht, denn dann hätte es ja mit dem Knecht zusammen sein müssen! Hier liegt doch jedenfalls ein Fall von Vorherwissen zukünftiger Dinge vor; aber natürlicher erscheint mir die Annahme, daß die Geister, welche Mrs. French kontrollierten und oft durch sie mit ihrem Freund im Philadelphia in Verbindung gekommen waren, die vorbereitenden Handlungen des Hausknechtes wirklich wahrgenommen hatten und nun das Medium veranlaßten, sich an den Ort der zu begehenden Handlung zu begeben und vermöge der Gabe des Hellsehens das Verbrechen zu verhüten."

Als Beispiel aus neuester Zeit möchte ich hier ein Geschehen berichten, das jetzt, im März 1989, noch nicht einmal abgeschlossen ist. Es liefert einen sehr starken Beweis für das persönliche Überleben eines bestimmten Menschen, der bis 1951 auf dieser Erde gelebt hat. Bei solch einem Nachweis besteht immer die Schwierigkeit, auf welche Art ein Verstorbener seine Weiterexistenz und seine Identität überhaupt nachweisen kann. Da er körperlich hier auf Erden nicht mehr ständig in Erscheinung treten kann, lassen sich dazu nur der Fortbestand seines Gedächtnisses, seines Wissens und geistigen Könnens und die Darbietung seiner Persönlichkeitsstruktur verwenden. Zum geistigen Können gehören z.B. wissenschaftliche und künstlerische Fähigkeiten mit ihren persönlichen Ausprägungen, aber auch die Kunst hervorragenden Schachspiels. Durch letzteres, sowie zahlreiche detaillierte, jedoch nur mit Mühe überprüfbare Angaben aus seinem Leben, stellt der 1951 verstorbene ehemalige ungarische Schachgroßmeister Géza Máróczy *(geb. 1870, Bild 1)* sein Weiterleben unter Beweis. Dabei handelt es sich um folgendes: Der mir seit langem persönlich bekannte Schweizer Dr. Wolfgang Eisenbeiss ist sowohl Schachspieler als auch an Fragen der Parapsychologie und des Fortlebens nach dem Tode interessiert. Er lernte vor einigen Jahren einen schreibmedial veranlagten deutschen Musiker und Komponisten namens Robert Rollans (geb. 29.1.1914) kennen. Dieser kann Verbindung mit verstorbenen Menschen aufnehmen und deren Mitteilungen durch seine Hand, die paranormal angesteuert wird, niederschreiben. Dr. Eisenbeiss verfolgte nun den Gedanken, ob es nicht möglich sein könnte, über das Medium Rollans, das selbst nicht Schachspieler ist und zunächst nicht einmal die Schachfiguren richtig aufstellen konnte, eine Fernschachpartie zwischen einem verstorbenen Schachgroßmeister und einem noch auf Erden lebenden Großmeister zu veranstalten. Wenn das gelingen würde und ein Spiel von hohem Niveau herauskäme, würde das den Beweis dafür liefern, daß nicht das Medium selbst - bewußt oder unbewußt - als Schachspieler angesehen werden kann. Der Ablauf des Spiels und die dabei möglicherweise zutage tretenden Feinheiten und Mitteilungen bisher unbekannter Art könnten dann einen Identitätsbeweis erbringen.

Dr. Eisenbeiss übergab Robert Rollans eine Liste von einem Dutzend verstorbener bedeutender Schachgroßmeister mit der Bitte und dem Auftrag, über die jenseitigen Verbindungen zu erkunden, ob nicht einer von ihnen zu finden und dann auch bereit wäre, gegen einen irdischen Schachgroßmeister eine Fernschachpartie zu spielen.

Von Rollans' jenseitigen Führungsgeistern wurde der 1951 verstorbene ungarische Schachgroßmeister Géza Máróczy (Bild 1) ausfindig gemacht, der sich zu diesem Spiel bereit erklärte. Als irdischen Gegner seines jenseitigen Schachspielers gelang es Eisenbeiss, den russischen Großmeister Viktor Kortschnoi (Bild 2) zu gewinnen. Dieser lebt seit Ende des vorigen Jahrzehnts in der Schweiz. Zweimal (1978 und 1981) war er bei der Schachweltmeisterschaft der Herausforderer des Russen Karpow. Lezterer war allerdings der Gewinner dieser Weltmeisterschaften.

Die Fernschachpartie Mároczy gegen Kortschnoi begann 1985. Sie läuft so ab, daß in der Wohnung des Mediums Rollans ständig ein kleines Steck-Schachspiel mit dem jeweiligen Spielstand aufgestellt ist. An diesem Schachbrett orientiert sich der jenseitige Géza Mároczy, überlegt seine Züge und teilt sie durch die Hand des Mediums schriftlich mit. Letzteres leitet die Mitteilung an Dr. Eisenbeiss in St. Gallen weiter, der seinerseits Viktor Kortschnoi davon in Kenntnis setzt. Kortschnoi wiederum übermittelt seinen neuen Zug an Eisenbeiss, der die Mitteilung darüber an Rollans weiterleitet. Dieser führt den Zug dann physisch auf seinem Schachbrett durch und setzt dadurch den Geist Mároczy in Kenntnis. Dieser kann nun einen neuen Zug überlegen, und der Ablauf beginnt von neuem. Da sowohl Kortschnoi als auch Rollans beruflich sehr beschäftigt sind, zieht sich die Abwicklung eines Zuges oft wochen- und monatelang hin. Rollans und Kortschnoi kennen sich nicht, haben sich noch nie gesehen und haben keine unmittelbare Verbindung miteinander.

Dr. Eisenbeiss schildert das Geschehen mit folgenden Worten (4, S. 21):

"Als Parapsychologe mit besonderem Forschungsgebiet der Frage nach einem nachtodlichen Leben befaßte ich mich seit Jahren mit dem Gedanken, eine Schachpartie zwischen einem lebenden und einem verstorbenen Großmeister zu inszenieren. Einer Anregung des Urner Zahnarztes Dr. Waldhorn ist es zu danken, daß ich endlich versuchte, das Experiment in die Tat umzusetzen. Es ging und geht mir darum, das Überleben des Todes mit Hilfe von Rahmenbedingungen, die wissenschaftlichen Kriterien genügen, indizienmäßig zu beweisen. Als Mittler oder Medium stand mir Robert Rollans, 71, unentgeltlich zur Verfügung. Schon vor Jahren hatte ich die schreibmediale Begabung dieses deutschen Musikers böhmischer Abstammung mit positivem Ergebnis geprüft. Rollans, der von Schach nichts versteht, bekam den Auftrag, im Jenseits aus einer Gruppe verstorbener Großmeister einen Gegner für Kortschnoi zu suchen. Kortschnoi selbst hatte vorgängig seine Teilnahme am Experiment freundlicherweise ebenfalls unentgeltlich zugesagt. Rollans "fand" schließlich

Bild 1 Géza Mároczy (1870–1951), früherer ungarischer Schachgroßmeister

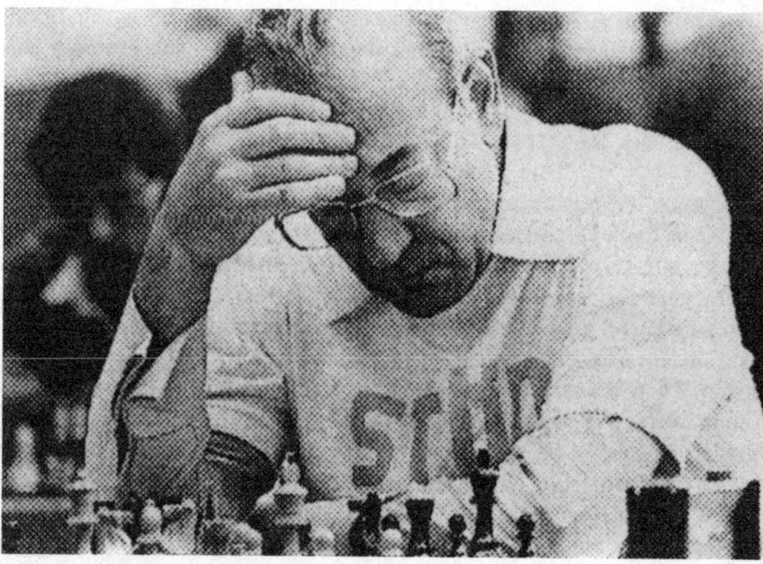

Bild 2 Viktor Kortschnoi, geboren 1931, russischer Schachgroßmeister, jetzt in der Schweiz lebend

Géza Mároczy, der sich mit Freude bereit erklärte, die Partie zu spielen, nachdem seine Schutz- und Führungsgeister ihre Einwilligung gegeben hatten, dies in dem Bestreben, die Menschen sollten sich doch mit der Tatsache eines nachtodlichen Lebens vermehrt auseinandersetzen.

Auf mein Ersuchen hin gab Mároczy eine sich über 40 Seiten hinziehende, teils sehr detaillierte Schilderung seines Lebens. Basierend darauf habe ich 39 Fragen erstellt, die der ungarische Historiker Laszlo Sebestyew in über 70 Stunden Arbeit beantworten konnte *(freilich habe ich ihm den 'Background' verschwiegen und gab vor, eine Arbeit über Mároczy zu schreiben).* Dabei haben ihm Mároczys noch lebende Kinder - heute beide über 80 Jahre alt - maßgeblich geholfen. Das Erstaunliche: Die Antworten decken sich im Kern alle mit Mároczys Bericht. Die Differenzen im Unwesentlichen sprechen für die Echtheit des Vorganges, also widerlegen etwa den Einwand, das Medium hätte Mároczys Schilderung dessen noch lebenden Kindern abgezapft.

Über das Medium ließ ich Mároczy fragen, ob er sich an eine Partie mit einem gewissen Romi erinnern könne. Ich hatte nämlich aus Mároczys Laufbahn eine Partie herausgesucht, die er mit einem völlig unbedeutenden Gegner gespielt hatte, die aber andererseits ein Juwel mit einem Schlüsselzug aufwies. Da war die Partie gegen Romi, gespielt 1930 in San Remo, genau das richtige. Die für Mároczy mit Weiß hoffnungslose Stellung:

Weiß: Kh2, Dh6, Te1, Tg6, Bauern a2, e7, f4, g2, h3
Schwarz: Ke8, Db2, Td2, Th8, Lc8, Bauern a7, b7, c6

Auch Turniersieger Aljechin glaubte, Mároczy (Weiß) sei verloren, doch dann folgte sein einmaliger studienhafter 41. Zug (Mároczy gewann mit 41. Dh5!). Doch hören wir, wie sich Mároczy noch zu erinnern vermag, wobei vor allem auch jene Details zu würdigen sind, die kaum mehr einem lebenden Menschen bekannt sein dürften. Mároczy macht zunächst darauf aufmerksam, daß sich Romi mit einem 'h' am Ende geschrieben habe. Dann aber: 'Ich hatte einen Jugendfreund namens Romih, der mich damals besiegte. Ich habe ihn sehr verehrt, in der Folge aber nicht mehr gesehen. Doch Jahrzehnte später, beim Turnier in San Remo von 1930 - wer taucht da überraschend auf? Es ist mein alter Freund Romih. Und so ergab es sich, daß ich mit ihm eines der spannendsten Spiele meiner Laufbahn spielte. Es waren Momente, wo nicht nur jene, die die Partie verfolgten, mich aufgegeben hatten, sondern auch ich, der ich immer ein

Optimist war, hielt mich für verloren. Aber letztlich hatte ich einen guten Einfall und blieb Sieger. Mit 60 Jahren habe ich damals Revanche genommen für eine in der Jugendzeit gegen Romih verlorene Partie. Schließlich wurde ich nur Neunter in diesem Turnier, das von Aljechin gewonnen wurde, während mein Freund Romih Sechzehnter und Letzter wurde...' Und all dies bringt der Jenseitige durch die Hand des Mediums zu Papier, durch ein Medium, das weder von Schach noch der Schachgeschichte einen Deut versteht.

Es entspricht dem Wunsch Mároczys, daß schon vor Ende der Partie mit Kortschnoi über das laufende Experiment berichtet wird. Der bisherige Verlauf, wobei gleich jetzt festzuhalten ist, daß die Qualität der Partie vom Standpunkt des Experimentes aus von untergeordneter Bedeutung ist, stellt sich folgendermaßen dar:

Mároczy (gest. 1951) - Kortschnoi
Französisch

1. e4 e6 2. d4 d5 3. Sc3 Lb4 4. e5 c5 5. a3 Lxc3+
6. bxc3 Se7 7. Dg4 cxd4 8. Dxg7 Tg8 9. Dxh7 Dc7
10. Kd1 dxc3 11. Sf3 Sbc6 12. Lb5 Ld7 13. Lxc6 Lxc6
14. Lg5 d4 15. Lxe7 Kxe7 16. Dh4+ Ke8 17. Ke2 Lxf3+
18. gxf3 Dxe5+ 19. De4 Dxe4+ 20. fxe4 f6 21. Tad1 e5
22. Td3 Kf7 23. Tg3 Tg6 24. Thg1 Tag8 25. a4 Txg3
26. fxg3 b6 27. h4 a6.

Nach Abschluß der Partie werde ich das ganze Geschehen - von dem hier freilich nur ein Fragment erscheint - ausführlich darstellen und einer kritischen Würdigung unterziehen.

Dr. W. Eisenbeiss."

Der damals letzte 27. Zug fand im September 1987 statt. Es trat dann eine länger Pause ein, die darin ihren Grund hatte, daß das Medium Rollans zunächst umzog und dann aus beruflichen Gründen sich außerhalb seines Wohnortes aufhielt.

Kortschnois Kommentar zu dem damaligen Teil der Partie, den er gegenüber der Züricher "*Sonntags Zeitung*" vom 13.9.1987 äußerte, war folgender: "Ich gewann anfangs einen Bauern und dachte, das Spiel sei schnell vorbei. Vor allem in der Eröffnungsphase offenbarte Mároczy Schwächen. Er spielt altmodisch. Ich muß aber gestehen, daß meine letzten Züge nicht sehr überzeugend waren. Ich bin nicht mehr sicher, ob ich die Partie gewinnen kann. Die Fehler aus der Eröffnungsphase hat Mároczy mittlerweile durch ein starkes Endspiel kompensiert. Beim Endspiel zeigt sich die Begabung eines Spielers, und mein Gegner spielt sehr gut."

Inzwischen ist die Partie weitergegangen und heute, am 10. März 1989, bis zum 35. Zug gediehen. Dr. Eisenbeiss gibt die Züge folgendermaßen an:

28. g4 b5 29. axb5 axb5 30. Kd3 Kg6 31. Tf1 Th8
32. Th1 Th7 33. Ke2 Ta7 34. Kd3 Ta2 35. Tf1 b4

Mároczy ist mit Weiß jetzt am 36. Zug. Eisenbeiss sagt dazu: "Die Stellung zeigt bei näherem Hinsehen, daß Kortschnoi deutlich besser steht. Er hat im Turmendspiel einen Turm und fünf Bauern, Mároczy dagegen einen Turm und vier Bauern. Ich rechne damit, daß die Partie in wenigen Zügen zu Ende geht, will aber dem Geschehen in keiner Weise vorgreifen. Kortschnoi hat die letzten sieben Züge stark gespielt, optimal, so daß Mározcy meines Erachtens in einen gewissen Zugzwang gekommen ist. Ich sehe allerdings nicht, wo Mároczy seit dem 28. Zug hätte besser spielen können. Eine Analyse nach Abschluß der Partie wird dies dann zeigen.

Warten wir also den Ausgang des Spiels und die umfassende Dokumentation von Dr. Eisenbeiss mit vielen bislang noch unveröffentlichten Einzelheiten ab.

Ich selbst habe das Medium Robert Rollans am 29. Juli 1988 in seiner Wohnung in Niedersachsen besucht und über seine Empfindungen beim medialen Jenseitsverkehr und bei den Übermittlungen von Géza Mározcy bezüglich des Schachspiels gegen Viktor Korschnoi befragt. Er hat mir folgendes geantwortet:

"Bei meinem medialen Jenseitsverkehr treten zwei Zustände auf:

Der erste ist der der Halbtrance, an den ich gewöhnt bin, bei dem ich hinterher nichts mehr weiß und wo Mároczy das Schreiben durch meine Hand übernimmt und seine Gedanken zu Papier bringt. Das ist meistens der Fall, und daran habe ich mich seit Jahren gewöhnt.

Der andere Zustand aber ist neu und ist erstmals während des Schachspiels aufgetreten. Er besteht darin, daß Mároczy verschiedene Varianten seiner möglichen Züge bei dem Schachspiel überlegt. Er ruft mich dann innerlich an und zeigt mir die verschiedenen Möglichkeiten, die ich normalerweise überhaupt nicht verstehen würde, da ich in meinem Leben nie Schach gespielt habe. Ich sitze dann vor dem materiellen Schachbrett, und Mároczy zeigt mir geistig, wie er die Figuren bewegen könnte. Meine Empfindung ist dann die eines klaren Verständnisses für die Überlegungen Mároczys, bei denen er mir seine Züge und die möglichen Gegenzüge Kortschnois erläutert. Ich habe in diesem Fall das Gefühl größter Einsicht, Erleuchtung und Leichtigkeit, als ob ich ein großer Schachspieler wäre. Diese Empfindungen dauern die Minuten, während der mir Mároczy seine Überlegungen erläutert.

Wenn er mich dann wieder verlassen hat, sitze ich konsterniert vor dem Schachbrett und verstehe das ganze Spiel und die Züge Mároczys überhaupt nicht mehr. Ich weiß auch nicht mehr, was mir Mároczy im einzelnen gesagt hat. Zurück bleibt mir nur die Erinnerung, daß ich kurz zuvor noch alles mit großer Leichtigkeit verstanden habe.

Für den Fortgang des Schachspiels ruft mich Mároczy telepathisch an und schreibt durch meine Hand die Buchstaben-Zahlenkombination auf, zwischen denen eine Figur bewegt werden soll. Das gebe ich dann an Dr. Eisenbeiss weiter, entweder schriftlich oder telefonisch.

Wenn es sich nicht um das Schachspiel handelt, kann es vorkommen, daß ich medial drei bis fünf Stunden ununterbrochen bis zu zwölf Seiten DIN A4 pro Stunde mit Text über die verschiedensten Themen schreibe. Ich kann dabei meine jenseitigen Informanten aber nie sehen, auch nicht paranormal.

Manche Informanten, z.B. mein Vater, schreiben in ihrer eigenen, von meiner abweichenden Handschrift.

Meine Medialität trat zum ersten Mal im Alter von 33 Jahren in Erscheinung. Damals nahm mein sieben Jahre jüngerer und inzwischen verstorbener Bruder an spiritistischen Sitzungen teil, die ein medial veranlagter Mathematik-Professor abhielt. Mein Bruder nahm mich einmal zu solch einer Sitzung mit. Ich glaubte zwar nicht an derartige Dinge, aber aus Neugier begleitete ich ihn. Es waren damals etwa zwölf Personen zugegen, die dem sogenannten Glasrücken beiwohnten, bei dem durch das Medium, den Mathematik-Professor, ein kleines Glas auf einer Alphabet-Tafel hinundhergeschoben wurde. Das Medium konnte über jeden der Teilnehmer gewisse Durchgaben liefern. Als ich an der Reihe war, erfolgte die Mitteilung: "Wir wissen, daß du ein *'Ave Maria'* komponierst. Was du aber bislang hervorgebracht hast, ist nicht genügend. So kleine *'Ave Marias'* haben auch schon die größten Komponisten geschrieben. Es hat keinen Sinn, daß du ein derartiges noch dazuschreibst, weil es auf keinen

Fall besser als die anderen sein kann. Wir raten dir, aus deinem bislang kleinen *'Ave Maria'* ein großes zu machen, geeignet für großes Orchester mit einer bedeutenden Opernsängerin. So etwas fehlt bislang."

In diesem Augenblick habe ich meine Meinung über den Tod, das Jenseits und das Leben nach dem Tod völlig geändert. Dazu veranlaßte mich die Tatsache, daß kein irdischer Mensch außer mir, auch meine Eltern nicht, wußten, daß ich ein *'Ave Maria'* komponierte. Damals wurde mir klar, daß sich eine fremde Kraft eingeschaltet hatte und daß es ein jenseitiges Leben gibt. Telepathie schloß ich aus, da ich in diesen Momenten voller Angst auf diesen Vorgang konzentriert gewesen bin und außerdem keine Ahnung hatte, daß mein *'Ave Maria'* nicht bestens war und ich ein anderes komponieren sollte.

Ich habe dann noch an zwei oder drei weiteren Sitzungen bei dem Professor teilgenommen.

Etwa ein halbes Jahr später wollte ich spät in der Nacht noch einen Brief schreiben. Mit einem Bleistift in der Hand saß ich vor dem Blatt Papier und wollte mit dem Schreiben beginnen. Da spürte ich, wie eine fremde Kraft sich meiner Hand bemächtigte und zu schreiben begann. Ich brachte folgende Worte zu Papier: "Hab keine Angst, ich bin es, Dein Bruder Robi." Dieser war acht Jahre zuvor als ganz junger Arzt verstorben. Durch seine, von meiner Hand hervorgebrachte Mitteilung war ich tief beeindruckt, wurde aber auch außerordentlich mit Angst erfüllt, weil ich bis dahin nicht wußte, daß man auch medial schreiben kann. Der mediale Mathematik-Professor übte ja nur das Glasrücken aus. Ich von mir aus hätte es aus lauter Angst nie gewagt, etwa medial schreiben zu wollen. Mein Bruder beruhigte mich aber und schrieb: 'Denk an nichts, und laß Deine Hand frei." Dann übernahm er das Kommando über meine Hand und schrieb weiter: 'Ich bin Dein verstorbener Bruder und werde Dir viele Dinge von uns und der jenseitigen Welt mitteilen. Du mußt oft zum Schreiben vorbereitet sein, und wir werden Dir dann vieles von oben berichten.'

Das war der Anfang meiner medialen Tätigkeit, die für mich mit einem großen Schock und großer Angst begann, da ich von Natur aus ein ängstlicher Mensch bin. Später aber verschwand das Angstgefühl völlig, als in der Folgezeit drei verstorbene Ärzte, ein sehr bedeutender Historiker und Linguist namens Hasdeu und seine in jungen Jahren verstorbene Tochter, die in Paris gelebt hat und dichterisch sehr begabt war, mit mir in Verbindung traten. Später, nach seinem Tod, kam dann auch mein Vater hinzu, der ebenfalls Arzt war. Viele und bedeutsame mediale Mitteilungen habe ich in der Zwischenzeit erhalten."

Mároczy hat sich gegenüber seinem Medium über die Motive seiner Beteiligung am Fernschachspiel am 10. Juli 1988 in seinem etwas ungarisch gefärbten Deutsch in folgender Weise geäußert:

"Ich war und bin zur Verfügung Eurer Unternehmung mit dieser seltsamen Schachpartie aus zwei Gründen:

Erstens, weil ich auch etwas tun möchte, um der auf der Erde lebenden Menschheit eine große Hilfe zu leisten, damit sie endlich überzeugt wird, daß der Tod nicht alles beendet, sondern sich der Geist von dem karnalen (*fleischlichen*) Körper löst und zu uns oben in eine neue Welt kommt, wo weiterhin das Leben des Individuums sich manifestiert in einer neuen unbekannten Dimension.

Zweitens, als ungarischer Patriot will ich ein bißchen die Augen der Welt in die Richtung meines geliebten Ungarn lenken. Die beiden Sachen haben mich überzeugt, an diesem Spiel zu partizipieren mit dem Gedanken, daß ich allen einen Dienst leiste. Und schaut mal her, was für ein kümmerliches Resultat: Wo sind die gescheiten Köpfe meiner Mitbürger, die, anstatt unsere Bemühungen zu begrüßen, schmeißen in Euch, indirekt in mich selbst auch, mit Steinen und blöden Unterstellungen? Wo sind die feinen ungarischen Leute, die ihre Besucher herzlich und mit großzügiger Gastlichkeit empfangen und sie nicht einfach vor der Türe stehen lassen, wie es jetzt bei Euch der Fall war? Wo ist die bekannte ungarische Gastfreundlichkeit geblieben? Erstaunlich!"

Mit den letzten Worten spielt Mároczy auf folgendes an: Anfang Juli 1988 reiste Dr. Eisenbeiss nach Budapest, um dort weitere Erkundigungen über das irdische Leben von Géza Mároczy einzuziehen. Diese Auskünfte benötigte er, um die medialen Angaben von Mároczy überprüfen zu können. Unter anderem wollte er auch die beiden noch lebenden Kinder (ein Sohn und eine Tochter) von Mároczy aufsuchen. Als er sich jedoch telefonisch bei ihnen anzumelden versuchte, lehnten sie es ab, ihn zu empfangen. Sie hatten inzwischen durch Zeitungsberichte erfahren, um was es ging. Mit dieser spiritistischen Geschichte aber wollten sie nichts zu tun haben.

Zu dem irdischen Leben von Mároczy ist noch zu sagen, daß er als junger Mann zwei Jahre am Polytechnikum in Zürich studierte, der heutigen Eidgenössischen Technischen Hochschule. Von daher kann er also Deutsch. Danach beendete er sein Ingenieurstudium in Budapest. Anschließend war er Mittelschulprofessor für Mathematik und Geometrie, dann Rechnungsrat für eine Versicherungsgesellschaft. Das Schachspiel hat er im Gegensatz zu anderen Schachgroßmeistern nie im Hauptberuf ausgeübt. Es war für ihn kein Broterwerb.

Dieses Beispiel zeigt, wie stark die Indizien- oder Erfahrungsbeweise für das persönliche Fortleben eines bestimmten Menschen sein können. Berichte ähnlicher Art habe ich in dem Buch "Der Tod, die Brücke zu neuem Leben" (17) in größerer Anzahl angeführt und bei den Kundgaben jenseitiger Wesenheiten *(also verstorbener Menschen)* besonderen Wert darauf gelegt, daß der Urheber genau identifiziert werden konnte, um dadurch überhaupt sein Fortleben nachweisen zu können. Die Frage nach dem genauen Namen des jenseitigen Berichterstatters und seiner Überprüfung tritt bei den nachfolgenden Ausführungen in den Hintergrund. Es ist also in bezug auf die Urheber der Berichte in diesem Buch in der Regel nicht genau nachgeforscht worden *(weil es meist gar nicht möglich war)*, um welchen verstorbenen Menschen es sich nachweisbar gehandelt hat. Es geht hier nicht darum, frühere irdische Familien- und Lebensverhältnisse aufzudecken, sondern von verstorbenen Menschen Auskunft über ihr nachtodliches Leben zu erbitten. Dabei sollen die Bewohner der jenseitigen Welt selbst zu Wort kommen.

Der Mangel, in vielen Fällen im irdischen Sinne gar nicht genau zu wissen, von wem ein Bericht aus dem "Jenseits" nun eigentlich exakt stammt, bringt natürlich eine gewisse Unsicherheit in die Angelegenheit. Aber diese ist noch größer dadurch, daß man nicht weiß, ob der jenseitige Berichterstatter überhaupt selbst genau unterrichtet ist oder nur von Hörensagen berichtet oder gar faustdicke Lügen auftischt. Im Abschnitt 6 soll auf diese Möglichkeit noch genauer eingegangen werden. Weiter kann eine Jenseitsmitteilung auch noch durch das Unterbewußtsein oder verborgene Wünsche des durchgebenden Mediums beeinflußt werden. All dies muß man wissen und berücksichtigen, um bei Jenseitskundgaben so sorgfältig wie möglich die Spreu vom Weizen zu trennen.

In manchen Fällen pflegen jenseitige Wesenheiten, um ihre Kundgaben mit besonderer Autorität und Glaubwürdigkeit zu versehen, sich mit klingenden Namen und Titeln zu schmücken, ohne daß ihre Durchgaben eine entsprechende geistige Höhe hätten. So kam es im vorigen Jahrhundert häufig vor, daß sich Goethe, Schiller oder

Napoleon "meldeten". Heute kommen dafür verstorbene Filmschauspieler oder Schlagersänger. Weiter kenne ich Medien, durch die "Gott" oder "Christus" persönlich sprechen und die dafür eine große öffentliche Werbung betreiben. Allergrößte Vorsicht ist hier am Platze.

1983 erhielt ich ein Buch über "Gespräche mit dem Jenseits" von einer Autorin aus dem Rheinland zugeschickt, die sich mir in einem Begleitbrief als "Jenseitsforscherin, Schreibmedium und vieles mehr" vorstellte. Sie führte in ihrem Brief aus: "Ich glaube nicht, daß Ihnen bis heute jemals ein Medium meiner "Güteklasse" - entschuldigen Sie die Überheblichkeit - untergekommen ist. Sie werden dies nach Durchlesen meines Buches selber feststellen." Sie gab weiter an, Beweise ihrer Jenseitsforschung zu jeder Tageszeit liefern zu können, und bat mich, ihr gegen Entgelt ein Zertifikat zu liefern, das für sie persönlich und ihr Buch wertvoll wäre. Ich habe das Buch dann gelesen und festgestellt, daß es nachtodliche Interviews mit solchen "berühmten" Persönlichkeiten enthielt, die ein aufmerksamer Illustriertenleser und Fernsehzuschauer kennt. Darunter waren z.B. Ingrid Bergmann, Marilyn Monroe, Adolf Hitler, Hermann Göring, Konrad Adenauer, Albert Einstein usw. Ein Interview mit Mosche Dajan begann z.B. folgendermaßen: Frage des Mediums: "Ich weiß wahrhaftig deinen Namen nicht mehr, aber ich hoffe, du weißt, daß ich dich meine." Antwort: "Herzlichste Grüße, liebe M. - Mosche Dajan, ja das bin ich. Du rätselst schon seit Tagen an meinem Namen herum." Frage: "Bist du im jüdischen Viertel?" Antwort: "Du kennst dich aber gut aus." usw.

Ich habe der Autorin Frau M. dann am 31. Oktober 1983 geschrieben, daß für mich nichts dafür spräche, daß es die in dem Buch mit Namen genannten Personen wirklich gewesen seien. Was in den einzelnen Abschnitten geschrieben sei, könne jeder sagen und sei kein Hinweis für die behaupteten Urheber. Der Stil dagegen zeuge für das Gegenteil.

Ein bezeichnender Fehler ist der medialen Autorin und ihrem "jenseitigen Informanten" bei Jakob Lorber unterlaufen. Sie stellt ihn als katholischen Pfarrer und Schriftsteller vor und fragt ihn: "Du warst katholischer Pfarrer und hast Bücher und Erbauungsheftchen über die Religion geschrieben?" Lorber antwortet: "Ja, ich war katholischer Pfarrer und habe eine Menge dieser Büchlein verfaßt, die ich aber heute nicht mehr schreiben würde, weil der Inhalt nicht aufrechterhalten bleiben kann." Tatsächlich ist Jakob Lorber (1800-1864) zwar katholisch, aber niemals Pfarrer gewesen. Er war dagegen

Musiker und ab 1840 Schreibmedium über religiöse Themen. Unter anderem schrieb er ein elfbändiges Werk "Das Große Evangelium Johannes".

Auf meinen Brief schrieb mir die Frau M. u.a., daß sie meine ablehnende Stellungnahme nicht übelnehme. Ich könne ja gar nicht anders denken. Aber sie wäre imstande, in Sekunden jeden Toten herbeizurufen und kenne sich im Jenseits so gut aus wie in ihrer eigenen Wohnung. Im Juli 1987 hat mir diese Dame ihre neueste Werbeschrift zugesandt, worin sie sich wiederum als Jenseitsforscherin bezeichnet und Sitzungen zur Rückführung in frühere Leben oder in die Zukunft des jetzigen Lebens zum Preis von 200,- DM anbietet. Außerdem preist sie ihr Buch zu 33,80 DM mit folgenden Worten an: "Mein 2. Buch 'Jenseitsgespräche', Beweise aus der anderen Dimension, endlich die Wahrheit, in Funk und Presse erwähnt, das z.Zt. brisanteste Buch, läßt keine Frage über das Jenseits offen. Beinhaltet auch Rückführungen und Tonbandstimmen." - 1988 hat sie die Anpreisungen zu diesem Buch noch erweitert und schreibt auf einer Werbekarte: "Das brisanteste Buch z.Zt. überhaupt zum Preise von DM 29,80 ist nicht nur zu empfehlen, es muß der ganzen Menschheit im In- und Ausland, bis in die kleinsten Regionen hinein, angeboten werden, da die Autorin jedes ihrer Worte in diesem Buch dadurch beweist, daß sie Interessenten in wenigen Minuten Dialoge mit Verstorbenen beibringen kann. Dieses Buch ist - einmalig - und beweist ferner, daß nicht nur alle kirchlichen Lehren, sondern auch Aussagen von Hellsehern, Wahrsagern, Kartenlegern, Pendlern, Tische- und Gläserrücken, Okkultismus, schwarze Magie usw. falsch sind. Mit diesem Buch ließe sich die Welt aus den Angeln heben.

Die Autorin"

Die Frau M. aus dem Rheinland ist bei weitem nicht die einzige, die so großsprecherisch ihre Dienste anbietet. In einschlägigen Kiosk-Zeitschriften kann man spaltenweise entsprechende Anzeigen finden. In dem Buch "Zeugnis für die jenseitige Welt" (18) habe ich bereits vor derartigen Medien und ihren "jenseitigen Informanten" eindringlich gewarnt und erläutert, daß es nicht möglich ist, jeden Verstorbenen zu beliebiger Zeit herbeizuzitieren.

Bei der Sichtung von "Jenseitsdurchgaben" ist es also die erste Aufgabe, Schilderungen wie die oben angeführten auszusondern. Als Maßstab dienen u.a. vorhandene Eigenschaften der Medien *(z.B. Geltungssucht und Überheblichkeit)*, das Niveau der Durchgaben, falsche Behauptungen *(siehe Lorber)* und Widersprüche gegenüber dem, was bereits als halbwegs gesichert gelten kann. Dazu gehört z.B. die

Behauptung der Frau M., jeden beliebigen Verstorbenen *(sofern er nicht schon wieder auf diese Erde als neugeborener Mensch zurückgekommen ist)*, in kürzester Zeit herbeiholen zu können.

Man darf allerdings nicht erwarten oder verlangen, daß alle Berichte aus der jenseitigen Welt deckungsgleich und ohne scheinbare oder wirkliche innere Widersprüche sein müssen. Das gilt selbst dann, wenn man davon ausgeht, daß weder das Medium noch die jenseitigen Informanten bewußt die Unwahrheit sagen. Machen wir uns die Sachlage an folgendem gedachten Beispiel klar: Nehmen wir an, daß vor 120 Jahren oder früher "Bewohner" eines anderen Sternes die Möglichkeit gehabt hätten, mittels eines besonderen Verfahrens *(etwa telepathieähnlicher Art)* mit einzelnen Bewohnern unserer Erde in Verbindung zu treten und sie über ihr Leben, ihre Ansichten, ihre Umgebung und die Verhältnisse auf dieser Erde auszufragen. Nehmen wir weiter an, daß sich unter den Befragten Mitteleuropäer, grönländische Eskimos, kanadische Indianer, Brasilianer, Feuerländer, afrikanische Pygmäen und australische Ureinwohner befunden hätten, so kann man sich vorstellen, wie unterschiedlich die erhaltenen Berichte ausgefallen wären, selbst dann, wenn alle Befragten subjektiv ehrlich berichtet hätten. Wenn diese ausgewählten Erdbewohner nun außerdem noch nach ihrem Wissen und ihren Anschauungen über Gott und ihre Religion ausgefragt worden wären, so hätte man wieder sehr unterschiedliche Antworten bekommen und jedesmal mit der Beteuerung, daß dies wirklich die Wahrheit sei. Man hätte es den Fragestellern von einem "anderen Stern" bei diesen unterschiedlichen und widersprüchlichen Auskünften nicht übelnehmen können, wenn sie zunächst einmal den Verdacht gehabt hätten, nur beschwindelt zu werden. In ähnlicher Lage befinden wir Menschen uns, die die Verbindung zur jenseitigen Welt suchen. Wir können uns dieses "Land" nicht einfach selbst ansehen und darin herumreisen. Wir können uns nur mit einzelnen Bewohnern des Jenseits über eine Art "Telefonverbindung" *(nämlich über ein Medium)* unterhalten, wobei wir aber den anderen Gesprächsteilnehmer in der Regel nicht sehen können und dann oft nicht wissen, ob es wirklich der ist, der er zu sein behauptet. Und die Frage, ob er die Wahrheit sagt und nicht absichtlich lügt, muß auch erst, so gut es geht, mühsam geprüft werden. Darüber wird in Kapitel 6 genauer berichtet werden.

Nach dem, was wir bislang aus den Berichten und Befragungen verstorbener Menschen schließen können, führt der Akt des irdischen Todes nicht dazu, daß das hinübergegangene Wesen sofort allwissend oder ein "Heiliger" wird, sondern daß es seine bisherigen Charaktereigenschaften, Überzeugungen *(auch religiöser Art)* und sein irdisches Wissen bestenfalls beibehält, keineswegs aber sprunghaft vermehrt. Das Wissen kann sogar *(aber es muß nicht)* nach dem Tode gemindert sein, z.B. dadurch, daß die Erinnerung beeinträchtigt ist, wie das ja auch bei einem alternden Menschen schon oft der Fall ist.

Jenseitsberichte sollte man daher heute etwa so bewerten, wie man als Mitteleuropäer vor 300 Jahren Reiseberichte aus fernen Kontinenten hätte bewerten sollen. Man hatte damals in der Regel nicht die Möglichkeit, alle Schilderungen selbst in allen Einzelheiten nachzuprüfen. Wenn man es gekonnt hätte, wäre einem sicher klar geworden, daß manches übertrieben oder entstellt oder sogar falsch berichtet worden war. Trotzdem sind diese Reiseberichte nicht wertlos gewesen. Sie vermittelten dem Leser doch eine gewisse Vorstellung von den Verhältnissen in fernen Ländern. Und wenn damals jemand beabsichtigte, nach Amerika auszuwandern, und vorher schon drei oder vier Berichte über diesen Kontinent gelesen oder mündlich mitgeteilt bekommen hatte, so konnte das sein Vertrauen für die Überfahrt stärken und zumindest in manchen Fällen das Einleben in dem fernen Land erleichtern. Das Schicksal, das damals dem einzelnen Einwanderer dann jedoch tatsächlich widerfuhr, konnte sehr unterschiedlich sein. Der eine erlebte Entbehrung, Not und harte Arbeit, der andere fand ein erträgliches Auskommen, und der dritte gewann Reichtum.

Ähnlich unterschiedlich müssen wir uns auch die Schicksale von uns Menschen vorstellen, wenn wir durch den Tod in ein fremdes Land geworfen werden, wobei allerdings unsere Vergangenheit hier auf Erden bestimmend ist für die Art unseres ferneren Lebensweges und unsere Weiterentwicklung in der neuen Heimat. Bedenken Sie dabei, daß auch für einen Auswanderer auf dieser Erde die Chancen für sein Leben in dem fernen Land sehr von seinen Vorbereitungen für die neue Umgebung abhängen. Es ist wichtig, ob er die fremde Landessprache bereits kennt, ob er sich über Sitten, Gebräuche und Gesetze unterrichtet hat und ob er eine passende Berufsausbildung besitzt.

Da wir alle einmal sterben müssen, hat jeder von uns die Möglichkeit, wenn er nach seinem Tod weiterleben sollte, die verschiedenartigen Schilderungen nachtodlicher Erlebnisse dieses Buches mit dem zu vergleichen, was ihm selbst widerfährt oder was er bei anderen miterlebt. Vielleicht nützen ihm dann die hier wiedergegebenen

Erfahrungen der ihm schon Vorausgegangenen ein wenig. Wer aber der ganzen Angelegenheit sehr skeptisch gegenübersteht, und das ist keinem zu verdenken, möge die folgenden Abschnitte ganz neutral lesen und den Inhalt bei sich speichern für den Fall, daß er davon unter Umständen doch einmal Gebrauch machen kann.

2. Das Erlebnis des Todes und das Leben danach. Berichte von Verstorbenen

In dem Buch "Der Tod, die Brücke zu neuem Leben" habe ich dargelegt, daß der Mensch schon zu Lebzeiten auf dieser Erde neben seinem materiellen, fleischlichen Körper einen zweiten "Leib" besitzt, der Astralleib *(manchmal auch Ätherkörper, Geistleib oder ähnlich)* genannt wird. Er besteht aus einer unsichtbaren, von uns physikalisch bislang nicht nachweisbaren Substanz und ist in den materiellen Körper normalerweise eingebettet und mit ihm durch einen dünnen, sehr stark dehnbaren Strang verbunden. Dieser Astralleib verfügt auch über ein "Gedächtnis", in dem alle Erinnerungen unseres irdischen Lebens ebenso gespeichert werden wie in unserem materiellen Gehirn. Der Astralleib kann sich bei lebensbedrohenden Zuständen von dem bewußtlosen materiellen Körper lösen. In Ausnahmefällen gelangen die "Erlebnisse" des Astralleibes nach der "Wiederbelebung" in das Bewußtsein irdischer Menschen (17, Kap. VII).

Über derartige Vorfälle sind in den letzten Jahren eine Reihe von Büchern veröffentlicht worden. Sie befassen sich mit dem "Todeserlebnis" von Patienten, die vorübergehend klinisch tot waren, die dem irdischen Ableben also nahe waren, aber wieder in das Bewußtsein und das irdische Leben zurückgeholt werden konnten. Manche dieser Patienten waren hinterher imstande, trotz ihrer vorhergehenden körperlichen Bewußtlosigkeit über Erlebnisse zu berichten, die eine gewisse Beziehung zur jenseitigen Welt, also zum nachtodlichen Bereich, haben. Unter den Verfassern dieser Bücher sind besonders die Ärzte Dr. Raymond Moody (14) und Dr. Elisabeth Kübler-Ross (10) bekannt geworden. Sie vermitteln mit ihren Berichten den Eindruck, daß der irdische Tod ein verhältnismäßig angenehmes Erlebnis sei. Dr. Elisabeth Kübler-Ross schreibt in dem Vorwort zu Moodys Buch (14, S.10): "Diese Patienten haben alle die Erfahrung gemacht, aus ihrer stofflichen Körperhülle hinausgetragen zu werden, und haben dabei ein tiefes Gefühl von Frieden und Ganzheit gehabt. Die meisten haben eine andere Person wahrgenommen, die ihnen behilflich war bei ihrem Übergang auf eine andere Seinsebene. Die meisten wurden begrüßt von früher Verstorbenen, die ihnen nahegestanden hatten oder von einer religiösen Gestalt, die in ihrem Leben eine wichtige Rolle gespielt hatte und die natürlich ihren Glaubensüberzeugungen entsprach."

Über den Vorgang des endgültigen Ablebens von dieser Erde

schreibt Dr. Kübler-Ross in ihrem eigenen Buch "Über den Tod und das Leben danach" (10, S. 76): "Nachdem wir von unseren jenseitigen Verwandten und Freunden und ebenfalls von unseren Geistführern und Schutzengeln empfangen worden sind, gehen wir durch eine symbolische Verwandlung hindurch, die oft als eine Art Tunnel beschrieben worden ist. Bei einigen wird diese Verwandlung durch einen Fluß, bei anderen durch ein Tor ausgedrückt, gemäß der auf jeden individuell bezogenen Symbolwertigkeit."

Ein besonders ausgeprägtes Beispiel eines Fast-Todeserlebnisses soll hier berichtet werden, da es bereits alle Merkmale eines wirklichen Sterbeerlebnisses trägt. Es liefert insbesondere schon erste Erfahrungen aus dem nachtodlichen Lebensbereich, dem sogenannten "Jenseits". Der Berichterstatter ist Arthur Ford[1)], ein amerikanisches Medium, durch dessen Mund sich viele Verstorbene kundgetan haben. Er hatte das nachfolgende Erlebnis zu eigenen Lebzeiten und berichtet (6, S. 215):

"Vor einer Reihe von Jahren war ich sehr krank. Die Ärzte wußten, daß eigentlich keine Hoffnung mehr war, aber sie taten selbstverständlich weiterhin alles, was in ihrer Macht stand. Man brachte mich in eines der sogenannten Sterbezimmer des Krankenhauses von Coral Gables, Florida, und meinen Freunden wurde mitgeteilt, daß ich die Nacht wahrscheinlich nicht überleben werde. Wie aus weiter Entfernung, ohne etwas anderes als eine leichte Neugier zu empfinden, hörte ich einen der Ärzte einer Schwester zuflüstern: 'Geben sie ihm eine Spritze, warum soll er es nicht leichter haben!' Ich ahnte, was er mit 'es' meinte, aber ich hatte keine Furcht. Ich überlegte nur, wie lange das Sterben wohl dauern würde.

Wenige Augenblicke später schwebte ich über meinem Bett. Ich konnte meinen Körper liegen sehen, aber er interessierte mich sowenig wie irgendein anderer Gegenstand im Zimmer. Ich empfand nichts als Frieden, ein Gefühl, daß nun alles gut sei. Dann fiel ich in eine zeitlose Leere. Als ich mein Bewußtsein wiedererlangt hatte, schwebte ich durch den Raum, schwerelos und körperlos. Und doch war ich 'ich selbst' und befand mich in einem grünen, rings von Bergen umgebenen Tal, das in Licht und Farben von unbeschreiblicher Leuchtkraft getaucht war. Von überall her kamen Leute auf mich zu, Menschen, die ich gekannt und tot geglaubt hatte. An viele hatte ich seit Jahren nicht mehr gedacht, aber jeder, den ich einmal

1) *Arthur Ford, 1896-1971, ursprünglich Pfarrer einer Christian-Science-Gemeinde, ab 1924 spiritistisches, in den U.S.A. sehr bekanntes Medium.*

gern gehabt hatte, schien zu meiner Begrüßung gekommen zu sein. Alle waren mehr durch Persönlichkeitsmerkmale als durch ihr Äußeres wiederzuerkennen. Ihr Alter hatte sich verändert. Einige, die als ältere Menschen gestorben waren, erschienen jetzt jung, andere, die als Kinder dahingeschieden waren, begrüßten mich als Erwachsene.

Ich war schon oft in fremde Länder gereist und dort von Freunden in Empfang genommen worden, die es sich nicht nehmen ließen, mir die Sehenswürdigkeiten ihrer Heimat zu zeigen. Genauso war es jetzt. Doch nie zuvor war mir ein so überaus herzlicher Empfang bereitet worden. Alles, was mich, ihrer Meinung nach, interessieren konnte, wurde mir gezeigt, und meine Erinnerung an all das ist mir so deutlich geblieben wie meine Erinnerung an die schönsten irdischen Gegenden, die ich gesehen habe: Die Schönheit eines Sonnenaufgangs, von einem Gipfel der Schweizer Alpen betrachtet, die Blaue Grotte von Capri, die Heiligtümer Indiens, sind meinem Gedächtnis nicht stärker eingeprägt worden als die spirituelle Welt, in der ich, wie ich wußte, nun weilte.

Etwas hat mich überrascht: Einige Leute, die ich zu sehen erwartet hätte, waren nicht da. Ich fragte nach ihnen, doch im gleichen Augenblick schien sich ein dünner, durchsichtiger Film über meine Augen zu legen. Das Licht wurde schwächer, und die Farben verloren an Leuchtkraft. Diejenigen, mit denen ich gerade gesprochen hatte, konnte ich nicht mehr erkennen, aber wie durch einen Nebel sah ich jetzt die anderen, nach denen ich gefragt hatte. Auch sie waren wirklich, doch als ich sie anblickte, spürte ich, wie mein Körper schwerer wurde; irdische Gedanken gingen mir durch den Sinn. Mir wurde klar, daß ich eine niedrigere Sphäre vor mir sah. Ich rief die Freunde beim Namen; sie schienen mich auch zu hören, aber ich konnte nicht verstehen, was sie antworteten. Dann war alles vorbei. Ein sanftes Geschöpf, das wie ein Symbol ewiger Jugend aussah, aber Kraft und Intelligenz ausstrahlte, stand neben mir. 'Mach dir keine Sorgen um sie', sagte es. 'Sie können hierherkommen, wann immer sie wollen, sofern sie es mehr als alles andere wünschen.' Übrigens herrschte um mich herum große Geschäftigkeit. Alle waren unaufhörlich mit geheimnisvollen Besorgungen unterwegs und schienen sehr glücklich zu sein. Einige, mit denen ich früher durch enge Bande verbunden gewesen war, zeigten sich hier nicht sonderlich an mir interessiert. Dafür wurden andere, die ich nur flüchtig gekannt hatte, jetzt meine Gefährten. Ich erfuhr, daß dies richtig und natürlich sei. Hier bestimme das Gesetz der Geistesverwandtschaft unsere Beziehungen.

Irgendwann - ich hatte keinerlei Zeitgefühl mehr - fand ich mich vor einem blendend weißen Gebäude stehen. Als ich eingetreten war, bedeutete man mir, in dem riesigen Vorraum zu warten, bis über meinen Fall entschieden worden sei. Durch große Türen konnte ich zwei lange Tische sehen, an denen Leute saßen und sprachen - sie sprachen über mich. Schuldbewußt begann ich mit einer Bestandsaufnahme meines Lebens. Sie ergab kein sehr erfreuliches Bild. Die Leute an den Tischen waren mit der gleichen Bilanz beschäftigt, aber das, was mir Kummer machte, schien für sie weniger gravierend zu sein. Die herkömmlichen Sünden, vor denen man mich als Kind gewarnt hatte, wurden kaum beachtet. Aber es gab ernste Besorgnisse wegen solcher 'Delikte' wie Selbstsucht, Egoismus, Dummheit. Wiederholt fiel das Wort 'Verschwendung' - nicht im Sinne von Ausschweifung und Liederlichkeit, sondern als Vergeudung von Energien, Talenten und Gelegenheiten. Auf der anderen Seite wurden lobend einige geringfügige Dinge erwähnt, die wir alle von Zeit zu Zeit tun, ohne ihnen irgendwelche Bedeutung beizumessen. Die 'Richter' versuchten, die Grundzüge meines Lebens herauszufinden. Sie erwähnten, daß ich versäumt hätte, das zu erfüllen, 'wovon er wußte, daß er es fertigzustellen haben würde'. Es schien, daß mir eine Aufgabe zugedacht gewesen war, die ich nicht erfüllt hatte. Es hatte offenbar einen Plan für mein Leben gegeben, den ich nicht begriffen hatte. 'Sie schicken mich wieder zurück', dachte ich voller Bedauern. Nie habe ich herausfinden können, wer diese Leute waren. Als man mir sagte, daß ich in meinen Körper zurückkehren müsse, in diese gemarterte, kranke Hülle, die ich in dem Krankenhaus in Florida zurückgelassen hatte, wehrte ich mich heftig. Ich stand vor einer Tür. Ich wußte, wenn ich hindurchginge, würde ich wieder dort sein, wo ich hergekommen war. Ich beschloß, mich nicht von der Stelle zu bewegen. Wie ein bockiges Kind stemmte ich meine Füße gegen den Türrahmen und schlug wild um mich. Plötzlich fühlte ich, wie ich durch leeren Raum stürzte. Ich öffnete die Augen und blickte in das Gesicht einer Krankenschwester. Ich hatte mehr als zwei Wochen im Koma gelegen."

Bei einem derartigen Bericht kann man natürlich darüber streiten, ob es sich nur um Fieberphantasien gehandelt hat oder um ein Erlebnis mit realem Hintergrund. Wenn man letzteres aber annimmt, und es spricht vieles dafür, daß es kein Fiebertraum war *(weil diese nämlich verworren und nicht harmonisch verlaufen)*, und man weiterhin die in die gleiche Richtung zielenden Angaben von Frau Dr.

Kübler-Ross und anderen Autoren hinzuzieht, so darf man derartige Berichte aber nicht verallgemeinern. Es kann beim Tod so friedvoll und angenehm zugehen, muß es aber nicht. Ich weiß durch viele selbstgeführte Gespräche mit verstorbenen Menschen und durch Berichte anderer Autoren, daß Hinübergegangene oft ganz andere Erlebnisse hatten. Manchmal merken sie auch gar nicht, daß sie gestorben sind, vor allem dann nicht, wenn sie an ein Fortleben nach dem Tode nicht geglaubt haben. Da sie noch ihre Persönlichkeit besitzen, Sinneswahrnehmungen haben und sogar denken können *(wenn auch oft nur eingeschränkt)*, meinen sie, daß sie noch auf der Erde am Leben sein müßten. Sie wundern und ärgern sich nur darüber, daß keiner ihrer zurückgelassenen Angehörigen mehr Notiz von ihnen nimmt. Es kommt ihnen seltsam vor, daß sie auf einmal durch verschlossene Türen gehen können, aber infolge einer geminderten Erkenntnisfähigkeit kommen sie nicht zu der Einsicht, daß sie inzwischen gestorben sind. Fälle dieser Art werden erst etwas später geschildert. Gelegentlich sind derartige Verstorbene auch noch so mit unserer Erde verhaftet, daß sie zu Spuk- oder Besessenheitserscheinungen Anlaß geben. Einen solchen Spukfall habe ich bereits in dem Werk "Der Tod, die Brücke zu neuem Leben" (17) in bezug auf einen verstorbenen Richter und ehemaligen Brigadegeneral McGowan geschildert[1)].

Hier soll zunächst der Bericht über das Todeserlebnis eines britischen Soldaten namens Dowding folgen, der im Ersten Weltkrieg ums Leben kam. Er gab seine Schilderung über das Medium Mr. Tudor-Pole durch und berichtet (15, S. 414): "...wie ihr seht, berichte ich dieses 'wichtige' Ereignis in aller Eile; für mich war es einmal wichtig, aber jetzt ist es von keiner wirklichen Bedeutung. Wie überschätzen wir doch die Bedeutung irdischer Dinge! Ich fürchtete mich davor, daß ich getötet werden könnte, und war sicher, es würde die Auslöschung meines Lebens bedeuten. Es gibt viele Menschen, die das immer noch glauben. Da die Auslöschung meines Lebens aber nicht eingetreten ist, möchte ich zu euch sprechen.

Der körperliche Tod ist nichts. Es gibt wirklich keinen Grund zur Furcht. Einige meiner Kameraden waren traurig über meinen Tod. Als ich starb, dachten sie, ich sei für immer tot. Was wirklich geschah, ist jedoch folgendes *(ich erinnere mich ganz genau dessen, was geschah)*: Ich wartete an der Biegung eines Querganges, um auf Wache zu gehen. Es war ein schöner Abend. Ich hatte kein besonde-

1) *Untersucht von Prof. Hans Holzer, U.S.A.*

res Gefühl einer drohenden Gefahr, bis ich das Heransausen einer Granate hörte. Dann erfolgte eine Explosion irgendwo hinter mir. Ich kauerte mich unwillkürlich auf den Boden; aber es war zu spät.

Etwas traf mich sehr hart am Hals. Werde ich diesen harten Schlag jemals vergessen? Es war das einzige Unangenehme dabei, woran ich mich erinnern kann. Ich fiel zu Boden, und als ich das tat, fand ich mich - offenbar ohne eine Zwischenzeit der Bewußtlosigkeit - außerhalb meines Körpers! Ihr seht, ich erzähle euch meine Geschichte in einfacher Form, so versteht ihr sie leichter. Ihr seht daraus, was für ein unwichtiges Ereignis der Tod in Wirklichkeit ist.

Stellt euch nur vor! In dem einen Augenblick war ich im irdischen Sinne am Leben, schaute über die Brustwehr eines Schützengrabens, ganz ruhig und natürlich. Fünf Sekunden später war ich außerhalb meines Körpers und half meinen Kameraden, meinen Körper durch das Gewirr der Schützengräben zu einem Verbandsplatz zu tragen ... ich schien zu träumen. Ich träumte, jemand oder etwas habe mich zu Boden geworfen. Jetzt träumte ich, ich sei außerhalb meines Körpers. 'Bald', dachte ich, werde ich aufwachen und mich im Quergang befinden, im Begriff, auf Wache zu ziehen."

Später sagte Soldat Dowding: "Als ich im physischen Körper lebte, dachte ich niemals viel darüber nach. Ich wußte sehr wenig von Physiologie. Jetzt, da ich unter anderen Bedingungen lebe, will ich gar nicht genau wissen, auf welche Weise ich mich eigentlich verständlich machen kann. Damit meine ich, daß ich mich noch offensichtlich in irgendeinem Körper befinde, aber ich kann euch sehr wenig darüber sagen. Er scheint an Gestalt meinem alten Körper ähnlich zu sein. Es gibt einen feinen Unterschied, aber ich kann nicht versuchen, ihn genau zu beschreiben. Jeder von uns schafft sich seine eigenen fegefeuerähnlichen Bedingungen. Wenn ich noch einmal lebte, wie ganz anders würde ich mein Leben gestalten! Ich lebte weder genug mit meinen Mitmenschen zusammen, noch nahm ich an ihren Angelegenheiten genügend Anteil."

Der nächste Bericht stammt wiederum von einem Mann, der gewaltsam ums Leben kam. Es handelt sich um den britischen Journalisten William T. Stead (1849-1912), der Mitarbeiter verschiedener englischer Zeitungen war und sich außerdem sehr für Parapsychologie interessierte. Er schrieb einige Bücher über das Gebiet *(z.B. "Aus der Alten in die Neue Welt")* und war selbst medial veranlagt. In dem Buch "Der Tod, die Brücke zu neuem Leben" (17) habe ich einen Bericht von ihm vorgetragen, in dem er schildert, wie er 1902 zu der

3paranormal entstandenen Photographie eines 1899 im Burenkrieg gefallenen Burenoffiziers Petrus Johannes Botha gekommen war. Dieser Stead nahm als Reporter 1912 an der Jungfernfahrt des britischen Passagierdampfers "Titanic" teil, bei der auf der Reise nach Amerika das "Blaue Band"[1] errungen werden sollte. Infolge leichtsinniger Fahrweise kam es in der Nacht vom 14. zum 15. April im Nordatlantik zum Auffahren auf einen Eisberg. Dabei wurde das als unsinkbar geltende Schiff seitlich aufgeschlitzt und sank innerhalb einiger Stunden, wobei 1517 Menschen den Tod fanden. Darunter war auch William Stead. Schon zwei Tage nach dem Unglück konnte er durch das Medium Mrs. Wriedt in Detroit genaue Angaben über den Untergang machen. Noch ausführlicher meldete er sich über seine paranormal veranlagte Tochter Estelle Stead. Medial schrieb sie den umfangreichen Bericht ihres Vaters nieder, dem die nachfolgenden Ausführungen entnommen sind (22, S. 15 f):

"Zu Anfang werde ich euch berichten, wo ein Mensch sich nach dem irdischen Tode bei seiner Ankunft in der jenseitigen Welt befindet. Doch vorher möchte ich noch einmal feststellen: Dieses Buch wird nur relativ wenige Menschen interessieren und noch weniger Menschen helfen. Diesen wenigen aber gilt all unser Bemühen, und unser höchster Lohn wird sein, ihnen ein Stückchen weiter vorangeholfen zu haben.

Eines aber möchte ich euch allen, die dieses Büchlein lesen werden, vor allem anderen besonders nachdrücklich ans Herz legen - den Interessierten wie den Desinteressierten, den Gläubigen wie den Skeptikern: Vergeßt nie, daß ihr noch auf Erden seid und euren irdischen Pflichten in jedem Fall vor allem anderen Aufmerksamkeit zu schenken habt. Das irdische Leben ist schnell vorbei. Jedes Werk, das ihr einmal begonnen habt, sollt ihr zu Ende führen - und es soll wohlgetan sein. Niemals darf man die Gegenwart vernachlässigen zugunsten einer Zukunft, die alle unsere Wünsche zu erfüllen verheißt. Verrichte aus ganzem Herzen, was immer du auch gerade beginnst. Nur in einem stillen Winkel deines Herzens denke an das verheißungsvolle Morgen.

Und noch ein Wort an die 'Gläubigen', die Spiritisten oder Spiritualisten unter euch: Bedenkt, daß der Spiritismus nicht für jeden Menschen gut ist. Viele können die Größe und Gewalt der spiritistischen Phänomene und die damit verbundenen gewaltigen geistigen Eindrücke einfach nicht verarbeiten und ziehen es dann vor, ihr

1) *Das ist eine Trophäe für die schnellste Schiffsüberfahrt von Europa nach Nordamerika.*

Leben in gewohnten Bahnen fortzusetzen und sich noch mehr als bisher gegen alles Okkulte abzukapseln. Es sind Menschen, für die die Phänomene des Spiritismus einfach nicht geeignet sind, um sie für eine geistige Entwicklung zu öffnen. Sie werden weise daran tun, den Weg des Sammelns irdischen Wissens aus Büchern und aus der Hand anderer Menschen weiterzugehen.

Vor vielen Jahren wurde ich stark gefesselt von einem Buch, das eine Beschreibung des Jenseits zum Inhalt hatte. Nachdem ich dieses Buch mehrmals höchst interessiert durchgelesen hatte, sah ich mich wider Willen genötigt, es als absolut klar und vernünftig und in höchstem Maße sinnvoll anzuerkennen. Die einfachen und praktischen Ideen des Schreibers packten mich. Dieses Buch wurde zur Ursache meines von da an ständig wachsenden Interesses an einer großen und erstaunlichen Bewegung. Von Zeit zu Zeit tat ich alles in meiner Macht Stehende, Beweismaterial zu sammeln, um diese Bewegung zu fördern.

Viele Menschen wissen heute Bescheid. Jene, die noch auf der Suche nach höherer Erkenntnis sind, können zu jeder Zeit mit allen Einzelheiten der Lehre dieser Bewegung vertraut gemacht werden, wenn sie es nur wünschen. Deshalb gehe ich von meiner ersten irdischen Begegnung mit dem Okkulten gleich über zu meinen ersten eigenen Erlebnissen bei meinem Übertritt in die andere Welt.

Genauso groß wie einstmals bei meiner ersten Begegnung mit jenem Buch über das Jenseits war meine Überraschung, als ich - nun selbst hier angelangt - feststellte, daß mein auf Erden gesammeltes Wissen über das Leben im Jenseits in fast allen Einzelheiten völlig richtig war. Das gab mir begreiflicherweise eine große Genugtuung. Ich war glücklich, daß in allem, was ich gehört und gelesen hatte, soviel Wahrheit enthalten war. Denn, obwohl ich im großen und ganzen schon auf Erden von der Richtigkeit dieser Anschauung überzeugt war, blieb ich nicht ohne ein gut Teil gesunden Mißtrauens allzu kühnen Behauptungen gegenüber. Daher meine große Befriedigung, alles in der gleichen Form anzutreffen, wie es auf Erden beschrieben worden war, was ich wahrlich nicht vorausgesehen hatte.

Das mag vielen als ein Widerspruch erscheinen. Ich möchte deshalb klarstellen: Meine Besorgnis basierte darauf, daß ich vermutete, daß das jenseitige Leben sich in Formen bewegt, die der irdischen Mentalität nicht verständlich seien. Deshalb, so vermutete ich, sei vieles des uns Mitgeteilten zwar in Formen und Ausdrücken übermittelt worden, die den Erdenmenschen verständlich sind, aber infolge der engen Begrenzung des irdischen Wort- und Begriffsschatzes sei eine präzise Beschreibung der tatsächlichen Verhältnisse praktisch kaum möglich.

Vom Zeitraum meines direkten Übertritts in die jenseitige Welt möchte ich nur wenige Zeilen schreiben. Ich sprach schon mehrfach andernorts darüber. Der erste Teil dieser Angelegenheit verlief äußerst tragisch und unharmonisch. Von dem Zeitpunkt an jedoch, da mein physisches Leben beendet war, hatte der Kampf gegen die überwältigende Macht der seelischen und physischen Not plötzlich ein Ende. Weiter möchte ich darüber nicht sprechen.

Die erste große Überraschung für mich war - ich möchte verstanden wissen, daß ich nun nach irdischer Auffassung 'tot' war -, daß ich mich in der Lage fand, anderen Menschen beistehen und ihnen helfen zu können. Aus eigener schrecklichster Not heraus fähig zu sein, anderen eine hilfreiche Hand zu bieten, erleichterte mir den Übergang sehr. Ich muß zugeben, daß ich in diesem Moment einfach baß erstaunt darüber war, plötzlich fähig zu sein, anderen zu helfen, so erstaunt, daß ich gar nicht daran dachte zu forschen, warum das so sei. Ich hatte gar keine Zeit zu gedanklicher Zergliederung. Diese kam erst später.

Zunächst erwartete mich eine neue Überraschung, die darin bestand, daß ich eine Reihe von ehemaligen Freunden um mich versammelt fand, die bereits vor Jahren ins Jenseits hinübergegangen waren. Das war der Anlaß, mir die plötzliche Veränderung, die mit mir vor sich gegangen war, erst so recht bewußt werden zu lassen. Endlich besann ich mich auf mich selbst und war ein wenig bestürzt. Einige Augenblicke der Unruhe - ganz kurz nur - , dann wurde mir klar, daß mein augenblickliches Erleben die Realisierung dessen bedeutete, was ich schon auf Erden wußte. Meine irdische Überzeugung erwies sich jetzt also als volle Wahrheit.

Der Wunsch nach einem 'Telefon' erfaßte mich plötzlich. Welch ein hervorragender Artikel für die Titelblätter meiner Zeitungen, schoß es mir durch den Kopf. Das war meine erste instinktive Reaktion. Dann fühlte ich Hilflosigkeit. Mich erfaßte der Gedanke an die Meinen zu Haus. Sicher wußten sie noch nichts. Was würden sie sich wohl für Sorgen um mich machen? Ich hatte das Empfinden, vor einem Telefon zu sitzen, das außer Betrieb war.

Ich war dem irdischen Schauplatz meines Todes noch so nahe, daß ich alles genau beobachten konnte, was dort geschah. Vor mir sah ich das Wrack des Schiffes und die Menschen, die verzweifelt um ihr Leben kämpften. Das gab mir neuen Auftrieb. Ich konnte helfen!

Und innerhalb weniger Sekunden - in viel kürzerer Zeit als sie brauchen, diese Zeilen zu lesen - wandelte sich mein Zustand tiefer Hilflosigkeit in zielbewußte Aktivität. Helfen, nicht hilflos sein, war mein einziger Wunsch und Gedanke. Ich hoffe, daß ich hilfreich war.

Ich überspringe nun einiges. Das Ende kam. Mir war, als ob man auf die Abfahrt eines Schiffes wartet und ausharrt, bis alle an Bord gegangen sind. Das heißt in diesem Falle, wir warteten, bis das Unglück vorüber, oder besser, vollends geschehen war: Die Geretteten gerettet, die Toten lebendig!

Dann änderte sich ganz plötzlich die Szene. Für uns begann eine merkwürdige Reise. Wir waren eine ganz seltsame Mannschaft auf einer Reise mit unbekanntem Ziel. Dieses ganze Erleben war so unbeschreiblich phantastisch, daß ich nicht viel darüber sagen kann. Viele unter uns, die verstanden, was geschehen war, befanden sich in schrecklicher Ungewißheit und großer Sorge um ihre Angehörigen, die sie zurückgelassen hatten, und hinsichtlich ihrer eigenen Zukunft. Was würden wohl die kommenden Stunden für uns bereithalten? Würden wir vor den Meister gestellt werden? Was würde sein Urteil über uns sein?

Der andere Teil war völlig niedergeschmettert und teilnahmslos allem gegenüber, was um uns vorging. Sie schienen nichts mehr zu verstehen und wahrzunehmen. Es waren geistige und seelische Wracks. Eine fremdartige und fast makabre Gesellschaft - fürwahr. Menschliche Seelen auf der Suche nach einem neuen Land, nach einem neuen Zuhause.

Innerhalb weniger Minuten trieben bei dieser Katastrophe die toten Leiber Hunderter auf dem eiskalten Wasser. Hunderte von Seelen wurden gleichzeitig sozusagen 'lebendig durch die Luft befördert'. Ein mancher begriff, daß sein Tod gekommen war, und war entsetzt darüber, nicht die Macht zu besitzen, sein irdisches Gut mit herüberzuretten. Sie kämpften verzweifelt zu retten, was ihnen auf Erden so wertvoll war. Die Szenen auf dem Schiff bei Beginn der Katastrophe waren, wie mir jeder glauben wird, gewiß alles andere als angenehm. Aber sie waren nichts gegen das, was dann geschah. Der Anblick der armen, so plötzlich aus dem irdischen Leben gerissenen Seelen war einfach grauenvoll. Es war gleichermaßen herzzerreißend wie abstoßend und ekelerregend.

So warteten wir, bis alle versammelt und bereit waren, die große Reise ins unbekannte jenseitige Land anzutreten. Es wurde ein einzigartiges Erlebnis, viel fremdartiger und seltsamer, als ich es je erwartet hatte. Wir schienen uns mit ungeheurer Geschwindigkeit vertikal in die Luft zu erheben. Dabei bewegten wir uns alle gleichzeitig, so, als ob wir uns auf einer großen Plattform befänden, die mit gigantischer Kraft und Geschwindigkeit von unsichtbarer Hand senkrecht in den Raum geschleudert wurde. Trotzdem hatte ich keinen Moment das Gefühl der Unsicherheit. Wir bewegte uns anscheinend ganz systematisch und zielbewußt.

Ich vermag nicht zu sagen, wie lange wir so dahinflogen, noch wie weit wir uns von der Erde entfernten. Doch die Ankunft war märchenhaft schön. Es war, wie wenn man aus einer düsteren nebligen englischen Landschaft sich plötzlich unter den herrlichen Himmel Indiens versetzt findet. Alles war Schönheit und Glanz. Wir sahen das Land schon von fern. Jene unter uns, die schon auf Erden entsprechendes Wissen gesammelt hatten, wußten, daß wir uns dem Ort nahten, an dem alle unvorbereitet aus dem Leben gerissenen Seelen ihre erste Heimstatt finden.

Wir spürten, daß die ganze Atmosphäre heilsam wirkte. Sie durchströmte jeden Neuankömmling mit belebender Kraft und bewirkte, daß ein jeder sich rasch erholte und sein verlorengegangenes geistiges Gleichgewicht wiederfand.

Wir kamen an, und - so seltsam es klingen mag - wir waren irgendwie stolz auf uns selbst. Alles um uns war so licht und lebendig, alles so wirklich, ja geradezu physisch, in dieser letzteren Hinsicht in jeder Weise so real wie die Welt, die wir gerade eben verlassen hatten.

Ein jeder der Ankommenden wurde sogleich von einer Gruppe alter Freunde und Verwandter, die ihm auf Erden nahegestanden hatten, herzlichst in Empfang genommen. Dann trennten wir uns, die wir die schicksalhafte Reise von jenem unglückseligen Schiff bis hierher gemeinsam bestanden hatten. Ein jeder war wieder freier Herr seiner selbst, umringt von einer kleinen Schar lieber Freunde, die ihm den Weg in dieses Land vorangegangen waren.

Ich habe euch nun ein wenig von unserer seltsamen Reise und der Ankunft im jenseitigen Land erzählt. Als nächstes will ich von meinen ersten Eindrücken und Erfahrungen berichten. Vorausschikken möchte ich noch, daß ich nicht genau angeben kann, in welcher Zeit nach der Schiffskatastrophe ich diese ersten Erlebnisse hatte. Das ganze bisherige Erleben schien mir eine ununterbrochene Folge von Geschehnissen zu sein; ich bin dessen aber nicht ganz sicher.

Ich befand mich zu jener Zeit in Gesellschaft zweier lieber Freunde, deren einer auf Erden mein Vater war. Er kam und blieb bei mir, um mir zu helfen und mich mit meiner neuen Umgebung bekanntzumachen. Es war nicht anders als bei einer irdischen Reise in ein fremdes Land, wo man von einem Vertrauten empfangen wird, der einem die ersten Schritte in dieser fremden Gegend erleichtern hilft. Das war für mich eine beinahe sensationelle Feststellung.

Die Schreckensszenen während und nach dem Schiffsuntergang gehörten bereits der Vergangenheit an. Aufgrund der Fülle von überwältigenden Eindrücken in der kurzen Zeit meiner jenseitigen Reise schienen die vielleicht in der vergangenen irdischen Nacht gehabten grauenvollen Erlebnisse bei der Katastrophe bereits um fünfzig Jahre zurückzuliegen. Aus diesem Grund vergällte uns kein Kummer um die so jäh verlorenen irdischen Angehörigen die erste Freude an der Schönheit des jenseitigen Landes.

Ich will damit nicht sagen, daß keiner unglücklich war. Viele waren es, aber nur deshalb, weil sie die Zusammenhänge zwischen irdischem und jenseitigem Leben nicht erkannten und deshalb dem ganzen Geschehen verständnislos gegenüberstanden. Für uns aber, die wir um die tieferen Zusammenhänge wußten und unsere Möglichkeiten kannten, galt das natürlich nicht. Unsere damalige Gefühlslage läßt sich etwa mit den Worten skizzieren: Laßt uns erst einmal ein wenig unser neues Leben und unseren Aufenthalt genießen, bevor wir dann alle Neuigkeiten nach Hause berichten. So machten wir uns also wenig Kummer und Sorgen in dieser ersten Zeit nach unserer Ankunft.

Um nun auf meine ersten Erfahrungen zurückzukommen, so muß ich zu ihrer Darstellung ein wenig in Einzelheiten gehen. Ich bin glücklich, sagen zu können, daß ich noch immer meinen alten Sinn für Humor besitze. Ich weiß, daß das im folgenden zu Berichtende alle Skeptiker und Spötter, die meine hier beschriebenen Erlebnisse als Humbug ablehnen, ganz besonders amüsieren wird. Nun, ich habe nichts dagegen. Ich bin sogar erfreut darüber, daß mein Büchlein sie wenigstens auf diese Art und Weise irgendwie beeindrucken wird. Und schließlich, wenn dann ihre eigene Zeit für den großen Wechsel gekommen sein wird, werden sie sich in derselben Lage befinden, über die ich gleich berichten werde. Deshalb und mit Humor für diese Leute sage ich: 'Bleibt nur bei eurer Meinung, es macht mir gar nichts aus.'

Mein Vater, mein Freund und ich machten uns also gleich auf den Weg. Eine recht kuriose Feststellung machte mir dabei einiges Kopfzerbrechen: Ich war genauso angezogen wie stets früher auf Erden, und es war mir nicht möglich zu begreifen, daß und wieso ich meine Anzüge hierher mitgebracht hatte. Das Nummer eins, Herr

Skeptiker.

Mein Vater war ebenfalls so gekleidet, wie ich ihn von früher her kannte. Alles und jeder schien ganz 'normal', so wie auf Erden. Wir gingen ganz normal miteinander aus und nahmen, wie gewohnt, alsbald eine Erfrischung. Dann folgten wie üblich lange Gespräche und Nachfragen nach gemeinsamen Freunden auf beiden Seiten. Ich konnte ihnen darüber vieles Interessante berichten, und sie ihrerseits erzählten mir viel über alte Freunde und die Besonderheiten des Lebens in ihrem jenseitigen Lande.

Etwas anderes, das mir auffiel, war die besondere Färbung der uns umgebenden Landschaft. Es ist schwierig zu sagen, welchen Gesamteindruck die spezifische Farbschattierung der englischen Landschaft bei einem Besucher hinterläßt. Man würde sie wohl im allgemeinen als graugrün bezeichnen. Hier aber gab es gar keine Ungewißheit bezüglich dieser Frage: unzweifelhaft war die Farbe der Landschaft hellblau, in verschiedenen Schattierungen. Ich will damit um Gottes Willen nicht sagen, daß nun Häuser, Bäume, Menschen usw. alle blau waren, aber der Gesamteindruck war ohne Zweifel: eine blaue Landschaft.

Ich machte meinem Vater gegenüber eine diesbezügliche Bemerkung, der übrigens viel vitaler und jünger aussah, als auf Erden in der letzten Zeit vor seinem Tode. Wir sahen jetzt fast wie Brüder aus. Ich sprach also von der auffallend blauen Färbung der Landschaft, und er erklärte mir, daß meine Wahrnehmung durchaus richtig sei. Das Licht enthielte eine besonders starke blaue Strahlung, was diesen Ort auch gerade für den Aufenthalt erholungsbedürftiger Seelen besonders geeignet mache, da diese blaue Lichtschwingung wunderbar heilkräftig sei.

Nun werden einige Leser wahrscheinlich einzuwenden haben, daß das ein ausgemachter Unsinn wäre. Ihnen möchte ich sagen: Habt ihr nicht auch auf Erden bestimmte Kurorte, die aufgrund ihrer Lage zur Heilung bestimmter Krankheiten hervorragend geeignet sind? Nutzt doch euren gesunden Menschenverstand und begreift endlich, daß der Schritt von der irdischen in die jenseitige Welt nur ein sehr kleiner ist. Demnach müssen sich doch auch die Lebensverhältnisse in diesen beiden Bereichen sehr ähnlich sein. Wie sollte denn ein gleichgültiger Mensch nur durch seinen Tod plötzlich zu vollendeter Göttlichkeit gelangen? So etwas gibt es nicht! Alles ist Entwicklung, Aufstieg und Fortschritt. Und wie mit den Menschen, so auch mit den Welten. Die 'nächste' Welt ist nur eine Ergänzung eurer jetzigen.

Jenes Land wurde bewohnt von einer seltsam gemischten Bevölkerung. Es waren Menschen aller sozialen Schichten, Rassen, Farben und Größen. Man lebte zwar miteinander, aber jeder hielt vor allem Einkehr bei sich selbst. Jeder war mit sich selbst ausreichend beschäftigt und in seine eigenen Belange vertieft. Für die Erde eine zweifelhafte Sache, hier aber Notwendigkeit sowohl zum Guten für die Allgemeinheit als auch für jeden einzelnen. Ohne diesen Zustand gäbe es hier keinen Fortschritt und keine Gesundung.

Als Resultat dieser allgemeinen Verinnerlichung herrschte hier ungestörter Frieden, was besonders bemerkenswert ist bei der oben beschriebenen Vielschichtigkeit der hiesigen Bevölkerung. Ohne eine solche Selbsteinkehr wäre dieser Zustand wohl unmöglich. Jeder hatte eben mit sich selbst genug zu tun und wurde des anderen kaum gewahr.

Es waren deshalb nicht viele, die ich kennenlernte. Diejenigen, die mich bei der Ankunft begrüßt hatten, waren bis auf meinen Vater und den einen Freund wieder verschwunden. Es war mir auch gar nicht leid darum. Ich hatte so Gelegenheit, die wunderbare Landschaft ungestört zu genießen.

Wir trafen uns häufig und machten dann ausgedehnte Spaziergänge entlang des Ufers. Nichts erinnerte an die irdischen Badekurorte mit Jazzbands und Promenaden. Es war alles ruhig, friedlich und lieblich. Zu unserer Rechten säumten große Gebäude unseren Weg, zur Linken lag ruhig die See. Alles atmete Helligkeit und Licht und widerspiegelte das wunderbar tiefe Blau der Atmosphäre.

Ich weiß nicht, wie lange wir so gingen. Wir sprachen ununterbrochen miteinander über all das für mich Neue, das Leben und die Menschen in diesem Land, über die Verwandten zu Haus und die Möglichkeit, mit ihnen in Verbindung zu treten und sie wissen zu lassen, wie es mir in der Zwischenzeit ergangen war. Ich glaube, daß wir dabei einen sehr weiten Weg zurücklegten.

Wenn ihr euch eine Welt vorstellt, etwa von der Größe Englands, in der alle möglichen verschiedenen Menschen, Tiere, Häuser und Landschaften auf engstem Raum zusammengedrängt sind, so könnt ihr euch einen ungefähren Begriff vom Aussehen jenes Landes machen, in dem ich mich damals befand. Es mag vielleicht unwirklich und phantastisch klingen, aber glaubt mir: Es war wie ein Aufenthalt in einem ganz fremdartigen irdischen Land, und sonst gar nichts, außer, daß es ungeheuer interessant für mich war."

William Stead beschreibt in weiteren Abschnitten sehr ausführlich die neue Umgebung und seine Erlebnisse darin. Für den, der an Einzelheiten interessiert ist, lohnt es sich, das ganze Werk (22) zu lesen. Man darf aber nicht glauben, daß jeder Verstorbene in eine derartige Umgebung kommt. Wenn es aber doch der Fall sein sollte, so bedeutet es nicht, daß er sich bis in alle Ewigkeit in diesem Bereich aufhalten kann oder muß. Auch nach dem irdischen Tod gibt es Möglichkeiten der Fortentwicklung. Hierüber macht Stead folgende Ausführungen (22, S. 64):

"Nun möchte ich zur Beschreibung des nächstfolgenden Entwicklungsstadiums übergehen. Später werde ich vielleicht noch einmal mehr über das 'Blaue Eiland' erzählen. Vorderhand aber wollen wir es ruhig seiner Entwicklung überlassen und uns gemeinsam der Betrachtung eines weiteren Punktes in meiner jenseitigen Entfaltung zuwenden.

Dieses nächste Stadium ist ein Zustand, in dem man von den meisten noch anhaftenden irdischen Instinkten und Trieben befreit wird. Einmal davon gelöst, können wir dann verhältnismäßig rasch weiter vorwärtsschreiten und fast willentlich von einer Sphäre in die nächsthöhere übergehen. Von dieser und jeder anderen Sphäre aber können wir engen Kontakt mit der Erdsphäre und Verbindung zu unseren Angehörigen unterhalten, mit denen natürlich nur, die das wünschen. Wir helfen ihnen weiterhin, indem wir sie in ihrem täglichen Leben beeinflussen, so oder so zu handeln. Das vermögen wir, ohne auch nur im geringsten unser eigenes Werk, unsere Entwicklung und die Bildung unseres Charakters zu gefährden. Denn der Charakterbildung gilt all unser Bestreben.

Ich befaßte mich hier auf dem 'Blauen Eiland', wie alle anderen, intensiv mit dem Studium der Geheimnisse des Lebens und des eigenen Ichs. Dabei erst wurde ich mir der ungeheuren Größe der Schöpfung bewußt. Im Gleichmaß mit geistigem Fortschritt und dem Ablegen irdischer Gewohnheiten und Beschränkungen wächst unser Interesse an den Hintergründen des Lebens, und das Verlangen nach wahrem Wissen wird in uns übermächtig. Wie andere vor mir, so paßte auch ich mich den Gegebenheiten an und lernte. Und mit dem Maß des errungenen Wissens und der Weisheit wuchs auch gleichzeitig meine Aufnahmefähigkeit für immer neues Wissen.

Ich erfuhr von der Existenz anderer jenseitiger Sphären außerhalb des Bereichs dieser Insel. Ursprünglich schien mir deren Vorhandensein so unmöglich, wie vielleicht dir das reale Bestehen der Welt, in der ich mich jetzt befinde. Aber bald kam die Zeit, da ich selbst in diese anderen Sphären mitgenommen wurde. Ich kann nicht genau ihren Ort bestimmen, aber es war, als ob man in den Weltenraum, den Sternen entgegen, reiste. Ich empfand es wie damals, als wir die Erde verließen und durch den Äther glitten, bis wir schließlich einen anderen Stern, eine andere Welt erreicht hatten.

Es existieren sehr viele verschiedene Länder oder Sphären im Jenseits. Teilweise werden sie auch von früheren Erdenmenschen, die genügend weit in ihrer Entwicklung fortgeschritten sind, bewohnt. Es herrscht dort überall eine höhere Form des Lebens, ein Dasein voll himmlischen Glücks, und man fühlt sich in diesen Sphären größer und erhabener. Aber es gibt auch ein oder zwei Bereiche niederer Ordnung als unser 'Blaues Eiland', in denen nur sehr wenig oder gar keine Spur von Glück und Freude aufzufinden ist. Die Zuordnung der Seelen zu den verschiedenen Lebensbereichen im Jenseits richtet sich nun ganz nach der Qualität ihres irdischen Lebenswandels. Die Wesen, die sich in den niederen, unglücklichen Sphären befinden, haben das ihrer Unfähigkeit zuzuschreiben, ihren Geist zu erheben und den Wunsch nach innerem Aufstieg zu empfinden, sich zu bessern und Selbstbeherrschung zu erlernen, obwohl ihnen ständig Kraft und Hilfe angeboten, ja sogar aufgenötigt wird.

Die letzten Tage unseres Aufenthaltes auf dem 'Blauen Eiland' sind gekommen. Bald geht es hinüber in die nächste Sphäre, die in den meisten Fällen zum Daueraufenthalt der Seelen wird. Das 'Blaue Eiland' ist ein Ort der Anpassung an die gänzlich neuen Verhältnisse, ein sogenanntes 'Klärungs- oder Reinigungshaus' (engl. Clearing-House). Der Begriff 'Clearing-Haus' ist am treffendsten und bezeichnet eine Sphäre, die als Zwischenstation zwischen Erde und jenseitiger Welt eingeschaltet ist. Sobald der Neuangekommene den neuen Lebensverhältnissen angepaßt und innerlich gesundet ist, geht er über in eine Welt, die wir als wirkliche Heimat der Seelen bezeichnen können. Meist ist ein Aufenthalt dort von unvergleichlich viel längerer Dauer als das irdische Leben.

Wir können aber jederzeit nach dem 'Blauen Eiland' zurückkehren und tun das auch, wenn es gilt, ankommende Freunde oder frühere Lebensgefährten in Empfang zu nehmen und ihnen über die erste Zeit hinwegzuhelfen. Aber es bleiben immer nur kurze Besuche, und niemals kommen wir dahin zurück, um dort für die Dauer zu leben.

Man bedient sich zum Reisen im Jenseits ganz anderer Methoden als der, die ihr auf Erden kennt. Eine ganze Reihe von Wesen begibt sich fortlaufend auf den Weg von der Blauen Insel in eine andere Sphäre. Da der geistige Reifeprozeß bei jedem einzelnen von unterschiedlicher Dauer ist, waren es auch ganz andere Wesen als die mit mir Angekommenen, mit denen ich mich nun anschickte, das Eiland zu verlassen.

Die Reise selbst verlief in der gleichen sensationellen Weise wie meine erste: ein blitzartiges Durch-den-Äther-Fliegen oder -Gleiten. Nach der wunderbaren blauen Färbung der Landschaft von dem 'Blauen Eiland' schien die neue Gegend, in der wir 'landeten', weniger farbenreich. Außerdem schienen die Menschen hier gänzlich von ihrer jeweiligen Beschäftigung in Anspruch genommen zu sein. Es war uns, als ob wir in den Bereich der Erde zurückgekehrt seien. Nach der Ankunft wurde ich besonders von einigen Gebieten des Landes angezogen, die ganz auffallende Ähnlichkeit mit der Landschaft hatten, in der ich auf Erden wohnte. Andere Menschen bestätigten mir diese Beobachtung. Auch ihnen schien es, als seien sie in ihre irdische Heimat zurückgekehrt.

Gemäß unserer irdischen Lebenshaltung werden wir automatisch hier einer Gruppe von Wesen zugeordnet, mit denen wir harmonieren und zu denen wir in jeder Weise passen. Hier liegt ein wesentlicher Unterschied zu den Verhältnissen auf der Erde, die ein Feld ununterbrochenen Kampfes eines gegen den anderen darstellt, um unsere Charaktere zu festigen.

Diese Daseinssphäre, in der ich mich nun befinde, ist diejenige, in welche die meisten Menschen nach ihrem Tode eingehen werden. Innerhalb der Gruppe Seelenverwandter, der wir nun angehören, setzen wir gemeinsame Interessen fort, widmen uns persönlichen Aufgaben und befreien uns nach und nach von den noch anhaftenden Resten irdischer Gewohnheiten, die unserem weiteren Fortschritt im Wege stehen. Wir pflegen einen lebhaften persönlichen Umgang, verfügen über ein gemütliches Heim und teilen aufmerksam die Interessen unserer Mitmenschen. Je nach Belieben leben wir in Gruppen oder Familien gemeinsam in Häusern, andere in villenartigen Bauten am Rande eines offenen Hügellandes.

Beinahe kurios ist es zu erleben, wie Menschen, die auf Erden ein sehr schweres Leben in Armut hatten, nun hier in Palästen residieren. Das entspricht ihrer Vorstellung von einem paradiesischen Himmelsleben und wird ihnen als Belohnung für alle auf Erden still ertragenen Entbehrungen und Leiden zugestanden. So wird überhaupt das schweigende Erdulden irdischer Ungerechtigkeiten als besonderer innerer Fortschritt anerkannt, denn Zorn und Erbitterung sind Satans besondere Glanzmethoden zum Seelenfang.

Die Obengenannten können also hier in glücklicher Umgebung ihr Leben dem weiteren Fortschritt widmen und währenddessen genießen, was ihnen auf Erden versagt geblieben ist. Wenn sie aber infolge vollkommener Zufriedenheit mit dem gegenwärtigen Leben geistig stillestehn und sich nicht um weitere Entwicklung bemühen, müssen sie ihre Schlösser wieder verlassen und werden einer anderen Umgebung eingegliedert. Jeder muß sich fortlaufend qualifizieren und um geistige Entwicklung bemühen, und er muß Minderentwikkelten behilflich sein. Bei unserer endgültigen Ankunft in dieser Sphäre haben wir jedes Verlangen nach Speisen und Getränken bereits abgelegt. Wir sind reiner Geist, auch wenn es noch eines gewissen Schliffes oder einer Verfeinerung in dieser längerwährenden Lebensphase bedarf.

Auch hier existieren Weisheits-, Musik- und Ruhehallen, Gebäude für wissenschaftliche Forschung, kurz für alle Arten von Belehrung und Erreichung von Wissen. Die 'Eintrittsgebühr' für alle diese Institutionen ist nichts als das tiefe Verlangen, weiter hinzuzulernen. Trotzdem führen wir nicht etwa ein Dasein in beständiger Einpaukerei. Wir leben in einem stetigen glühenden Interesse an allem Neuen, das uns zu geistigem Fortschritt verhilft. Außerdem leben wir in einer ausgesprochenen sozialen Ordnung, ohne alle irdischen Klassenunterschiede. Es herrscht absolute Gedankenfreiheit und Freiheit des Gedankenaustauschs.

Einmal frei von irdischen Beschränkungen und der Verhaftung an irdischem Gedankengut können wir uns nach Gutdünken in unserer Welt bewegen oder über der Erde dahingleiten. So großartig ist unsere Fortbewegungsmethode und von solch enormer Geschwindigkeit, daß es uns fast gelingt, an zwei Orten gleichzeitig zu sein. Hier werden wir uns auch des Grades der Liebe, die wie wir füreinander empfinden, klar bewußt. Sie ist viel deutlicher fühlbar als auf Erden, ja, fast sichtbar, und dieses herrliche Gefühl ist die eigentliche Ursache der Helle und Klarheit, der Schönheit und des Glanzes dieser Welt. Damit meine ich nicht, daß die Liebe hier Lichtstrahlen aussendet, aber die Atmosphäre ist von ihr durchwirkt, so licht und stärkend und lebensspendend.

Das Leben hier ist jedenfalls ein ganz grandioser, kühner und glückvoller Zustand für alle diejenigen, die auf Erden sich um einen anständigen und fortschrittlichen Lebenswandel bemühten. Die Unvernünftigen, Unterentwickelten oder Bösartigen aber finden nichts als Kummer, Elend und Sorgen. Es liegt schon eine tiefe Weisheit in dem Bibelspruch: 'Wie man sät, so wird man ernten.'"

Mit den letzten Worten läßt William Stead bereits anklingen, daß es andere Bereiche in der jenseitigen Welt gibt, in denen das Dasein für die Bewohner längst nicht so angenehm ist, wie es bei ihm der Fall war. Zu diesem Punkt kann ich aufgrund der Teilnahme an medialen Versuchen folgendes berichten: In einem Kreis von acht bis zehn Personen, der sich regelmäßig alle sieben Tage, später alle 14 Tage traf und trifft, sind immer zwei medial veranlagte Menschen anwesend. Anfangs waren es drei. Die Medialität äußert sich in fließendem medialen Sprechen im Zustand der Halbtrance. Das Bewußtsein der Medien ist also zurückgedrängt, sie können aber noch den wesentlichen Inhalt des von ihnen Gesprochenen erfassen. Sie sind jedoch, wenn der Zustand der Halbtrance eingetreten ist, nicht mehr fähig, ihre Sprache willentlich selbst zu steuern. Sie können ein Geistwesen nach Besitzergreifung ihres Körpers auch nicht mehr allein abschütteln. Manchmal werden sie sogar gegen ihren Willen durch ungebetene Geistwesen mit Beschlag belegt. Ihre Sprachfärbung und Ausdrucksweise im Zustand der Halbtrance ist, wie allgemein üblich, weitgehend die ihrer normalen Sprache.

Das Ziel des Kreises war nicht, mit *bestimmten* verstorbenen Menschen oder verstorbenen Verwandten in Verbindung zu treten, also nicht etwa Verstorbene zu zitieren. Das Ziel war und ist, ganz allgemein etwas über die Verhältnisse in einer anderen Welt in Erfahrung zu bringen und verstorbenen Menschen, die weitgehend unwissend in einem Zwischenreich umherirren, über ihren Zustand aufzuklären. Sie sollen religiös beraten und veranlaßt werden, sich dem Reich Gottes anzuschließen und sich um eine innere und äußere Weiterentwicklung zu bemühen.

Vier Begebenheiten aus einer Vielzahl ähnlich gelagerter "Fälle" möchte ich hier berichten, vor allem deshalb, weil das Todeserlebnis und die ersten nachtodlichen Erfahrungen darin eine Rolle spielen. Die stattgefundenen Gespäche erstreckten sich teilweise über mehr als eine Stunde. Ich gebe sie hier gekürzt nach den Tonbandaufzeichnungen wieder.

Begebenheit 1, vom 5. April 1976. Anwesend zehn Personen, darunter die medial veranlagten Teilnehmer Frau A. (geb. 1948, Lehrerin) und Herr B. (geb. 1938, Ingenieur). In Frau A. ist ein Geist eingetreten, der auf Befragen angibt, hierhergekommen zu sein, um heute wieder Musik zu hören. Er habe das letzte Mal hier Musik von Mozart gehört und ist sehr enttäuscht zu erfahren, daß ein Plattenspieler und Platten heute nicht vorhanden sind. Er will daraufhin gleich wieder fortgehen und betont, daß er mit niemandem etwas zu tun haben möchte und bislang auch immer in Frieden gelassen worden sei. Wir verwickeln ihn dann aber doch in ein Gespräch, und er berichtet, daß er 1915 mit 15 Jahren in Magdeburg gestorben sei. Er habe die Musik sehr geliebt und Geige, Klavier und Klarinette gespielt. Sein Wunsch sei es gewesen, auf eine Musikhochschule zu gehen und Musiker zu werden. Seine Eltern hätten ihm aber verheimlicht, daß er schwer krank gewesen sei und Anämie gehabt habe. Er sei evangelisch und schon konfirmiert gewesen.

Bei seinem Tod zu Hause hätten seine Eltern an seinem Bett gesessen, und der Arzt sei noch einmal gekommen. Er berichtet: "Es waren auch andere Wesen zugegen, die ich aber nicht verstand. Ich verstand überhaupt nichts. Es war alles voll im Zimmer, und mir war angst und bange. Ich kannte die anderen Anwesenden alle nicht. Es war so sonderbar. Sie waren mal über mir, mal neben mir. Ich hatte dafür keine Erklärung und meinte, daß es mir schon sehr schlecht gehen müsse. Meine Eltern verstand ich immer weniger und hörte dann nur noch ein Stimmengewirr.

Auf einmal sah ich mich selbst daliegen. Meine Mutter weinte und rüttelte mich noch einmal. Aber der Arzt schüttelte nur den Kopf. Das sah ich alles ganz genau. Was dann geschah, weiß ich nicht mehr. Ich denke schon die ganze Zeit darüber nach. Ich erinnere mich erst wieder daran, daß ich bei der Beerdigung an meinem Grabe stand. Meine Eltern weinten sehr, und meine kleine Schwester hatte gar nicht begriffen, was vor sich ging. Sie wollte mich immer aus dem Sarg holen und mußte mit Gewalt festgehalten werden. Die Musiker an meinem Sarg spielten erbärmlich falsch, und was der Pfarrer sprach, gefiel mir überhaupt nicht. Vom Jenseits war aber niemand für mich wahrnehmbar. Nach der Beerdigung leerte sich der Friedhof. Alle gingen sie fort, und ich stand allein dort. Anschluß habe ich dann nie mehr gefunden. Ich sehe wohl ab und zu Wesen, von denen ich annehme, daß sie ebenfalls gestorben sind. Aber wir reden nicht miteinander. Ich getraue mich gar nicht, sie anzusprechen, denn sie nehmen keine Notiz von mir."

Der Verstorbene berichtet dann weiter, daß er immer dorthin gegangen sei *(gemeint ist auf unserer Erde, von der er sich bislang nicht lösen konnte)*, wo er Musik hören konnte. Es sei ihm aber nicht sehr oft möglich gewesen, weil schöne Musik heute nicht mehr viel gespielt werde.

Wir fragten den Verstorbenen nun, ob er nicht in seiner schwierigen Lage zum Gebet Zuflucht genommen hätte. Darauf antwortete er: "Bitten, beten? Betet man denn auch noch, wenn man gestorben ist? Ich dachte, man müsse nur auf Erden beten. Dort habe ich doch so viel gebetet, daß ich leben und mich ganz der Musik widmen dürfe. Auf Erden betet man doch auch immer: Herr, gib uns die ewige Ruhe!"

Wir fragten ihn darauf, ob er die ewige Ruhe denn schon gefunden habe und ob er bereits im Himmel angekommen sei. Er meinte: "O nein, das wohl nicht. Ich weiß es ja nicht, denn ich kenne mich da nicht aus." Wir fragten ihn weiter, ob er nicht eine neue Heimat finden möchte, wo er auch wieder Musik hören könne. Der Verstorbene entgegnete: "Kann ich denn das jemals wieder? Ich bin doch tot! Ich kann ja gar kein Musikinstrument mehr anfassen. Ich habe das doch schon so oft versucht *(er meint damit irdische Musikinstrumente bei seinen Besuchen auf unserer Erde)*." Wir machten ihn nun darauf aufmerksam, daß er in eine andere, schönere Welt eintreten könne, wenn er bereit sei, sich Gott anzuschließen. Er müsse ihn bitten, daß er ihm einen Helfer, einen Engel *(was ja auf deutsch 'Bote' heißt)* schicken möge, der ihm die neue Welt erkläre und ihn dorthin mitnehme. Gott habe seine Boten, die auch des Verstorbenen Gebet weitertragen, wenn es aus seinem Herzen komme. Er betete dann: "Gott, bitte hilf mir! Schicke mir jemanden zur Hilfe, damit ich noch dorthin komme, wohin ich gehöre. Ich habe schon gemerkt, daß ich nicht mehr hierhergehöre. Aber ich kenne mich doch nicht aus. Gott hilf mir bitte! Hilf mir doch, daß ich auch mehr sehen kann."

Wir machten ihm klar, daß um ihn herum durchaus auch andere jenseitige Wesenheiten vorhanden seien, daß er sie nur nicht sehen könne, so wie wir ihn auch nicht sehen könnten. Seine "Augen" müßten dafür im übertragenen Sinn erst "geöffnet" werden. Und darum müsse er Gott von Herzen bitten. Nachdem er das tat und insbesondere bei etwas Nachhilfe unsererseits auch das *Vaterunser* betete, berichtete er: "Ich glaube, ich sehe jetzt hinter jedem von euch ein Wesen. Die stehen ganz eng um euch herum, verschwommene Gestalten. Ich sehe aber ihre Gesichter noch nicht." Nach weiterem Gebet sagt der Verstorbene: "Jetzt sehe ich die Umrisse ihrer Köpfe. Sollte ich wirklich mehr sehen? Ja, es ist doch seltsam, jetzt sehe ich helle Flecken, dort, wo die Köpfe sind. Ich sehe aber noch keine Augen. Die sind doch das Wichtigste. An ihnen kann ich sehen, ob sie es gut mit mir meinen." Er betet noch einmal: "Gott, Vater, erhöre mein Flehen, hilf mir und öffne meine Augen, damit ich ihre Augen sehen kann und ihren Mund, damit sie mit mir sprechen können, wenn ich es höre."

Danach sieht er die Geistwesen deutlich und fragt sie, ob sie ihm helfen könnten. Sie antworten ihm, daß sie das nicht könnten, weil sie hier bleiben müßten, denn sie seien für uns Menschen da. Aber es würde für ihn ein anderes Geistwesen, eine Frau, kommen. Der Verstorbene betet noch einmal: "Gott, ich bitte dich, laß mich nicht noch länger warten. Ich würde so gerne mitgehen und möchte auch gar nicht mehr länger hier bleiben. Es war immer so einsam um mich herum. Kann das jetzt anders werden?"

Nach einiger Zeit kommt tatsächlich ein Wesen, aber der Verstorbene protestiert, das sei ja gar keine Frau und es habe auch keine guten Augen. Wir raten ihm, den Geist schwören zu lassen, daß er zu Gottes guter Geisterwelt gehöre und daß Jesus Christus sein Herr sei. Er spricht darauf den Geist an: "Dann sage doch im Namen Gottes, ob du für mich da bist. Ist Jesus Christus dein Herr? Er sagt nein. Aber er könne mich dahin führen, wo ich endlich alles haben könne, was ich möchte. Dort könne ich Musikinstrumente spielen und dort würden viele meiner Musik zuhören."

Wir ermahnen den Verstorbenen, daran zu denken, daß er vorhin im *Vaterunser* gebetet habe "Und führe uns nicht in Versuchung". Das sei jetzt der Versucher; er solle nicht auf ihn hören und nicht zum Widersacher Gottes gehen. Der Verstorbene entgegnet: "Aber er sagt, ich könnte spielen. Es würde mir gut gehen. Was soll ich denn jetzt machen?" Wir raten ihm: "Schicke ihn weg! Merkst du nicht, daß er dich an deinem schwächsten Punkt packt?" Darauf sagt der Verstorbene: "Gott hilf mir, daß ich nicht schwach werde. Jetzt gehe wieder, geh weg!"

Der ungebetene Geist verschwindet tatsächlich. Nach weiterem Gebet erscheint wieder ein Geistwesen, diesmal die angekündigte Frau. Der Verstorbene spricht sie auf unser Zureden an: "Ich soll dich fragen, sagt man mir, ob du zu mir gehörst, ob Gott dich geschickt hat, ob Christus dein Herr ist? Führst du mich dahin, wo ich besser leben kann ?" Das Geistwesen leistet den geforderten Schwur, und der Verstorbene berichtet: "Sie sagt, sie wäre schon immer bei mir gewesen, ich hätte sie nur nie gesehen. Sie wäre auch bei meinem Tod bei mir gewesen und hätte mich immer gerufen, aber ich konnte sie nicht hören. Sie sieht schön aus. Sie sagt, ich solle jetzt schnell mitkommen, weil wir hier weggehen müßten. Hier wäre jetzt alles getan, was getan sein müßte. Es ist gut so. Ich soll mich noch bedanken. Kann es Wirklichkeit sein? Ja! Ich darf wirklich vertrauen, sagt sie. Gott ich danke dir! Und jetzt möchte ich mitgehen."

Begebenheit 2, aufgenommen am 10. September 1976 in demselben, vorher erwähnten Kreis. Es waren zusammen mit mir zehn Personen anwesend, darunter die medial veranlagten Frau A. und Herr B. In Frau A. ist ein Geistwesen eingetreten, das auf Befragen angibt, Jürgen Rombart geheißen zu haben, Steinmetz gewesen, 1873 geboren und 1935 in Süddeutschland gestorben zu sein. Ich frage ihn nach dem Ablauf seines Todes und ob er überhaupt bemerkt habe, daß er gestorben sei. Er antwortet: "Ich bin lange krank gewesen und hatte Lungenkrebs. Ich habe lange im Delirium gelegen, war schon gar nicht mehr richtig hier, so zwischen Erde und Jenseits schwebend. In welchem Augenblick ich wirklich gestorben bin, ist mir gar nicht bewußt geworden. Es machte mich nur stutzig, daß ich keinen schmerzenden Körper mehr hatte. Meinen irdischen Körper sah ich auf einmal nicht mehr in meinem Bett liegen. Er war weg, wohl schon beerdigt. Die Beerdigung habe ich aber nicht mitbekommen. Ich versuchte, mit meinen Kindern, bei denen ich während meiner Krankheit gelegen hatte, zu sprechen. Aber das ging nicht mehr, und daran merkte ich, daß ich wohl gestorben sein mußte. Auch war mein Bett leer, und alle meine Sachen wurden ausgeräumt. Ich hatte allerdings einen neuen Körper und fühlte mich gesünder. Ich lief in meinem alten Zimmer hin und her und konnte auch durch die Wände gehen.

Nachdem ich mit meinen Verwandten nicht mehr sprechen konnte, sah ich mich anderweitig um und dachte mir, daß ich wohl mit irgend jemand anderem reden könnte. Wenn ich mich selbst noch bewegen konnte und also noch 'lebendig' war, müßten auch andere noch lebendig sein, dachte ich mir. Nach denen wollte ich Ausschau halten. Ich verließ also mein irdisches Haus, wußte aber nicht, wohin ich mich wenden sollte. Zunächst stand ich völlig ratlos irgendwo draußen herum. Ich fühlte mich nirgends wohl und hatte ein seltsames Gefühl, denn zur Erde fühlte ich mich nicht mehr hingezogen. Auch bestand die Erdanziehungskraft, die auf den Menschen wirkt, nicht mehr. Der Mensch muß ja auf der Erde gehen, aber für den Verstorbenen ist das kein Zwang mehr. Man kann dann schweben und sich, wenn man will, zur Erde zwingen.

Auf einmal sah ich mehrere Personen, die sich ähnlich bewegten wie ich. Da dachte ich, das müßten meinesgleichen sein. Zu ihnen wollte ich mich begeben. Ich ging auf sie los und begrüßte sie. Ich fragte sie, ob sie wohl auch verstorben seien wie ich. Sie antworteten, ja, ja, sie wären gekommen, um mich zu holen. Es waren Männer und Frauen gemischt. Ich kannte aber keinen von ihnen. Sie forderten mich dann auf mitzukommen. So ohne weiteres wollte ich aber nicht mitgehen und sagte ihnen, daß sie mir schon genauer Bescheid geben müßten, woher sie kämen und wie das jetzt weitergehen sollte. Da entgegneten sie mir ganz barsch, ich sollte doch nicht so neugierig sein. Ich glaubte nun, weiter weg von ihnen noch eine andere Gruppe zu sehen und erwiderte daher der ersten, daß ich zunächst auch noch mit anderen sprechen möchte, zumal sie ja nicht bereit wären, mir genaue Auskunft zu geben, wohin sie mich zu bringen beabsichtigten. Sie wollten mich zuerst gar nicht gehen lassen. Aber da ich schon immer alles genau wissen wollte, ließ ich sie einfach stehen und ging zu den anderen. Ich fragte diese nun, wohin sie mich führen würden, wenn ich mit ihnen käme, und was sie sonst tun würden. Die Vorherigen hätten mir darüber nichts gesagt. Da meinten sie, so schnell ginge das auch nicht. Genaueres könnten sie mir jetzt noch nicht sagen. Aber wenn ich ihnen folgte, wäre ich auf alle Fälle sicherer aufgehoben.

Da war ich nun genau so schlau wie vorher und dachte: Jetzt lasse ich sie beide stehen, denn man weiß ja gar nicht, wie man bei ihnen dran ist. Da bin ich gegangen, und seitdem suche ich und suche ich, um jemanden zu finden, der mir genauer sagen kann, wie es nun eigentlich weitergehen soll. Aber niemand klärt mich darüber auf. Alle sagen: 'Geh doch erst mit. Wir zeigen es dir dann schon!' Was soll man denn da nur tun?"

Um diesen herumirrenden Geist darüber aufzuklären, wie er seinen weiteren Lebensweg in richtiger Weise finden könne, war er von jenseitigen Helfern unserem irdischen Kreis zugeführt worden. Zunächst war der verstorbene Jürgen Rombart maßlos erstaunt zu hören, daß er gemäß der Angabe seines Sterbejahres nun schon 41 Jahre ziellos im Jenseits herumgewandert sei. Er gab in dem weiteren Gespräch auf Befragen an, wohl getaufter Christ, aber nicht weiter gläubig gewesen zu sein. Ein ausgesprochener Atheist sei er zwar nicht gewesen, aber gebetet habe er nie, auch nicht während seiner fürchterlichen Kriegsgefangenschaft in Rußland im ersten Weltkrieg. Er habe nie an die Kraft des Gebetes geglaubt.

Wir Menschen machten ihn darauf aufmerksam, daß es für verstorbene Wesen einen Führer, einen sogenannten Schutzgeist gebe. Man könne Gott darum bitten, daß dieser einem zugeführt werde und sichtbar erscheine. Er werde dann, nachdem er auf Verlangen geschworen habe, daß er Gott diene und Jesus Christus sein Herr sei, eine herumirrende Seele in andere jenseitige Bereiche geleiten, die Gott zugehörig sind und in denen man eine sinnvolle Tätigkeit ausüben könne. Nach einer längeren Unterhaltung, in der er erklärte, daß ihm Christus näher stünde als Gott, der für ihn zu fernstehend sei, bat dann Jürgen Rombart: "Lieber Christus, bitte schicke mir den, der hier Schutzgeist genannt wird und der mir helfen und mir wirklich den Weg zeigen kann. Bitte schicke ihn mir, damit ich mich endlich zurechtfinden kann. Ich bitte dich darum."

Nachdem nun nach weiteren Gebeten ein Geistwesen erschien, das nicht bereit war, den geforderten Schwur auf Gott und Christus zu leisten, kam schließlich eine weibliche Wesenheit, die schwor, Gott zu dienen und Jesus Christus untertan zu sein. Sie solle zunächst, so erklärte sie, Jürgen Rombarts Schutzgeist sein und wolle ihn seinen neuen Aufgaben entgegenführen. Getröstet und dankbar zog er mit dem Schutzgeist von dannen.

Begebenheit 3, aufgenommen am 26. November 1976. Anwesend waren mit mir zusammen neun Teilnehmer, darunter die medial veranlagten Frau A. und Herr B. In letzteren ist ein Geistwesen eingetreten und gibt auf Befragen an, Franz Muckler geheißen zu haben. Er sei Maurer gewesen, habe in der Nähe von Salzburg gelebt, sei 37 Jahre alt geworden und 1931 gestorben. Er gibt weiter an, daß ihm bei Bauarbeiten ein schwerer Stein auf den Kopf gefallen sei. Er habe dann fast ein Jahr krank zu Bett gelegen. Franz Muckler berichtet nun: "Ich war nicht enttäuscht, als ich starb. Es war für mich eine Erlösung. Ich hatte furchtbare Kopfschmerzen, war aber zeitweise auch ohnmächtig. Bei meinem "Tod" trat ich aus meinem damaligen Körper aus. Es war aber sehr seltsam. Ich hing immer noch an einem Band. Plötzlich war es zerrissen, und seitdem bin ich in dieser Welt. Das Band ging von meinem jetzigen Kopf aus zu dem Bauchnabel des irdischen Körpers. Es war etwa so dick wie ein Klettertau in einer Turnhalle und von gelblicher Farbe, wie mir schien.

Den Augenblick des Zerreißens habe ich nicht bewußt erlebt. Ich war wohl einen Augenblick bewußtlos. In dem Zimmer, in dem ich starb, war sonst niemand. Ich habe es gleich verlassen. Dann traf ich andere, welche auch gestorben waren. Die wollten sich zum Teil noch da aufhalten, wo sie gelebt hatten, aber mich hielt dort nichts mehr. Doch ich weiß jetzt gar nicht, warum ich hier bin. Ich weiß, daß man weiterlebt, aber viel habe ich inzwischen nicht gesehen. Einmal habe ich ein Gespräch mitangehört, in dem geschildert wurde, daß es hier auch schön sein soll. Aber ich sehe alles nur grau. Der eine von den beiden Gesprächspartnern, deren Gespräch ich belauschte, war anders gekleidet als ich und die ich sonst sah. Er redete auf den ersten ein und war dann auf einmal verschwunden. Ich lebe jetzt allein in einer Art Höhle. In meiner Umgebung gibt es noch weitere Behausungen dieser Art. Es ist so eine Art Höhlendorf."

Auf meine Zwischenfrage, ob er sein "Höhle" selbst habe graben müssen, antwortet der Verstorbene: "Es ist keine Höhle unter der Erde. Es ist ein MitteldING zwischen Höhle und Hütte. Ich habe ein wenig gegraben und darüber eine Abdeckung, eine Art Haube aus dunklem Material, etwa wie Holz, gemacht. Die Grube habe ich aber nicht mit den Händen gegraben. Das war keine körperliche Arbeit. Ich habe keine Hand krumm gemacht. Ich habe mir nur vorgestellt, daß ich körperlich arbeite, und plötzlich war das Loch da." Auf meine weitere Zwischenfrage, warum er sich als ehemaliger Maurer nicht gleich ein richtiges Haus "gemauert" habe, antwortet Franz Muckler: "Ich bin viel später als die anderen Bewohner in dieses 'Dorf' gekommen. Die anderen 'Häuser' waren so, und da habe ich mir auch solch eins gebaut. Ich habe mich hier angepaßt. Mit einem besseren Haus wäre ich aufgefallen. Daher bin ich nicht auf den Gedanken gekommen, mir ein besseres Haus zu bauen. Hier gibt es sonst nichts zu tun. Ich sitze den ganzen 'Tag' herum. Es ist ziemlich trostlos bei uns, eigentlich immer grau. Es gibt keinen Wechsel zwischen Tag und Nacht, und es hat bei uns auch noch nie geregnet. Ich möchte hier nicht immer leben, wenn es etwas anderes gibt. Ich möchte auch arbeiten. Zu Lebzeiten auf Erden glaubte ich schon an Gott. Ich ging auch ab und zu mal in die Kirche, wie man das so macht, zu Weihnachten und vielleicht nochmal zu Ostern. Ich glaubte auch, daß die Seele weiterlebt, und ich lebe ja nun wirklich noch. Ich bete jetzt auch manchmal, wie man eben mal betet. Bislang habe ich mir aber nichts Besonderes erbeten. Erstmals vor zwei Tagen, nach eurem Zeitbegriff gesprochen, habe ich mir gewünscht, daß ich wieder arbeiten darf. Wie ich nun hierher zu euch gekommen bin, weiß ich nicht. Ich habe nichts gemerkt und war plötzlich hier."

Wir legen dem Verstorbenen nahe, sich darum zu bemühen, in eine bessere Umgebung zu kommen, wo er eine Arbeit erhalten könne und in das Reich Gottes eingegliedert werde. Dazu müsse er aber einen Führer finden, seinen Schutzgeist, der ihn dorthin geleite. Franz antwortet darauf: "Ich möchte aber nichts geschenkt bekommen. Ich möchte mir das durch Arbeit verdienen. Doch ich habe keine Vorstellung, wie das geschehen könnte. Aber ich möchte dorthin, wo ich eine Aufgabe übernehmen kann."

Der Verstorbene bittet nun Gott zunächst in stillem Gebet, er möge ihn in sein Reich aufnehmen und ihm einen Führer schicken. Er sieht anschließend eine ganze Reihe von Geistwesen, die den Raum erfüllen und uns Menschen umringen. Nach einigen Minuten kommt ein weiteres Geistwesen, das vor ihn hintritt und auf des Verstorbenen Frage sagt, daß es sein Schutzgeist sei. Auf unser Geheiß will Franz Muckler dieses Geistwesen zum Schwur auffordern, kann das zunächst aber nicht aussprechen, weil eine geistige Einwirkung ihn daran hindert. Dann gelingt es ihm zu sagen: "Schwörst du im Namen Gottes, daß Christus dein Herr ist?" Das Geistwesen versucht zu antworten, wird aber seinerseits daran gehindert, seine Worte zu formulieren. Außerdem wird es von anderen Geistwesen zurückgedrängt. Darauf betet der Verstorbene wieder: "Lieber Gott, ich bitte dich, und bitte höre auch mein Gebet an. Ich weiß, ich habe sehr selten im Gebet mit dir gesprochen. Bitte mach, daß dieser Mann, der eben vor mir stand, wieder nähertreten kann, so daß ich ihn fragen kann, was mir hier aufgetragen wurde. Ich verspreche, dir zu dienen, wie du es wünscht. Ich verspreche dir, daß ich es zumindest versuchen werde." Danach betet er das ganze *Vaterunser*.

Nach einigen Minuten kann das zurückgedrängte Geistwesen wieder vor ihn treten und wird zum Schwur aufgefordert. Franz Muckler berichtet uns die Antwort: "Er sagt, er schwöre im Namen Gottes, daß Jesus Christus sein Herr sei, daß er mein Schutzgeist sei und daß ich mit ihm gehen dürfe. Er sagt weiter, daß ich mich nun von euch verabschieden solle, denn hier gebe es noch, so sagt er wörtlich, genug zu tun *(In Frau A. wartet nämlich schon eine weitere verstorbene Wesenheit auf Zuspruch)*. Es ist jetzt viel heller um mich geworden. Ich hoffe, daß ich dort in der neuen Umgebung helfen und arbeiten kann. Ich bedanke mich bei euch, daß ihr mich so offen aufgenommen habt, denn ich war schließlich fremd bei euch. Ich wünsche mir, daß ich eines Tages zu euch wiederkommen darf, um euch von meiner neuen Arbeit und meiner neuen Welt zu berichten. Auf Wiedersehen!"

In den vorangegangenen drei Schilderungen waren die uns zugeführten Geistwesen sich dessen bewußt gewesen, daß sie von der Erde abgeschieden waren. In dem folgenden Beispiel lebt der Verstorbene immer noch in dem Wahn, daß er sich weiterhin im Krankenbett auf dieser Erde befinde und Schmerzen leide. Er hat den Akt des Todes noch gar nicht erfaßt.

Begebenheit 4, aufgenommen am 8. Oktober 1987 in dem bislang erwähnten medialen Kreis. Es waren zusammen mit mir sieben

Personen anwesend, darunter die medial veranlagte Frau A. und Herr B. In Frau A. ist ein Geist eingetreten, setzt sich anfangs ganz aufrecht hin und fängt an zu stöhnen. Dann faßt er sich mit der Hand an den Nacken, als ob er dort Schmerzen verspüre und verzieht schmerzhaft das Gesicht. Zweimal fährt er schreckhaft heftig zusammen. Alles erstreckt sich über etwa zehn Minuten. Wir sprechen den Verstorbenen dann mehrfach an, wer er sei, ob er uns höre usw. Schließlich antwortet er auf die Frage: "Hast du Kopfschmerzen?" mit einem leisen "Ja". Er bewegt weiter den Mund und versucht zu sprechen, stößt aber nur gurgelnde Laute aus. Mehrfach macht er Ansätze zum Sprechen: "Ich.... ich... ich...", kommt dann aber nicht weiter. Schließlich sagt er sehr zögernd: "Ich habe Schmerzen im Kopf, im Genick, in der Brust." Dann stöhnt er schmerzhaft. Nach einer Pause fährt er fort: "Ich habe Krebs, habe Schmerzen, alles umsonst. Bei mir ist alles umsonst. Ich habe Krebs, solche Schmerzen."

Wir fragen ihn, ob er weiß, daß er gestorben ist. Es erfolgt keine Antwort. Ich erkläre ihm, daß er jetzt noch *die* Schmerzen empfinde, die er zu Lebzeiten als Krebskranker gehabt habe. Er müsse erkennen, daß er gestorben und sein jetziger Leib nicht mehr krank sei und daher kein Grund für Schmerzen vorliege. Er möge Gott darum bitten, daß ihm ein Helfer, ein Führer, ein Schutzgeist zugeführt werde und ihn in seine Obhut nehme. Er möge einmal um sich blicken, ob er ihn nicht bereits sehen könne. Der Verstorbene reagiert auf diese Worte aber nur wenig und sagt, er sähe nichts, und betont weiterhin seine Schmerzen. Nach einer Pause sagt er: "Ich brauche Schmerzmittel. Ich sehe nur Krankenschwestern. Die Schwestern und meine Frau waren immer bei mir."

Das Medium Frau A. berichtet später, daß sie während ihrer Trance den Kranken in seinem irdischen Bett habe liegen sehen, wobei seine Frau neben ihm saß und seine Hand gehalten habe. Sie meint, daß er noch nicht sehr alt gewesen sei, etwa Mitte 40. Nach weiterem guten Zureden sagt der Geist endlich: "Die Schmerzen lassen schon nach. Das ist doch seltsam!" Schließlich übermannt ihn die Rührung, und er fängt an zu weinen. Die Tränen fließen natürlich aus den Augen des Mediums.

Wir sieben Menschen bilden darauf eine geschlossene Kette *(reichen uns die Hände)* und beten für dieses bedauernswerte Geistwesen, daß es von seinen Schmerzen befreit werden und seine jetzige Lebenssituation erkennen möge. Nach dem Vaterunser fragt der Verstorbene: "Was soll ich jetzt tun? - Ich sehe ein Licht, einen

Strahl, der hüllt mich ein. Es ist wie frische Luft." Dabei macht er einige tiefe Atemzüge und sagt dann: "Ich fühle mich ganz leicht!" Nach einer Pause fragt er: "Wer seid ihr?" Wir erläutern ihm, was wir hier tun und daß wir versuchen, hilfsbedürftigen Geistwesen zu helfen, indem wir sie über ihre neue Lage im Jenseits aufklären und mit ihnen und für sie beten. Der Verstorbene sagt schließlich: "Ich werde weggetragen. Ich glaube, ich muß euch danken."

Das Medium Frau A. berichtete später, daß sie die Schmerzen des Geistwesens im Kopf, im Genick und in der Brust ganz intensiv gefühlt habe. Sie klangen nach Beendigung des Trance-Zustandes erst ganz allmählich ab.

Nach eigenem Mitanhören habe ich hier vier Schicksale Verstorbener geschildert, herausgegriffen aus einer Vielzahl ähnlich verlaufener Geschehnisse, die ganz anders abgelaufen sind, als sie von Dr. Kübler-Ross und William Stead berichtet werden. Bei diesen sind Beispiele aufgeführt, in denen Sterbende von vorausgegangenen Verwandten und Freunden freudig in Empfang genommen wurden. In den von mir geschilderte Fällen irrten sie allein umher.

Warum nun der Übergang in die jenseitige Welt einmal so und dann wieder ganz anders abläuft, wissen wir nicht. Wir können darüber nur Vermutungen anstellen, nämlich die, daß möglicherweise die innere Einstellung des Verstorbenen und sein Verhalten während des irdischen Lebens einen Einfluß auf das nachtodliche Leben haben.

Ein nach seinen Angaben 1925 in Schottland verstorbenes Geistwesen gab an, in der jenseitigen Welt zum Lehrer für uns Menschen auf dieser Erde ausgebildet worden zu sein, und trug seine vielseitigen Jenseitsschilderungen von 1948-1983 durch das Züricher Medium Beatrice Brunner *(1910-1983)* vor. Das Wesen nannte sich seinen Zuhörern gegenüber *Josef*. Am 4. April 1970 berichtete er in einer der wöchentlichen öffentlichen Veranstaltungen zu der aufgeworfenen Fragestellung (25, S.142):

"Wenn nun ein Verstorbener in die jenseitige Welt hinüberkommt, hat er noch dasselbe Denken und auch noch dieselben Fähigkeiten. Diese können ihm mitunter, je nach seinem geistigen Stande und seinen geistigen Verdiensten auch weiterhin gelassen werden. Ja, sie können - wo der Mensch sich darum verdient gemacht hat - in der geistigen Welt noch weiter ausgebildet und entfaltet werden. Andererseits können die mitgebrachten Fähigkeiten auch unterbunden werden, vielleicht weil man im menschlichen Leben diese seine

Fähigkeiten mißbrauchte, indem man dadurch Mitmenschen schädigte und sich deshalb belastet hatte. Wenn man sich mit seinen Fähigkeiten belastet hat, ist es ziemlich sicher, daß dieselben für längere Zeit unterbunden werden.

Nun möchte ich eben von dieser geistigen Welt reden, und zwar von ihren verschiedenen geistigen Ebenen, in die die verstorbenen Menschen aufgenommen werden, wo sie einerseits ihre Läuterung durchzustehen haben, wo sie zu arbeiten und zu lernen haben, und wo sie andererseits ihr neues Zuhause finden.

Jenen Freunden, die in der Geistlehre nicht bewandert sind, ist es einfach unbegreiflich, daß man in der Geisteswelt noch zu arbeiten hätte. Dazu ist zu sagen: Es ist sehr unklug, so zu denken. Wie könnte man sich nur ein harmonisches, friedliches Zusammenleben denken, wenn man keine befriedigende Tätigkeit mehr ausüben könnte, wenn man für immer zum Nichtstun verurteilt wäre, wenn man nicht selbst etwas zur Verschönerung des Himmels beitragen könnte. Wenn die Geistgeschwister nicht seit jeher an der Ausstattung und Ausschmückung der geistigen Sphären mitgewirkt hätten, würden viele nach ihrem irdischen Tode dort nur eine Öde, eine Welt ohne jede Freude antreffen. Die verstorbenen Menschen aber sollen sich in ihrer geistigen Heimat glücklich fühlen lernen. Doch dieses Lernen kann oft eine lange Zeit in Anspruch nehmen.

Wenn ich sagte, daß man mit seiner ganzen menschlichen Wesensart in die geistige Welt hinüberkommt, so heißt das doch, daß noch dasselbe Denken und Wollen samt dem menschlichen Wissen, das man besaß, samt seinem Eigensinn, seiner Eigenwilligkeit, seiner Unehrlichkeit, seiner Herrschsucht und was der Eigenschaften und menschlichen Merkmale noch mehr sind, in der Geistigen Welt die Persönlichkeit wieder ausmachen. Denn in der Seele ist dies alles enthalten und erhalten geblieben. Auch unter den neuen Umständen und Eindrücken, welchen sich der Verstorbene gegenübersieht, geraten die zeitlebens gehabten Eigenheiten, all das Erlebte und Eingedrillte, nicht so schnell in Vergessenheit. Man muß Zeit finden, das alles zu überwinden.

Ganz besonders brauchen jene viel Zeit zur Überwindung, die sich nicht mit der Jenseitslehre in ihrem irdischen Leben befassen. Dann ist ihnen die neue Welt vollkommen fremd, und sie müssen sich zuerst während langer Zeit mit den geringsten Dingen der geistigen Welt vertraut machen. Und das ist für sie nicht immer leicht. Dazu haben sie es viel schwerer, das Alte, das Irdische abzulegen und sich der neuen Welt anzupassen. Denn immer wieder ersteht ihr irdisches

Leben so lebendig vor ihnen und erfüllt ihr Sinnen. Ihr irdisches Dasein hat so viele Eindrücke in ihnen hinterlassen, die nicht einfach auszulöschen sind. Ihr könnt ja an euch selbst die Beobachtung machen: Was sich tief in eure Seele einschneidet, tut euch weh, und diese schmerzhaften Erinnerungen bleiben dem Menschen noch lange. Er vergißt nicht so leicht, was ihn inwendig verwundet hat. Diese Erinnerung bleibt lange, wenn nicht gar sein ganzes Leben hindurch.

Und nun, wenn er in die andere Welt herüberkommt, da sind dann eben alle diese Erinnerungen noch da. Sie sind ganz lebendig und werden sogar, wo es notwendig erscheint, dem einen und anderen plastisch vorgeführt. Auf diese Art und Weise bleibt eben das Erlebte lange Zeit in der Erinnerung dieser Heimgekommenen.

Wenn aber ein Mensch diese Geistlehre kennt und sich zu Lebzeiten schon mit der Geisteswelt befaßt und sich mit ihr vertraut gemacht hat, wer sich vorgenommen hat, das Irdische etwas wegzulegen, sich zur Hauptsache nicht allzufest an all das Materielle zu binden, unschöne Begebenheiten und Erinnerungen an Mitmenschen verzeihend zu betrachten, dem bleibt ja die Erinnerung nicht so in der Seele haften, sondern sie wird überwunden und vergessen durch Verzeihen, durch Verständnis, durch Liebe. Ist man nicht mehr an schmerzliche Erinnerungen gebunden, kann man sich in der neuen Welt viel freier bewegen und sich auch viel schneller ihrer Ordnung und ihren Gesetzen anpassen. Denn man ist mit ihr schon zu Lebzeiten vertraut geworden, und all das zu wissen, ist von großem Vorteil."

3. Erfahrungen in der jenseitigen Welt

Viele Verstorbene, die nicht die Voraussetzungen mitbringen, nach ihrem irdischen Tod sofort in Zufriedenheit ein erfülltes und geordnetes Leben führen zu können, irren statt dessen hilflos umher oder befinden sich anderweitig in Not. Sie werden in der jenseitigen Welt von etwas fortgeschritteneren Wesenheiten aufgesucht, die sich dieser Notleidenden hilfreich annehmen. Dabei arbeiten sie, sofern das in seltenen Fällen möglich ist, mit menschlichen Gemeinschaften dieser Erde zusammen. Aus solch einer Zusammenarbeit heraus entstanden die von mir miterlebten und im vorigen Kapitel berichteten Beispiele über Unterstützung und Seelsorge an hilfsbedürftigen Verstorbenen. An einer gleichartigen zwischenweltlichen Gemeinschaftstätigkeit war 80 Jahre vorher der amerikanische Psychiater Dr. med. Carl A. Wickland *(1862-1937)* beteiligt. Er hatte eine medial veranlagte Ehefrau und bemerkte mit ihrer Hilfe, daß manche seiner psychiatrischen Patienten gar nicht im medizinischen Sinne krank, sondern besessen waren. Damit ist gemeint, daß ihre geistige Verwirrung und ihre Wahnideen Folge einer paranormalen Fremdbeeinflussung waren, hervorgerufen durch jenseitige Wesenheiten, die sich den medial veranlagten Patienten angeheftet hatten.

Dr. Wickland sah seine Aufgabe darin, sowohl die irdischen Menschen als auch die jenseitigen Wesenheiten aus ihrer unheilvollen Verknüpfung zu lösen. Über diese mehr als 30 Jahre dauernde Tätigkeit schrieb er ein überaus wertvolles Buch mit den Titel "Thirty Years among the Dead", Los Angeles 1924. Es wurde 1952 auch ins Deutsche übersetzt (23) und ist wegen der Fülle seines Materials sehr lesenswert. In diesem Buch berichtet Wickland (23, S. 43): "Es stellte sich heraus, daß meine Frau ein vorzügliches Medium war und leicht von entkörperten Wesenheiten in Besitz genommen werden konnte. Als Antwort auf ihre Zweifel, ob es auch recht sei, wenn man die "Ruhe der Toten störe", behaupteten jene Wesen, daß wir Menschen hier noch eine völlig falsche Vorstellung von den Zuständen nach dem Tode hätten.

Sie versicherten uns, daß es in Wirklichkeit gar keinen Tod gäbe, sondern nur einen ganz natürlichen Übergang von der sichtbaren zur unsichtbaren Welt, und daß die höher entwickelten Geister ständig nach Gelegenheit trachten, sich mit uns Menschen zu verständigen, um uns darüber zu belehren, welche ungeahnten Möglichkeiten zur Aufwärtsentwicklung als Geister uns drüben erwarten! - Aber das Sterben, die Loslösung des Geistes vom Körper, vollziehe sich so einfach und natürlich, daß die allermeisten den Wechsel kürzere oder längere Zeit gar nicht gewahr werden. Und da sie über die geistige Seite ihres Wesens nie belehrt worden sind, halten sie sich in ihrer Unwissenheit auch als Verstorbene noch weiter an den Stätten ihrer irdischen Wirksamkeit auf!

Ferner behaupteten sie, daß viele Geister von der 'magnetischen Aura' der Menschen angezogen werden, in diese eindringen und so ihre Opfer umlagern oder besessen machen; dabei braucht weder dem Geiste noch dem davon betroffenen Menschen von solcher Aufdringlichkeit etwas bewußt zu werden. Und dennoch werden auf diese Weise Geister, ohne es zu wissen - aber freilich oft auch aus feindlicher Absicht -, die Urheber von unsagbarem Unheil und Elend und verursachen körperliches Siechtum, moralische Minderwertigkeit, Verbrechen und scheinbares Irresein!

Von dieser Seite her das Übel an der Wurzel zu fassen, sagten die Geister, bringe für den Neuling auf dem Gebiet psychischer Forschung die schwersten Gefahren mit sich; aber noch gefährlicher sei es, in Unwissenheit über diese Tatsachen zu beharren, besonders für den empfindsamen Neurotiker. Diese Geistwesen erklärten auch, daß sich durch eine planmäßige 'Übertragung', d.h. indem man solche Besessenheitsgeister von ihrem Opfer ablenkt und in ein Medium hineinlockt, die Richtigkeit dieser Hypothese dartun und der Sachverhalt, wie er in Wahrheit ist, beweisen lasse. Durch solche Übertragung der seelischen Störungen auf ein Medium könnten die Kranken von ihren Quälgeistern befreit, diese letzteren aber der Einwirkung fortgeschrittener Geister zugänglich gemacht werden, die dann weiter für sie sorgten und sie über die höheren Lebensgesetze belehrten.

Sie behaupteten, in meiner Frau ein geeignetes Werkzeug für derartige Versuche gefunden zu haben, und schlugen vor, mir die Richtigkeit ihrer Behauptungen zu beweisen, falls ich mit ihnen zusammenarbeiten wolle. Ich solle mich dabei der unwissenden Geister annehmen und sie belehren, während ihnen gestattet würde, für einige Zeit den Körper meiner Frau völlig in Besitz zu nehmen, ohne daß derselben daraus eine Schädigung erwachsen solle.

Eifrig darauf bedacht festzustellen, ob diese überaus wichtigen Behauptungen auch wirklich zuträfen oder nicht, gingen wir auf ihren anscheinend so gewagten Vorschlag ein. Erwiesen sich die uns gemachten Eröffnungen als zutreffend, dann waren sie von größter Bedeutung für die Klärung vieler Rätsel, welche das Seelenleben sowohl der Verbrecher als auch anderweitig psychisch Kranker bisher aufgab. In Ausführung ihres Vorschlages ließen die führenden Geister manche oftmals sehr unerwarteten Kundgebungen zu, deren einige schon stattfanden, als ich noch ganz am Anfang meiner medizinischen Studien stand. Eines Tages verließ ich mein Haus, ohne selbst die Absicht zu haben, mich sogleich an das Sezieren zu machen. Somit konnte auch das Unterbewußtsein meiner Frau an dem, was sich später zutrug, nicht beteiligt sein. Die Studenten sollten die unteren Gliedmaßen eines Körpers sezieren. Die erste dafür bestimmte Leiche war die eines Mannes von etwa 60 Jahren, und an jenem Nachmittag begann ich eines der Beine zu sezieren.

Gegen fünf Uhr nachmittags kehrte ich heim und war kaum in die Tür getreten, als meine Frau sichtlich von einem ganz plötzlich einsetzenden Unwohlsein befallen wurde. Sie klagte, daß sie sich 'seltsam' fühle, und schwankte hin und her, als ob sie fallen wolle. Als ich ihr meine Hand auf die Schulter legte, richtete sie sich hoch auf und wurde von einer fremden Wesenheit in Besitz genommen, welche mit einer drohenden Handbewegung sagte: 'Was denken sie sich dabei, mich zu zerschneiden?' Ich erwiderte, ich sei mir nicht bewußt, irgend jemanden zu zerschneiden, doch der Geist entgegnete zornig: 'Aber gewiß tun sie das, sie zerschneiden mein Bein!'

Jetzt begriff ich: Die Seele jenes Menschen, dessen Leiche ich zu sezieren begonnen hatte, war mir nach Hause gefolgt, und ich begann nun, mich mit dem Verstorbenen zu unterhalten, setzte aber zunächst meine Frau in einen Sessel. Dagegen sträubte sich der Verstorbene energisch und sagte, ich hätte kein Recht, ihn anzufassen. Auf meine Antwort, daß es doch mein gutes Recht sei, meine Frau anzufassen, erwiderte er: 'Ihre Frau? Wovon reden Sie? Ich bin keine Frau, ich bin ein Mann!' Ich erklärte ihm, daß er seinen eigenen sterblichen Körper abgelegt habe und nun den Körper meiner Frau benutze. Sein 'Geist' sei hier, und sein Körper liege in der Hochschule. Als er dieses endlich zu begreifen schien, sagte ich: 'Gesetzt den Fall, ich würde gerade jetzt Ihren Körper in der Universität sezieren, so könnte Sie das doch nicht töten, da sie selber ja hier sind!'

Der Geist gab zu, daß das eine ganz vernünftige Schlußfolgerung sei und sagte: 'Dann bin ich also sozusagen "tot" und werde wohl für meinen alten Körper keine Verwendung mehr haben. Wenn Sie daran durch das Sezieren etwas lernen, dann nur zu, dann schneiden Sie nur darauf los!' - Dann fügte er plötzlich hinzu: 'Hören Sie mal, Herr Doktor, geben Sie mir doch ein Priemchen Tabak!' Als ich ihm erwiderte, daß ich keinen Tabak hätte, bat er um eine Pfeife und sagte: 'Ich rauche doch für mein Leben gern!' Auch dieser Wunsch wurde natürlich abgeschlagen. - Da meine Frau von jeher vor dem Tabakkauen eine wahre Abscheu hat, ist es völlig ausgeschlossen, daß bei diesem Erlebnis ihr Unterbewußtsein eine Rolle spielte! Nachdem ich ihm noch einmal genauer erklärt hatte, daß er tatsächlich, wie man das nennt, 'tot' sei, begriff er seine augenblickliche eigentliche Lage und verließ uns. Nachträglich untersuchte ich noch die Zähne an seiner Leiche, und diese ließen deutlich erkennen, daß der Mensch sein ganzes Leben hindurch starken Tabakmißbrauch getrieben haben muß."

Über seine weiteren Erfahrungen und Erkenntnisse berichtet Dr. Wickland mit folgenden Worten (23, S. 32): "Der Wechsel oder Übergang, 'Tod' genannt - das Wort ist eine falsche Benennung - und allgemein mit Furcht und Schrecken betrachtet, vollzieht sich gewöhnlich so natürlich und einfach, daß die Mehrzahl der Menschen nach dem Verlassen des Körpers sich ihres Hinüberganges gar nicht bewußt ist. Und soweit die Verstorbenen von einem geistigen Fortleben nichts wissen, sind sie in völliger Unkenntnis darüber, daß sie in einen anderen Daseinszustand hinübergetreten sind. Ihrer körperlichen Sinnesorgane beraubt, leuchtet ihnen kein irdisches Licht mehr; und aus Mangel an Verständnis für das hohe Lebensziel sind diese Menschen geistig blind und finden sich in einem Dämmerlicht - die 'äußerste Finsternis' nennt es die Bibel - und treiben sich in dem Bereich herum, der als Erdsphäre bekannt ist.

Der Tod macht keinen Heiligen aus einem Sünder und keinen Weisen aus einem Narren. Die Gesinnung bleibt nach wie vor dieselbe, und jeder Mensch nimmt seine alten Leidenschaften, Gewohnheiten, Meinungen, Lehrirrtümer, Gleichgültigkeit oder Zweifel mit ins jenseitige Leben hinüber. 'Wie der Mensch denkt in seinem Herzen, so ist er!' Indem sie geistige Gestalten annehmen, die das Ergebnis ihres irdischen Vorstellungslebens sind, verbleiben Millionen Verstorbener eine Zeitlang in der Erdsphäre und oft sogar am Schauplatz ihres Erdenlebens, festgehalten durch Gewohnheiten und Neigungen. 'Denn wo euer Schatz ist, da ist auch euer Herz' *(Matt. 6, 21)*.

Solche Verstorbene dagegen, die in ihrer Entwicklung fortgeschritten und in eine höhere geistige Welt gelangten, sind eifrig bemüht, diese erdgebundenen Geister zu belehren. Die letzteren sind aber infolge der falschen Vorstellungen vom Zustande nach dem Tode in dem Wahn befangen, die vor ihnen Verstorbenen seien ja 'tot' oder 'Gespenster'! Daher lehnen sie es oft ab, ihre Freunde wiederzuerkennen und sich über ihren eigenen Zustand klar zu werden.

Viele befinden sich im Zustande tiefen Schlafes, andere glauben, sich verlaufen zu haben, oder sind verwirrt. Die Verstandesverwirrten werden in dem befremdlichen Dunkel von Furcht gequält. Anderen schlägt das Gewissen, und sie leiden unter Angst und Gewissensbissen wegen ihres Lebenswandels auf Erden. Manche werden von selbstischen und bösen Regungen getrieben, Gelegenheit zur Betätigung ihrer Neigungen zu suchen. In diesem Zustande bleiben sie dann, bis sich die zersetzende Wirkung ihrer Wünsche herausgestellt hat, die Seele nach besserer Einsicht und Erleuchtung schreit und fortgeschrittene Geister an sie herankommen und ihr helfen können.

Ohne eigenen physischen Körper, durch den sie ihre irdisch-menschlichen Leidenschaften betätigen könnten, werden viele entkörperte Geister von den leuchtenden Ausstrahlungen angezogen, die von Menschen ausgehen. Sie gesellen sich dieser 'magnetischen Aura' bei und finden so einen Weg, ihr Wünschen und Wollen auf der irdischen Ebene kundzutun, indem sie Menschen beeinflussen, sie besessen machen oder von ihnen Besitz ergreifen! Solche aufdringlichen Geister beeinflussen empfängliche mediale Menschen mit ihren Gedanken, übertragen auf diese ihre Regungen, schwächen ihre Willenskraft, beherrschen oft ihr Tun und Lassen und richten damit großes Elend an, verursachen Verstandesverwirrung und andere Leiden!

Diese erdgebundenen Geister sind die 'Teufel', an die man zu allen Zeiten geglaubt hat; 'Teufel' menschlicher Herkunft, Erzeugnisse menschlicher Selbstsucht, falscher Lehren und Unwissenheit, die, völlig blind auf die geistige Ebene gelangt, dort in den Banden ihrer Unwissenheit festgehalten werden! Der Einfluß dieser entkörperten Wesenheiten ist die Ursache vieler unerklärlicher und geheimnisvoller Ereignisse hier im Leben und trägt die Schuld an einem großen Teil des Elends dieser Welt. - Reinheit des Lebenswandels und der Grundsätze oder hohe Verstandeseinsicht gewähren durchaus keinen sicheren Schutz gegen Besessenheit! - Nur allgemeine Anerkennung der Bedeutung dieser Fragen und Belehrung, sowie Aufklärung darüber, sind Schutzmittel dagegen!

Es gibt verschiedene körperliche Zustände, welche das Eindringen von Geistern in einen Menschen begünstigen. Oft ist solche Beeinträchtigung einer angeborenen medialen Empfänglichkeit zuzuschreiben oder einer Erschöpfung des Nervensystems oder einer plötzlichen seelischen Erschütterung. Auch rein körperliche Störungen begünstigen das Besessenwerden; denn wenn die natürliche Lebenskraft geschwächt ist, leistet der Organismus geringeren Widerstand, und andrängenden Geistern wird leichter Eingang gewährt, obwohl sehr oft weder der Sterbliche noch der Verstorbene von der Anwesenheit des anderen etwas weiß!

Diese Beeinträchtigung durch Geister verändert den Charakter des davon Befallenen, und es entsteht daraus eine offensichtliche Veränderung der Persönlichkeit, bei der zuweilen mehrere fremde Persönlichkeiten zugleich oder in scharf geschiedenem Nacheinander dargestellt bzw. nachgeahmt werden. Häufig verursacht solcher Geistereinfluß ausgesprochene Verrücktheit der verschiedensten Grade, von einfacher Verstandesverwirrung über alle Formen von Irresein, Hysterie, Fallsucht, Schwermut, Granat-Schock, Stehlsucht, Blödsinn, religiösem und Selbstmord-Wahn, wie auch Gedächtnisverlust, seelisch bedingte körperliche Gebrechlichkeit, Trunksucht, bis zu unbeherrschbarem Hang zur Unsittlichkeit und Grausamkeit, Vertiertheit und anderen Formen schwersten Verbrechertums. Die Menschheit ist umschwirrt vom Gedankeneinfluß von Millionen entkörperter Geister, die den höheren Sinn des Lebens noch nicht erfaßt haben! Erkennt man das als Tatsache an, dann erklärt sich aus ihr ungezwungen eine Unmenge von Erscheinungen, wie unerwünschte Gedanken, unbegründete Erregungen, seltsame Ahnungen, Launen, Reizbarkeit, übertriebene Erregbarkeit, unvernünftige Leidenschaftsausbrüche, unlenksame Wahnbefangenheit und zahllose andere Entgleisungen im Gemüts- und Denkleben."

Dr. Wickland beschreibt nun, auf welche Weise er mit den erdgebundenen und besessenmachenden Geistwesen über seine mediale Frau in Verbindung trat und wie er erstere zu einer Abkehr von ihrer diesseitigen Bindung veranlaßte (23, S. 47): "Die Übertragung der krankhaften Seelenzustände von einem Patienten auf das Medium (meine Frau) wird erleichtert, wenn wir den Patienten mit Hilfe einer Influenz-Maschine elektrisieren, was wir oft in Gegenwart des Mediums tun. Obgleich diese Elektrizität für den Patienten völlig harmlos ist, hat sie doch eine außerordentlich starke Wirkung, denn der Besessenheitsgeist kann dieser elektrischen Behandlung nicht lange standhalten und wird aus dem Patienten vertrieben.

Der auf diese Weise ausgetriebene Geist kann nun mit Unterstützung unserer unsichtbaren Helfer Eingang in das Medium finden. Dadurch wird es möglich, sich mit dem betreffenden Geiste ganz unmittelbar zu unterhalten, und man macht nun den Versuch, ihn zur

Erkenntnis seiner wahren Lage zu bringen und ihn zu belehren, daß er ja ein viel besseres Leben haben kann. Dann nehmen die höher entwickelten Geister ihn mit und sorgen weiter für ihn, während meine Frau in ihren normalen Bewußtseinszustand zurückkehrt.
Ganz im Sinne der geschilderten Erfahrungen hielten wir mit meiner Frau als Medium regelmäßige Sitzungen und bekamen in vielen Fällen höchst bemerkenswerte Beweise dafür, daß entkörperte Wesen die Urheber der krankhaften Seelenzustände waren. Auch wenn der Kranke weit entfernt von uns wohnte, gelang es häufig, die Besessenheitsgeister aus ihrem Opfer zu vertreiben und sie durch unsere unsichtbaren geistigen Helfer in unseren Zirkel zu bringen, wo sie von dem Körper des Mediums Besitz nehmen durften. Solche Geister beklagen sich oft darüber, daß man sie fortgejagt habe. Doch haben sie keine Ahnung davon, daß sie verstorben sind und als Geister Menschen besessen gemacht und gequält haben.

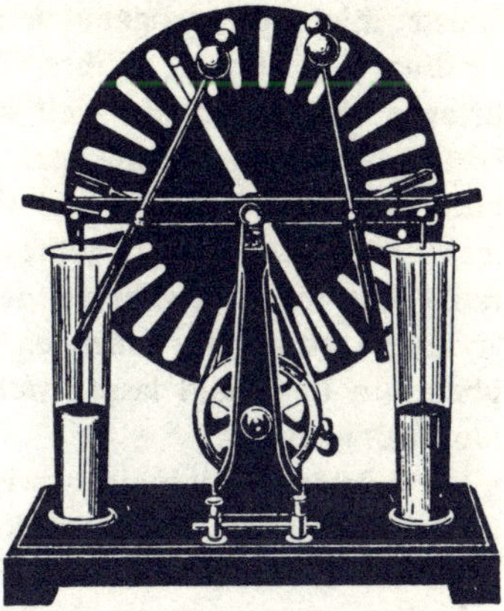

Bild 3 Influenz-Maschine. - Zwei konzentrisch angeordnete drehbare Scheiben werden durch eine Handkurbel in gegenläufige Rotation versetzt. Dabei entsteht durch *Influenz* eine hohe elektrische Spannung, die bei Zuführung für einen Menschen sehr unangenehm, aber wegen der geringen Stromstärke nicht gefährlich ist.

Erlebt man aber nun einerseits, daß der Besessenheitsgeist, wenn er sich durch das Medium kundtut, sich ganz ebenso gebärdet, wie er es zuvor in dem Kranken getan hat, und andererseits, daß seine Vertreibung aus dem Kranken dem letzteren Befreiung von seinen Beschwerden bringt, so beweist das doch ohne Zweifel, daß jener Geist der Urheber der krankhaften Störung war. In vielen Fällen ließ sich auch zweifelsfrei feststellen, welche menschliche Persönlichkeit wir als Verstorbenen im Medium vor uns hatten! - Mit solcher 'Übertragung' auf das Medium und der dauernden Vertreibung des Geiste bessert sich das Befinden des Kranken. Doch kommt es oft genug vor, daß aus einem und demselben Kranken eine ganze Anzahl von Geistern zu vertreiben ist!

Nun mag manch einer fragen, warum denn die fortgeschrittenen

Geister nicht die erdgebundenen Seelen, auch ohne sie zuvor in ein Medium zu bringen, in ihre Obhut nehmen und auf den rechten Weg bringen. Ganz einfach, weil viele dieser unwissenden Seelen für die fortgeschrittenen Geister gar nicht erreichbar sind, bevor sie nicht noch einmal in innigste und vollbewußte Berührung mit der irdisch-materiellen Körperwelt gebracht werden. Erst wenn sie dabei durch rauhe Tatsachen gewahr werden, daß sich doch wohl eine große Veränderung an ihnen vollzogen haben muß, kommen sie zur Einsicht über ihre Lage und lassen sich auf den Weg einer Aufwärtsentwicklung bringen!

Bekommt solch ein unwissender Geist Gelegenheit, sich unserem Zirkel durch das Medium kundzutun, dann dient dieser Vorgang mehreren Zwecken. Gewöhnlich wird dabei dieser Geist zur Erkenntnis seiner Lage gebracht, und der ihn belehrende Forscher hat von jedem neuen Fall den Gewinn einer Bereicherung seiner Erfahrungen. Gleichzeitig werden aber stets ganze Scharen anderer Geister, die auch noch im Dunkel mangelnder Erkenntnis leben, um uns versammelt, damit sie aus dem Benehmen ihres Schicksalsgenossen und der ihm erteilten Belehrung auch für sich eine Lehre ziehen.

Viele Geister benehmen sich dabei, als ob sie nicht recht bei Verstande wären, und es ist sehr schwer, mit ihnen ein vernünftiges Wort zu reden. Das hat seinen Grund in starren Glaubenssätzen, vorgefaßten Meinungen und irrigen Vorstellungen, die sie während ihres Erdenlebens in sich aufgenommen oder gebildet haben. Sie sind oft ungebärdig; und wenn man sich deswegen genötigt sieht, dem Medium die Hände zu halten, um sie auf diese Weise in Schranken halten zu können, dann erheben sie heftigen Widerspruch dagegen. Haben sie alsdann ihre wahre Lage erfaßt, dann überkommt viele Geister das Gefühl des Sterbens, und damit verlieren sie die Macht über das Medium.

Andere Geister wiederum sind stumpf und schlaftrunken und haben keinen anderen Wunsch, als daß man sie in Ruhe lasse. Bei solchen bedarf es sehr ernsthaften Zuredens, um sie wach zu bekommen, wie man aus nachstehenden Aufzeichnungen ersehen wird. Darin ist auch oft von einem 'Kerker' die Rede, in dem widerspenstige Geister untergebracht werden können; und zuweilen beklagen sich Geister, wenn sie durch das Medium zu uns sprechen, daß sie im Gefängnis gewesen seien!

Nach geistigem Gesetz bekommen nämlich die Geister mit wachsender Einsicht und Erkenntnis die Fähigkeit, für unwissende, widerstrebende Seelen eine Umgebung zu schaffen, die diesen wie ein

Gefängnis vorkommt, einen undurchdringlichen zellenartigen Raum, aus dem es kein Entrinnen gibt. Darin müssen sie bleiben, bis sie sich eines besseren besonnen haben und den guten Willen zeigen, ihrer veränderten Lebenslage Rechnung zu tragen und sich den Gesetzen der geistigen Entwicklung zu fügen! Währenddessen bekommen sie nichts anderes zu sehen, als die Fehler und Mängel ihrer eigenen Persönlichkeit, die ihnen in Tausenden von Spiegelbildern vor Augen geführt werden, wie auch ihr Tun und Lassen in dem hinter ihnen liegenden Erdenleben!

Wenn meine Frau sich als Medium betätigt und ihren Körper entkörperten Geistwesen zur Benutzung überläßt, dann geschieht das stets im Zustande der sogenannten Tief-Trance. Dabei sind ihre Augen geschlossen, ihr eigenes Bewußtsein gänzlich ausgeschaltet, und sie befindet sich die ganze Zeit über in tiefem Schlaf. Sie selbst hat hinterher keinerlei Erinnerung an das, was währenddessen geschehen und verlautet ist. Außerhalb dieser Trance-Zustände, in der Zeit zwischen unseren Sitzungen, ist sie keinerlei Beeinträchtigungen ausgesetzt. Sie ist dann jeder Zeit ganz und gar Herr ihres Bewußtseins, bei völlig klarem Verstand und bestimmt und sicher in ihrem Auftreten. Und nach vollen 30 Jahren unserer Forscherarbeit ist ihre Gesundheit in keiner Weise geschwächt oder geschädigt.

Sie steht beständig unter jenseitigem Schutze, über den eine Gesellschaft machtvoller Geister die Aufsicht führt. Sie nennen sich 'Barmherzigkeitsbund', und sie sind es, welche unsere Arbeit in dem Bestreben leiten, der Menschheit begreiflich zu machen, daß der Tod nur ein natürlicher Übertritt in eine andere Welt ist, und wie wichtig es ist zu wissen, was aus den Seelen der Verstorbenen wird! Der Zweck unserer Arbeit ist, zuverlässige und unanfechtbare Beweise für die Wirklichkeit eines jenseitigen Lebens aus erster Quelle zu erbringen. Dazu sind ausführliche Berichte über Hunderte von Sitzungen stenographiert worden, damit wir unseren Lesern von dem Zustande der sich kundgebenden Geister eine möglichst getreue Schilderung übermitteln können!

In 30 Jahren unermüdlicher Forschung im Verkehr mit Verstorbenen haben wir so viel Aufsehenerregendes erlebt und erfahren, daß es einem geradezu unglaublich erscheint, daß vernünftig denkende Menschen, nur weil ihr Denken ganz andere Wege ging, so lange achtlos an diesen einfachen Tatsachen vorübergehen konnten, die sich doch so leicht nachprüfen und bestätigen lassen! Täuschung oder Betrug liegen bei unseren Sitzungen außerhalb jeder Möglichkeit. Es werden fremde Sprachen gesprochen, die meiner Frau völlig unbekannt sind. Ausdrücke und Redensarten werden gebraucht, die sie nie gehört hat. Dagegen ließ sich immer und immer wieder feststellen, wen wir in dem sich kundgebenden Geiste vor uns hatten, und wir haben bezüglich dieser Feststellungen unzählige Bestätigungen erhalten!

Einmal hatte ich Gelegenheit, mich mit 21 verschiedenen Geistern zu unterhalten, welche alle durch meine Frau sprachen; die Mehrzahl gab mir befriedigende Beweise dafür, daß sie bestimmte Freunde und Verwandte waren, die ich während ihres Erdenlebens gekannt hatte. Im ganzen sprachen sie sechs verschiedene Sprachen, während meine Frau nur Schwedisch und Englisch spricht. Aus einer Patientin, Frau A., welche aus Chicago zu uns gebracht worden war, wurden dreizehn verschiedene Geister ausgetrieben und ihnen erlaubt, sich durch meine Frau kundzutun. Sieben von diesen wurden von der Mutter der Patientin, Frau H. W., als Verwandte und Freunde wiedererkannt, die sie bei ihren Lebzeiten gut gekannt hatte. Der eine war ein Geistlicher, früherer Pastor an der Methodistenkirche, deren Mitglied Frau H. W. ist. Er war bei einem Eisenbahnunglück vor neun Jahren ums Leben gekommen, war sich dieser Tatsache aber immer noch nicht bewußt. Ein anderer Geist war ihre Schwägerin. Dann weiter noch drei ältere Frauen, langjährige Freundinnen der Familie, ferner ein Nachbarssohn und die Schwiegermutter der Patientin, alle völlig Unbekannte für meine Frau.

Frau H. W. unterhielt sich lange und ausführlich mit jedem einzelnen von ihnen, während sie durch meine Frau sprachen. Unzählige Angaben und Behauptungen dieser Geister konnte sie als zutreffend bestätigen und half eifrig mit, ihnen begreiflich zu machen, welche Wandlung mit ihnen vor sich gegangen war und wie sie ihre Tochter besessen gemacht hatten. Diese Patientin ist jetzt völlig gesund. Sie treibt Musik und kann wieder allen Anforderungen gerecht werden, welche das Familien- und Gesellschaftsleben an sie stellt.

Ein anderer Fall wird deutlich zeigen, daß die Psychose sich tatsächlich von Patienten auf das Medium übertragen läßt, und die Unmöglichkeit dartun, daß dabei das 'Unterbewußtsein' oder eine 'Persönlichkeitsspaltung' des Mediums eine Rolle spielen kann. Eines Sommerabends wurden wir in die Wohnung der Frau M., einer hochgebildeten Dame gerufen. Sie war eine Musikerin ersten Ranges und mit ihren Nerven zusammengebrochen, da die an sie gestellten gesellschaftlichen Anforderungen zu groß geworden waren. Sechs Wochen schon hatte sie unablässig Tobsuchtszustände, so daß keiner mit ihr fertig wurde und auch ihre Ärzte ihr keine Ruhe verschaffen konnten. Sie bedurfte beständiger Aufsicht, und tags wie nachts mußte eine Pflegerin bei ihr sein.

Wir fanden die Patientin in ihrem Bette sitzend. Ein Weilchen weinte und jammerte sie wie ein Kind, dann wieder schrie sie voll Angst: 'Matilla, Matilla!' Plötzlich schlug sie um sich und gebärdete sich, als ob sie einen Ringkampf zu führen hätte. Dabei sprach sie wild und erregt ein Gemisch von Englisch und Spanisch. Letzteres war ihr im normalen Zustand völlig unbekannt.

Meine Frau durchschaute aufgrund ihrer medialen Wahrnehmung die Sachlage sofort. Es stand für sie außer Frage, daß es sich um einen Fall von Besessenheit handelte, und das fand auch unerwartet schnell seine Bestätigung. Denn als meine Frau, schon im Mantel zum Fortgehen gerüstet, noch am Fußende des Bettes stand, fiel sie plötzlich in Tiefschlaf. Wir setzten sie auf ein Sofa im Musikzimmer, wo ich dann zwei Stunden lang der Reihe nach mit verschiedenen Geistern sprach, die sie unmittelbar von der Patientin her an sich gezogen hatte.

Es waren drei Geister: ein Mädchen namens Mary, ihr Verehrer, ein Amerikaner, und sein mexikanischer Nebenbuhler Matilla. Beide Männer waren leidenschaftlich in das Mädchen verliebt, und ebenso leidenschaftlich haßten sie einander gegenseitig. Rasend vor Eifersucht hatte der eine das Mädchen getötet, und danach hatten die beiden Rivalen in einem verzweifelten Ringen einander umgebracht. Keinem von ihnen war es zum Bewußtsein gekommen, daß sie 'tot' waren, denn Mary sagte jämmerlich weinend: 'Ich dachte schon, sie würden sich gegenseitig umbringen, aber sie leben immer noch und hören nicht auf zu raufen!'

Diese Tragödie von Liebe, Haß und Eifersucht hatte also mit dem körperlichen Tode durchaus noch nicht ihr Ende gefunden. Sich ihres veränderten Zustandes nicht bewußt, waren die drei Verstorbenen in die seelische Atmosphäre der Patientin hineingeraten und setzten dort ihren Kampf und Streit fort. Da nun zu der Zeit gerade bei der Patientin die Widerstandskraft ihrer Nerven außerordentlich gering war, hatten die Geister einer nach dem anderen auch von ihrem Körper Besitz genommen. So war es zu den schweren Störungen gekommen, welche sich ihre Ärzte und Pflegerinnen nicht erklären konnten."

Vier der von Dr. Wickland untersuchten Fälle sollen hier wörtlich wiedergegeben werden. Er berichtet (23, S. 87):

"Unwissende Geister wandern oft viele Jahre ziellos in der

Erdensphäre umher. Sie wissen nichts von einer höheren geistigen Welt, in die nur der hineingelangen kann, dessen Sinne sich ihr verstehend öffnen. So hält ihre Unwissenheit sie in einem Zustand trüber Verwirrung und dumpfer Eintönigkeit und schafft ihnen Leiden. Viele bleiben am Schauplatz ihres irdischen Lebens haften und setzen ihre frühere Tätigkeit fort, während andere in tiefen Schlaf fallen, aus dem sie nur mit Mühe geweckt werden können.

Ein Geist, welcher sich seines Hinüberganges gar nicht bewußt geworden war und noch seiner früheren Tätigkeit nachging, nahm bei einer unserer Sitzungen in Chicago von meiner Frau Besitz.

'Weshalb sitzen sie im Dunkeln?' fragte er *(Wir experimentierten damals im Dunkeln).* 'Ich bin Hesselroth von der Drogerie', sagte er. Herr Hesselroth, der schwedische Besitzer einer Drogerie in Chicago, war ein Jahr zuvor im Krankenhaus gestorben. Doch wir wußten nichts von diesem Manne, weder von seinem Tode, noch von seinen sonstigen Verhältnissen. An diesem Abend war jedoch einer seiner Freunde, Herr Eckholm, in unserem Zirkel. Der Geist war sich seines Todes nicht bewußt und behauptete, er leite noch seine Drogerie.

Sein Freund im Zirkel sagte, er habe erfahren, daß die Drogerie an den Geschäftsführer verkauft worden sei. Das berichtete er auch dem Verstorbenen. Doch dieser widersprach lebhaft und behauptete: 'Abrahamson verwaltet sie nur für mich.' Der Geist erzählte von einem Einbruch, der kürzlich in seinem Hause verübt worden sei, und beschrieb die drei Einbrecher. Er sagte, zuerst habe er Angst bekommen, als sie eindrangen. Dann habe er sich aber ein Herz gefaßt und seinen Revolver holen wollen, sei aber nicht imstande gewesen, ihn zu erfassen. Darauf hätte er auf einen der Einbrecher eingeschlagen, aber seine Hand sei 'mitten durch den Kerl hindurchgegangen', und es sei ihm unbegreiflich, weshalb er überhaupt nichts habe tun können. Nachdem ihm seine Lage zum Bewußtsein gebracht worden war, sah er viele Geisterfreunde, die ihn in seinem neuen Heim in der Geisterwelt willkommen hießen.

Spätere Nachforschungen ergaben die Richtigkeit der von dem Geiste gemachten Aussagen, daß die Drogerie nicht verkauft und tatsächlich auch ein Einbruch in dem Hause verübt worden war. Hier ist die Annahme, daß das Unterbewußtsein des Mediums in diesem Fall eine Rolle gespielt habe, ebensowenig stichhaltig wie etwa eine Erklärung mit Autosuggestion, denn Herr Hesselroth war allen Anwesenden, mit Ausnahme seines Freundes, des Herrn Eckholm, völlig unbekannt; und dieser Freund war ja über den Verkauf des Geschäftes ganz falsch im Bilde. Viele Jahre später, als wir schon in

Kalifornien wohnten, kam dieser Geist nochmals zu uns und sprach wieder durch meine Frau.

Sitzung am 29. September 1920
Geist: Herr Hesselroth

Geist:
'Ich komme nur, um ein paar Worte zu sagen, denn hier hat man mir einst aus der Finsternis herausgeholfen, und ich bin ein Helfer im "Barmherzigkeits-Bund" geworden.
Doktor:
'Wer sind Sie, Freund?'
G:
'Ich bin einer ihrer Helfer. Ich komme zuweilen in die Nähe und komme heute abend, um Ihnen ein paar Worte zu sagen. Einst befand ich mich in einem sehr unklaren Zustande, aber jetzt bin ich ein Mitglied Ihres Bundes. Ich dachte mir, es wird Ihnen Freude machen, das zu hören. Ohne Ihre Hilfe wäre ich wahrscheinlich noch immer in der Finsternis. Viele Jahre sind inzwischen vergangen. Jetzt habe ich vollkommenes Verständnis für das wahre Leben durch Sie und diesen kleinen Zirkel des Barmherzigkeits-Bundes! Es war nicht hier, es war in Chicago, wo mir geholfen wurde.

Es ist mir eine große Freude, heute Abend hier bei Ihnen zu sein. Ich würde Ihnen gerne meinen Namen nennen, aber es scheint, ich habe ihn rein vergessen, denn ich habe ihn solange nicht gehört. Er wird mir aber wohl noch wieder einfallen, und dann werde ich ihn nennen. Erinnern Sie sich eines alten Herrn, den Sie gut kannten, - Herrn Eckholm? Er war übrigens noch gar nicht so sehr alt. Er war ein sehr lieber Freund von mir, und durch ihn kam ich zu Ihnen.
Dr.:
'Bei einer Sitzung in Chicago?'
G:
'Ja. Ich hatte eine Drogenhandlung in Chicago. Mein Name ist Hesselroth. Ich konnte im Augenblick nicht darauf kommen. Ich bin einer Ihrer Helfer hier. Herr Eckholm ist auch hier bei mir, und auch er tut alles, was er kann. Er ist sehr glücklich, Ihnen bei ihrem Werk hier helfen zu können. Er war schon während seines Erdenlebens mit Herz und Seele dabei. Auch ich fühle mich gedrängt zu tun, was ich nur kann, um zu helfen, denn wenn Sie mir nicht geholfen hätten, stände ich gewiß auch jetzt noch in meinem Drogengeschäft und

verkaufte Medizin. Ein ganzes Jahr lang habe ich mich nach meinem Tode noch um das Geschäft gekümmert, wie zu meinen Lebzeiten; nur fühlte ich mich nicht mehr krank, wie vorher. Ich war im Laden plötzlich erkrankt und bin von dort ins Krankenhaus gebracht worden, wo ich dann starb. Man brachte meine Leiche in die Leichenhalle und nicht nach Hause. Sie wissen, es heißt in der Bibel: "Wo eurer Schatz ist, da ist auch eurer Herz." - Als ich aus dem Todesschlaf erwachte, dachte ich zuerst an mein Geschäft und befand mich dann auch sogleich dort. Ich sah, daß alles seinen geregelten Gang ging, aber es kam mir doch recht seltsam vor, daß ich mit keinem meiner Kunden reden konnte. Ich glaubte schließlich, ich hätte während meiner Krankheit die Sprache verloren, und dachte daher nicht weiter darüber nach. Ich widmete mich ganz dem Geschäft und bestimmte meinen Geschäftsführer dazu, alles nach meinem Wunsch zu erledigen. Ich leitete das Geschäft, und Abrahamson führte alles für mich aus. Ich wußte nicht, daß ich tot war, bis ich zu diesem Herrn *(Dr. Wickland)* in seinen Zirkel kam.

Als eines Tages Einbrecher in mein Haus eindrangen, fiel mir der Revolver ein, den ich stets in einer Schublade hatte. Ich ging hin, um ihn zu holen. Immer wieder versuchte ich, ihn zu ergreifen, aber meine Hand ging durch alles hindurch. Da kam mir denn doch der Gedanke, daß irgend etwas mit mir los sein müßte. Nun erlebte ich auch zum ersten Mal Erscheinungen. Ich sah meine verstorbenen Eltern und glaubte, ich sei wohl nicht mehr ganz richtig im Kopfe. Da hielt ich es für das Beste, meinen Freund Eckholm aufzusuchen. Ich hatte ihn immer für nicht ganz normal gehalten, weil er an Spiritismus glaubte. Ich wollte Eckholm aufsuchen und ihn fragen, ob Geister wirklich wiederkehren und sich zeigen könnten, - und dabei war ich selber ein Geist!

Da kam ich dann in diesen Zirkel und konnte auf einmal wieder sprechen, und nach einem Weilchen öffnete sich die Pforte zu dem herrlichen Land des Jenseits. Ich wünschte, Sie könnten sehen, wie ich da empfangen wurde. Meine Verwandten und Freunde schlossen mich in ihre Arme und sagten: "Willkommen in unserem geistigen Heimatlande! Willkommen im ewigen Leben! Willkommen zur Gotterkenntnis!" Solch ein Empfang läßt sich nicht beschreiben, bis Sie ihn selbst erleben und selbst bei uns sind! Das ist Glückseligkeit, das ist der "Himmel". Ich will Ihre Zeit nicht länger in Anspruch nehmen, aber es war mir eine Freude, heute abend herankommen und mit Ihnen sprechen zu dürfen. Es sind ungefähr fünfzehn Jahre her, als ich das erste Mal zu Ihnen kam. Eckholm läßt sagen, er sei stolz auf dieses Werk hier und läßt Sie alle grüßen. - Nun gute Nacht!'"

Das folgende Geschehen spielte sich am 6. Juni 1907 ab. Ein Geistwesen ist in den Körper von Frau Wickland eingetreten, und ihr Mann berichtet (23, S. 151): "Der Geist schien ganz benommen, als sei er betrunken, und als er schließlich wach wurde, war er so kampflustig, daß mehrere Menschen helfen mußte, ihn zu bändigen.

'Ich bin Carl der Fechter und werde euch alle erschießen lassen!' schrie er. Dann wandte er sich an einige andere Unsichtbare mit wilden Flüchen, weil sie ihn hierhergelockt hätten, und verlangte von ihnen, sie sollten ihm helfen, anstatt untätig dabeizustehen. Doch endlich gelang es, ihn zu beruhigen, und dann nötigten wir ihn, sich eine Erklärung über den wahren Sachverhalt seiner gegenwärtigen Lage mit anzuhören. In dem Bestreben, ihn davon zu überzeugen, daß er sich nicht in seinem eigenen, sondern in einem fremden Körper befinde, forderte ich ihn auf, sich doch einmal seine Hände anzusehen.

Als er nun daraufhin eine Hand des Mediums betrachtete und sie als Frauenhand erkannte, fuhr er auf das heftigste erschreckt ganz betroffen zurück und schrie: 'Nehmt die Hand fort! Nehmt sie fort! Ich will sie nicht mehr sehen!' Als wir ihn fragten, was denn das mit der Hand für eine Geschichte sei, erklärte er: 'Das werde ich nie erzählen! - Lieber sterbe ich! Oh! Da ist auch ihr Gesicht! Und die Hand, die ich abgeschnitten habe, um den Diamantring zu bekommen! Das hat mich die ganze Zeit verfolgt!'

Voller Entsetzen blickte er umher und schien eine ungeheure Versammlung von Geistern zu sehen.

'Seht all diese Gesichter! Habe ich diese Leute alle umgebracht? Kommen sie, um mich anzuklagen? Da! Da ist ja auch dieser Junge! Er ist damals gehängt worden, aber auch er scheint jetzt hinter mir her zu sein. Ich habe die Frau getötet und ihn veranlaßt, sich schuldig zu bekennen, um meinen Hals zu retten. Aber warte nur, du Teufel, du! Ich werde dich schon zu fassen kriegen, wenn ich hier herauskomme. Ich hacke euch alle kurz und klein!'

Aber schließlich wurde ihm doch klar, daß alles weitere Widerstreben keinen Zweck habe und die Tage des Raubens und Mordens für ihn vorüber seien. Er schilderte uns seine schauerliche Verbrecherlaufbahn und sagte, gemordet habe er aus Rache, gestohlen habe er, um Whisky zu kaufen, und getrunken, um sein Gewissen zu betäuben und den Gespenstern zu entgehen, die ihn andauernd verfolgten. In frühester Jugend sei er unter der Obhut seiner eigenen

Mutter sehr glücklich gewesen; aber nach ihrem Tode hätte seine Stiefmutter ihn so unbarmherzig mißhandelt, daß er oft schluchzend in sein Zimmer gerannt sei und auf den Knien zu seiner toten Mutter um Hilfe gebetet habe. Das habe die Stiefmutter erst recht in Eifersucht und Wut versetzt, und allen Einsprüchen seines schwachen Vaters zum Trotz habe sie wütend auf ihn eingeschlagen und ihm verboten, jemals den Namen seiner Mutter wieder zu erwähnen.

Ihre Mißhandlungen arteten in solche grausame Tyrannei aus, daß in dem Knaben ein unbezähmbarer Haß gegen sie entstand und er voll Rachedurst gelobte, wenn er erst groß sei, möglichst viele Frauen umzubringen. Diesen seinen entsetzlichen Vorsatz hatte er dann auch wirklich ganz planmäßig in die Tat umgesetzt und sein ganzes Leben daran gegeben, Untaten und Verbrechen zu ersinnen und zu verüben, denen hauptsächlich Frauen zum Opfer fielen.

Ums Leben gekommen war er selbst 1870 bei einem heftigen Streit mit seinen Genossen, war sich aber dessen nicht bewußt geworden. Er brüstete sich damit, viele Jahre lang immer neue Verbrechen verübt zu haben und doch der Polizei immer entkommen zu sein. 'In Boston wollte ich mal einen Polizisten totschlagen. Ich hatte mich hinter ihn geschlichen und schlug ihn mit einem Knüppel auf den Kopf. Aber der Knüppel fuhr gerade durch ihn hindurch und tat ihm nichts, er hat sich nicht einmal nach mir umgedreht.'

Der Geist wähnte sich jetzt in den Händen der Behörden und erklärte sich bereit, sich zu ergeben, um den ihn verfolgenden Gesichtern seiner vielen Opfer zu entgehen. 'Ich würde ja mit Freuden in die Hölle gehen, wenn ich nur diese Quälerei loswerden könnte.'

Daraufhin erklärte ich ihm einiges über das Gesetz von Ursache und Wirkung und wie es sich auch in den Verhältnissen und Zuständen der geistigen Welt auswirke. Während er noch meinen Erklärungen lauschte, sah er seine rechte Mutter vor sich stehen. Ihre Erscheinung machte einen überwältigenden Eindruck auf ihn. Der hartgesottene Verbrecher sank auf seinem Stuhl ganz in sich zusammen und weinte jämmerlich, während seine Mutter ihm zuredete, doch mit ihr zu kommen und sich zeigen zu lassen, wie er seine Verbrechen sühnen könne.

Ganz zerknirscht, voll Schuldbewußtsein und Reue, rief er abwehrend: 'Ich kann nicht mit dir gehen! Liebe Mutter, laß mich, ich kann nicht mit dir gehen! Geh' du nur zurück in den Himmel, und ich muß in die Hölle, wo ich hingehöre. Ich gehöre in Stücke gehackt und im Feuer der Hölle verbrannt!'

Aber die Mutterliebe trug doch den Sieg davon, und der Geist folgte reumütig und bescheiden seiner Mutter."

Der folgende Fall betrifft ein weibliches Geistwesen, das aus seiner Umnachtung befreit wurde. Dr. Wickland berichtet (23, S. 114):

"Sitzung von 23. Januar 1918
Geist: Emily Julia Steve, Patient: Frau L. W.

Doktor: 'Sagen Sie uns, wer Sie sind. Wir interessieren uns für alle Geister, welche in der Finsternis sind. Sagen Sie uns, wie lange Sie schon tot sind.'

Geist: 'Mir muß etwas zugestoßen sein.'

Dr.: 'Sind Sie sich klar darüber, daß Sie Ihren eigenen Körper verloren haben?'

G: Bitte lassen Sie meine Hände los. Ich bin eine vornehme Dame *(ein Ausdruck, den die Patientin oft gebrauchte)* und darf wohl erwarten, daß man mir mit Höflichkeit und Achtung begegnet, wie sich das einer Dame gegenüber gehört.'

Dr.: 'Nannten Sie sich Frau oder Fräulein?'

G: 'Ich bin eine vornehme Dame und nicht gewöhnt, in dieser Weise ausgefragt zu werden. Ich sehe mich geradezu genötigt, Ihnen meine Meinung zu sagen.'

Dr.: 'Was scheint Ihnen denn so lästig?'

G: 'Sie scheinen die Gewohnheit zu haben, einem allerlei merkwürdige Dinge in den Rücken zu stechen *(die elektrische Behandlung der Patientin)*, und ich kann nicht begreifen, warum Sie das tun. Sie haben mich auch gefangen gehalten. - Sie müssen das gewesen sein, der mich ins Gefängnis gesteckt hat. Wer sind Sie überhaupt?'

Dr.: 'Ich bin ein Freund und möchte mich gerne mit Ihnen etwas unterhalten.'

G: 'Erstens kenne ich Sie nicht, und zweitens habe ich nichts mit Ihnen zu bereden. Wer sind Sie? Sagen Sie mir ihren Namen.'

Dr.: 'Ich bin Dr. Wickland.'

G: 'Eigentlich wollte ich Ihren Namen gar nicht wissen. Der ist mir völlig gleichgültig.'

Dr.: 'Haben Sie denn nicht Lust, auf der anderen Seite ins geistige Leben einzugehen?'

G: 'Ich höre nicht gerne von solchen Dingen; ich bin kein Geist.'

Dr.: 'Sehen Sie sich doch mal ihre Hände an. Gehören die Ihnen?'

G: 'Sie sind schuld daran, daß ich so lange habe im Gefängnis sitzen müssen, und jetzt wollen Sie mir noch alles mögliche vormachen, was gar nicht wahr ist. Auf Sie höre ich gar nicht mehr hin.'

Dr.: 'Wie sind Sie den eigentlich hierhergekommen?'

G: 'Ich weiß es selbst nicht. Es ist komisch. Eben war ich noch im Gefängnis, und bevor ich es selbst wußte, war ich hier. Ich begreife nicht, wie ich hergekommen bin. Wir waren unser dort eine ganze Menge, aber mit einem Mal war ich allein. Ich war im Gefängnis, weiß aber nicht, was ich getan haben soll.'

Dr.: 'Wo waren Sie, als Sie die anderen bei sich hatten? Wo hielten Sie sich auf? *(Bezieht sich auf die anderen Besessenheitsgeister in der Aura der Patientin)*

G: 'Ich war dort, wo ich hingehörte. Wir waren unser eine ganze Menge dort, alle zusammengepfercht, Männer und Frauen. Wir hatten ein Haus, konnten aber nicht heraus. Manchmal war es ganz schön warm in den Räumen. Bevor ich ins Gefängnis kam, konnten wir reden, aber jeweils immer nur einer *(der dann von der Kranken ganz und gar Besitz nahm),* aber nun bin ich ganz allein. Sie haben kein Recht, mich mit diesen brennenden Dingern zu bearbeiten.'

Dr.: 'Diese Art elektrischer Behandlung ist sehr gut für erdgebundene Geister - für unwissende!'

G: 'Unwissend! Wie können Sie wagen, mir so etwas zu sagen! Wie können Sie sich unterstehen!'

Dr.: 'Wissen Sie denn nicht, daß Sie aus Ihrem sterblichen Körper heraus sind? Sie haben ihren irdischen Leib abgelegt.'

G: 'Woher wissen Sie das?'

Dr.: 'Weil der Körper, durch welchen Sie jetzt hier sprechen, nicht Ihnen gehört! Es ist der Körper meiner Frau.'

G: 'Ich habe Sie nie gesehen, bevor Sie mich mit diesen scharfen Dingern bearbeitet haben.'

Dr.: 'Damals benützten Sie auch noch nicht den Körper meiner Frau.'

G: 'Was bedeutet das alles?'

Dr.: 'Es bedeutet, daß Sie den Körper eines anderen Menschen benutzen.'

G: 'Nun, das erklärt allerdings vieles. Manchmal war es mir, als ob ich gar nicht dorthin gehörte, wo ich war; dann, nach einer Weile, war ich wieder ganz ich selbst. Da war ein großer alter Mann, ein großer Narr, aber wir mußten tun, was er sagte *(Ein anderer Besessenheitsgeist, den wir bereits vor einigen Tagen aus der Kranken herausgetrieben hatten).* Ich hatte keine Lust zu tun, was er sagte. Ich habe soviel Geld gehabt, daß ich mir alles habe leisten können;

wie kam ich jetzt dazu, mich von solch einem dummen Kerl kujonieren zu lassen? Ich merkte aber, daß ich dennoch tun mußte, was er sagte, konnte jedoch nicht begreifen, warum. Ich war nicht in meinem eigenen Hause, mußte aber doch dort bleiben. Ich habe nie begreifen können, warum ich nicht fort konnte. Er hielt unser mehrere so fest.'

Dr.: 'Hat Ihnen die Elektrizität nicht geholfen fortzukommen?'

G: 'Ja, gewiß, aber es hat entsetzlich weh getan. Das war ja, als ob mir der Lebensnerv herausgerissen würde.'

Dr.: 'Die Elektrizität hat Sie aber trotzdem frei gemacht.'

G: 'Wir konnten von diesem Mann nicht fortkommen. Wir mußten tun, was er sagte. Er lief und lief, immerzu *(die Kranke lief oft fort),* und wir mußten alle mitlaufen, auch ein kleines Mädchen, das da war und beständig weinte *(ein Besessenheitsgeist, der bereits vor einigen Tagen aus der Kranken herausgeholt worden war).* Mitunter war ich frei, und ein andermal ging es mir wieder sehr schlecht. Manchmal konnte ich von einem Ort zu anderen schweben.'

Dr.: 'Da waren Sie ein freier Geist.'

G: 'Gebrauchen Sie nicht diesen Ausdruck! Wie ich das Wort hasse! Mit derartigen Dingen will ich nichts zu tun haben und will auch nichts davon wissen!'

Dr.: 'Sie lassen die Tatsache außer acht, daß der Mensch ja doch gar nicht stirbt, wenn er seinen Körper ablegt, sondern weiterlebt und dann ein Geist ist.'

G: 'Sie wissen, daß ich nicht tot bin. Hören Sie nicht, daß ich zu Ihnen spreche? Und sehen Sie nicht, daß ich meine Hände und Arme bewegen kann?'

Dr.: 'Liebe Freundin, wir hören Sie zwar sprechen, aber sehen können wir Sie nicht. Wir sehen nur meine Frau hier vor uns, und Sie sprechen durch den Körper meiner Frau. Dies ist Frau Wickland, die hier sitzt. Wie heißen sie?'

G: 'Ich bin Frau Emily Julia Steve: Ich war verheiratet, aber mein Mann ist vor einigen Jahren gestorben.'

Dr.: 'Wissen Sie, daß Sie in Kalifornien sind?'

G: 'Da bin ich niemals gewesen. Ich bin zuerst nach Chicago und von dort nach St. Louis gezogen *(auch die Patientin hatte in St. Louis gelebt, und dort trat bei ihr zum ersten Mal geistige Verwirrung auf).*'

Dr.: 'Wo haben Sie in St. Louis gewohnt?'

G: 'Ich war nur auf Reisen mal da und lebte für gewöhnlich nicht dort. Ich habe mal in der La Salle Avenue in Chicago gewohnt, jedoch nur kurze Zeit. Es war in der Nähe von La Salle und Division. Von dort ging ich nach St. Louis, und weiter, - nun ich weiß wirklich nicht mehr wohin. Ich weiß nur noch, daß mein Kopf mir durch heftige Schmerzen zu schaffen machte *(die Patientin klagte gleichfalls darüber).'*

Dr.: 'Erinnern Sie sich, krank gewesen zu sein?'

G: 'Ich kann mich überhaupt auf nichts mehr richtig besinnen. *(Plötzlich sehr erregt)* Nein! Nein! Ich glaube, es ist etwas mit mir los! Was meinen Sie, ob ich meinen Verstand verliere? Sehen Sie! Sehen Sie! Dort ist mein Mann! Nein ! Nein! Er ist ein Geist. Sehen Sie ihn sich nur mal an.'

Dr.: 'Wir sprechen ja auch mit einem Geist, wenn wir mit Ihnen reden, und wir fürchten uns nicht.'

G. 'Da ist ja auch mein Kind! Das ist mein Kindchen! Ich glaube, ich verliere meinen Verstand! Meine Lily, meine kleine Lily! O meine kleine Lily! Hugo, mein Mann! Ich glaube, ich werde irre! Da ist auch meine Mutter! Ich glaube, mein Verstand läßt nach! Ich fürchte mich, - alle kommen auf mich zu! Hugo, mein Mann, bist du es wirklich? Meine kleine Lily, wie hab ich dich lieb! Ich bin so ängstlich!'

Dr.: 'Begreifen Sie doch, daß Sie Ihren irdischen Körper verloren haben und jetzt ein Geist sind. Machen Sie sich das doch nur mal klar.'

G: 'Bitte, nun sagen Sie mir doch bloß mal, was wollen denn Hugo, meine Mutter und Lily bei mir? Sind sie denn im Himmel nicht glücklich? Warum bleiben sie nicht dort?' .....

.....

Dr.: 'Haben Sie nicht Lust, mit Ihrem Mann, Ihrer Mutter und Ihrem Töchterchen mitzugehen, die alle gern für Sie sorgen möchten, damit Sie endlich einmal Ruhe finden? Versuchen Sie zu begreifen, daß Sie ihren irdischen Leib abgelegt haben.'

G: 'Wann sollte das geschehen sein?'

Dr.: 'Das können wir Ihnen nicht sagen.'

G: 'Manchmal fühlte ich mich als eine große kräftige Frau und wäre leicht mit jedem fertig geworden. Dann kam ich mir auch wieder kleiner vor. Das alles hat mich ganz wirr gemacht.'

Dr.: 'Das wird wohl seinen Grund darin haben, daß es ganz verschiedene Menschen gewesen sind, die Sie besessen gemacht haben. Sie können von diesem Zustand befreit werden.'

G: 'Dann werde ich also endlich Ruhe haben? Werde ich auch nicht etwa erwachen und merken, daß ich nur geträumt habe, und dann wieder den schrecklichen Mann und das weinende Kind um mich haben? Ich will den Menschen nicht wieder sehen: Immer fing er mit den Frauen Zank an, als wäre er ihr Plagegeist. Er war so wütend und behandelte das kleine Mädchen sehr schlecht, so daß dieses große Angst vor ihm hatte.'

Dr.: 'Nun versuchen Sie zu vergessen, was geschehen ist, und denken Sie an die Zukunft. Gehen Sie mit ihrem Mann mit, der Ihnen die Schönheiten der geistigen Welt zeigen wird.'

G: 'Mein Mann, Hugo! Ich habe ihn so lieb, und nachdem er gestorben war, erschien mir das Leben nicht mehr lebenswert. Mein teures Kind folgte ihm gerade einen Monat später. Es war drei Jahre alt. Hugo, mein Mann, war mein Alles. Ich habe mir keine Gedanken darüber gemacht, was aus mir werden sollte, als er mich verlassen hatte. Wir sind viel gereist, als er noch lebte. Wir sind überall gewesen. Wir waren nach Alaska gereist. Dort zog er sich eine Erkältung zu und bekam Lungenentzündung. Auch mein Kind wurde sehr krank. Es ist schwer, alles das noch einmal zu durchleben.'

Dr.: 'Warum müssen Sie denn gerade diese traurigen Erinnerungen noch einmal durchgehen, wo doch die Ihrigen alle hier sind und Sie mit sich nehmen wollen!'

G: 'Ich möchte schon gern mit ihnen gehen, aber ich fürchte mich, weil sie doch tot sind. Hugo sagt, er hätte mich seit Jahren gesucht, aber er hat mich nicht finden können, und ich kann ihm nicht sagen, wo ich gewesen bin. Als Hugo und Lily gestorben waren, wurde ich sehr krank, und die Ärzte sagten, ich wäre ein nervöses Wrack. Ich wurde immer kränker, und ich erinnere mich, daß sie mich nach einem Ort brachten, der Elgien hieß *(wahrscheinlich eine Nervenheilanstalt)*. Ich habe nur eben noch eine ganz schwache Erinnerung daran. Als ich gesund geworden *(vermutlich gestorben)* war, ging ich nach St. Louis, weil ich dort eine Schwester hatte. Seitdem ich anfing, mit Ihnen zu reden, ist mir aber ganz anders zumute geworden, und jetzt bin ich entschlossen, mit den Meinigen mitzugehen. Sehen Sie nur das herrliche Bett! Nun kann ich mich ausruhen; wo ich jetzt bei Hugo bin, brauche ich ja auch keine Angst mehr zu haben. - Gott segne Sie alle und helfe Ihnen. Hugo möchte, daß ich Ihnen noch bestelle, er wäre so glücklich, mich endlich gefunden zu haben; wir würden nun wieder vereint und uns nie wieder trennen. - Gott segne Sie alle miteinander.'"

Als letztes soll unter den vielen bei Dr. Wickland in Erscheinung getretenen Geistwesen noch eines zu Wort kommen, das bei seinem Tod nicht in eine dunkle Erdsphäre geraten war und auch nicht von lebenden Menschen Besitz ergreifen wollte. Es handelt sich um einen jungverheirateten Mann W. Y., der beim Tod von seinem verstorbenen Großvater B. und seinem Onkel C. in Empfang genommen wurde. Am 14. April 1920 unterhielt er sich über den Körper von Frau Wickland mit seinem damals noch auf dieser Erde lebenden Vater Y. und berichtete (23, S. 105):

"Papa, ich habe vom Weiterleben zwar nicht viel gewußt, aber doch wenigstens etwas, und schon das war mir von gutem Nutzen. Ich war doch gleich richtig im Bilde, begriff, daß ich gestorben war, und erkannte meine Verwandten und Freunde.

Onkel F. sagt, ich soll euch erzählen, daß ich viel besser daran gewesen sei als er selbst bei seinem Übertritt ins Jenseits und daß seine Tätigkeit jetzt darin bestände, anderen Unglücklichen zu helfen, die für das wahre Leben noch kein Verständnis hätten.

Papa, war es nicht merkwürdig, daß ich gerade an meinem irdischen Geburtstag zum neuen Leben erwachte! Jetzt habe ich meinen geistigen und irdischen Geburtstag an ein und demselben Tage. Papa, es ist herrlich! Sage das E. und auch B. und Mutter; sage allen, daß ich glücklich bin in dem Gedanken, daß ich zu ihnen kommen kann und daß die Tür für mich nicht verschlossen ist. Sage auch meinem kleinen Sohn, daß ich nicht tot bin, daß ich nicht im Grabe liege, sondern bei ihm bin. Ich will die herrschenden Gesetze kennenlernen, um ihm durch sein Leben ein Führer sein zu können. Macht ihm begreiflich, daß ich bei ihm bin und jetzt mehr Kraft und Macht habe, ihm zu helfen als früher.

Gott sei Dank, daß ich soviel wußte und besonnen genug war, mich vor einem zu engen Inverbindungtreten mit meiner geliebten Frau in acht zu nehmen; andernfalls wäre ich in ihre 'magnetische Aura' hineingeraten und hätte Unruhe gestiftet. - Meine liebe kleine Frau - ich bin so froh, daß ich kein Unheil für uns beide angerichtet habe.

Ich sehe hier viel von der Arbeit, die es zu tun gibt unter solchen Abgeschiedenen, die es selbst gar nicht wissen, daß sie gestorben sind. Diese gehen nach Haus zu ihren Verwandten und Freunden und möchten lieber dort bleiben, als sich hier um ihr Vorwärtskommen zu bemühen. Papa, ich bin so froh, daß du wieder hast kommen können, und ich freue mich so sehr, daß keine Wand zwischen uns ist.'

Herr Y. (Vater des Verstorbenen): 'Auch ich freue mich, daß es mir möglich war, wieder herzukommen.'

G: 'Ich habe jetzt gar nicht das Gefühl, von euch getrennt zu sein. Ich bin eben nur in ein anderes Land gegangen, kann aber doch bei euch sein. Ich bin bei euch, wenn ihr zusammen seid und von mir redet. Es kommt mir überhaupt so vor, als ob ich gar nicht fort wäre.

Sage Mutter und meiner lieben kleinen Frau, sie möchten nicht um mich trauern. Ich bin so glücklich, daß ich bei ihnen sein kann. Es war gewiß sehr hart, daß wir uns trennen mußten, gerade, als es in unserem kleinen Heim so schön zu werden versprach; aber meine Zeit war da, und wenn unsere Stunde geschlagen hat, dann müssen wir von der irdischen Ebene abtreten. Wir gehen ja nicht fort, wie so viele denken; wir bleiben hier bei unseren Lieben, nur unsere Körper sind für sie nicht sichtbar.

Ich wünschte, du könntest sehen, wie Onkel F. in der dunklen Erdsphäre arbeitet, um den vielen Unglücklichen dort Helferdienste zu leisten und sie davon abzuhalten, andere besessen zu machen. Er gibt sich alle Mühe, einem jeden klarzumachen, was hier im Jenseits wahr und wirklich ist, denn es ist ein Jammer, was für viele Glaubenssätze und Bekenntnisse dabei hindernd im Wege stehen. In der kurzen Zeit seit meinem Hinübergang habe ich schon viel gelernt. Ich bin dir und Mutter sehr dankbar dafür, daß ihr mich nicht in eine strenge und kirchliche Glaubens- und Bekenntnisform hineingezwängt und mein Gemüt damit belastet habt. So war ich frei, und dafür danke ich euch!'

Y: 'Es ist manchmal recht schwer, bei der Kindererziehung mit der religiösen Belehrung das Richtige zu treffen.'

G: 'Ich wünschte, es wären alle so frei, wie ich es war, dann gäbe es auch nicht so viel Elend und Zweifel. Papa, ich bin so glücklich, daß ich wieder zu euch kommen darf.

Am Tage darauf gingen Onkel F., Onkel C. und ich in die Erdsphäre hinab - nicht nach unserem Heim, sondern dorthin, wo die Bedingungen der niederen Ebene herrschen. Da ist es einer Hölle weit ähnlicher, als sich das schildern läßt. Es ist schlimmer als in einer Irrenanstalt, wo jeder auf eine besondere Weise verrückt ist! - Ihr könnt euch gar nicht vorstellen, was das für eine Hölle ist. Der eine hat diesen Glauben, der andere jenen, und alle sind im Dunkeln! Sie sind alle befangen von ihren Bekenntnis- und Glaubensformen, und man kann keine Vernunft in sie hineinbebekommen. Man muß ihnen schon irgendeine handgreifliche Aufgabe vor Augen stellen, um ihre Aufmerksamkeit zu erregen. Mitunter ist es Musik, was sie zum Bewußtsein ihrer Lage bringt. - Wenn es gelingt, ihre Aufmerksamkeit zu erregen, ist es manchmal möglich, ihnen wirklich beizukommen, aber Dogmen und fanatische Glaubensanschauungen sind so fest in ihnen verwurzelt, daß sie für nichts anderes Sinn haben.

Wenn ihr einen schwachen Begriff von den Zuständen in der Erdsphäre bekommen wollt, dann begebt euch in die Schwerkrankenabteilung eines Irrenhauses. Danach könnt ihr euch ein ungefähres Bild davon machen, in was für Zustände die Menschen hier geraten, wenn sie ohne Ahnung vom wirklichen Jenseitsleben hier anlangen.'"

Durch derartige Berichte bekommen wir Einblicke in den Lebensbereich unglücklicher Verstorbener und in die Anstrengungen anderer Geistwesen, ihnen zu helfen. Wer sich eingehender dafür interessiert, möge unbedingt das ganze Buch Dr. Wicklands (23) lesen, das auch heute noch in immer neuen Auflagen erhältlich ist. Ganz ähnlich lauten die Aussagen, die Geistwesen in dem auf S. 46 erwähnten medialen Kreis machen, an dem ich selbst beteiligt bin.

Zunächst der Bericht eines Geistwesens, das sich Magdalena nennt und angibt, um 1900 als etwa 80jährige Bäuerin in Süddeutschland gestorben zu sein. Nach einer Übergangs- und Erholungszeit habe sie eine Ausbildung durchlaufen, die sie befähigen solle, Verstorbene aus niederen, dunklen Bereichen herauszuholen. Da sie erst am Anfang dieser Tätigkeit stehe, seien ihre Erfolge vorerst nur bescheiden. Darüber sei sie oft sehr niedergeschlagen und müsse sich dann von ihren Enttäuschungen erst wieder erholen. Am 11. September 1986 berichtete sie (M) durch den Mund des Mediums Frau A. in Gegenwart von sieben weiteren Personen:

"Ich freue mich, daß ich jetzt wieder hier sein darf. Ich glaube sogar, daß ich hier am Platz gar nicht fehl bin, daß ich vielleicht in eure Runde hineinpasse. Ich muß euch erzählen, daß es für mich in der letzten Zeit unbeschreiblich schön war, so daß ich jetzt wieder voller Tatkraft bin. Ich glaube, daß mich für eine Weile wenigstens nichts umwerfen kann. Ich habe euch ja erzählt, daß ich wieder recht niedergeschlagen war, weil ich so erfolglos blieb und keine Aussicht sah, Hilfe zu leisten. Ich glaube, so geht es uns wohl immer, wenn wir meinen, nicht mehr weiterzukönnen. Aber wenn unsere Kräfte erschöpft sind, haben wir die Fähigkeit, sie wieder zu erneuern. So ging es jetzt auch mir. Selbst ihr müßt immer wieder Erholungspausen einschalten, und es liegt dann bei euch, wie ihr diese gestaltet und wie schön ihr sie euch macht. Ihr könnt dabei Dinge tun, die euch erquicken und erfrischen oder aber auch, wie viele Menschen es machen, euch in eurer Erholungszeit abhetzen und dabei noch mehr Kräfte verbrauchen als während eurer Arbeitszeit. Ehrlicherweise muß ich dazu sagen, daß wir es hier doch etwas leichter haben, denn wir werden in eine wunderschöne Gegend gebracht.

Daher waren die Voraussetzungen außerordentlich gut. Allerdings müssen wir auch selbst unseren Teil dazu beitragen, um das zu nutzen, was um uns herum ist. Ich konnte z.B. viele wertvolle Bekanntschaften schließen und mit diesen Freunden gute Unterhaltungen führen. Sie haben mir viel berichtet. Es war für mich, so glaube ich, das Allerwichtigste, von den Erfahrungen der anderen zu hören und darüber, wie es ihnen ergangen ist.

Alle die anderen, die dort weilten, waren aus demselben Grund da wie ich, nämlich um sich zu erholen, aneinander zu erfreuen und einander zu erzählen. Das war so schön und friedlich, daß ich es mit Worten kaum ausdrücken kann. Dazu gehörte natürlich auch die schöne Umgebung mit vielen Blumen und ihren besonderen Duft, den wir riechen können."

Schiebeler: "Gab es dort auch Tiere, z.B. Vögel?"

M: "Da muß ich jetzt richtig nachdenken. - Doch, es waren auch Tiere da. Es gab dort schöne Vögel."

Sch: "Flogen die, oder saßen sie nur auf dem Boden?"

M: "Sonderbar, ich muß euch ehrlich gestehen, daß ich jetzt richtig überlegen muß. Ich habe darauf gar nicht so geachtet. Es waren schon welche da, denn ich habe ihren Gesang gehört."

Sch: "Gibt es denn bei euch überhaupt so etwas wie Gesang?"

M: "Doch, selbst wir können singen, wenn wir sehr viel Freude empfinden. Das kann man auch bei uns durch Gesang ausdrücken. Es geschieht sogar sehr häufig und ist sehr wohltuend."

Sch: "Und die Unterhaltung, verläuft diese bei euch mit Sprache?"

M: "Ja, aber nicht nur. Sie erfolgt auch mit Gedanken, die hin- und herspringen, jedoch ebenfalls sprachlich geformt sind."

Sch: "Was für eine Sprache ist das denn?"

M: "Zunächst einmal kann ich mich nur in meiner Muttersprache unterhalten. Doch kann ich mich auch mit anderen, die nicht meine Sprache sprechen, verständigen. Es handelt sich dann mehr um

Gefühle und Gedanken. Ich fühle dann, wie die anderen fühlen. Ich brauche dazu aber nicht deren Sprache zu verstehen. Wir lernen, uns auch ohne Sprache zu verständigen. Zunächst einmal kann jeder nur seine eigene Sprache, in der er von der Welt scheidet. Das ist aber eine sehr komplizierte Angelegenheit. Darüber muß ich noch einmal nachdenken, wie ich euch das erklären kann, weil ich ja selbst erst noch lerne und im Anfangsstadium stecke."

Sch: "Waren da auch Wesen, die in einer Sprache redeten, die du nicht verstehen konntest?"

M: "Ja, ja, natürlich, viele sogar. Aber das störte nicht weiter, denn es gab, wie bei euch, Wesen, die vermitteln, die uns lehren, uns mit Gedankenkraft zu verständigen. Das ist aber für mich noch sehr kompliziert. Wir müssen eben lernen, unsere Gedanken, d.h. das, was wir ausdrücken möchten, ganz intensiv zu denken. Das versteht dann auch der andere, selbst wenn er nicht meine Sprache spricht. Du kannst jetzt natürlich entgegnen, daß man ja seine Gedanken ebenfalls in seiner Muttersprache denkt. Aber mit diesen Gedanken verbindet man immer Wünsche und Vorstellungen, z.B. daß man mit dem anderen zusammensein möchte, daß man ihn sympathisch findet oder daß einem die Umgebung gefällt. Wenn ich das denke, zwar in meiner Muttersprache, dann verbinde ich damit doch immer bestimmte Vorstellungen und Gefühle, und die lassen sich übertragen. Auf diese Weise kann der andere verstehen, was man ihm mitteilen will. So etwa kann man das erklären. Mehr darüber zu sagen, ist mir im Augenblick nicht möglich. Ich weiß nur, daß es geht und daß ich ab und zu schon Erfolg damit hatte. Darüber habe ich mich dann sehr gefreut.

Übrigens waren in dem Bereich, von dem ich jetzt erzähle, auch Kinder. Erstaunlicherweise lernen die es viel schneller, sich mit Gedanken zu verständigen, wie das viele Wesen hier schon perfekt können. Ich glaube, irgendwann einmal braucht man die Sprache nicht mehr. Aber man verlernt sie nicht. Ich kann ja auch mit euch sprechen. Ich benutze dazu aber die Gedanken und Sprechwerkzeuge dieses Mediums hier. In dessen Gehirn muß ich zunächst die Gedanken, die ich ausdrücken möchte, formulieren, und dann erst können die Sprechwerkzeuge anfangen zu arbeiten. - Aber jetzt bin ich ganz woanders hingekommen."

Ehe ich mit den Ausführungen von Magdalena fortfahre, möchte ich das Problem der Sprache noch etwas weiter ausführen. Ich habe das durchgebende Medium Frau A. zwei Wochen nach dem vorangehenden Bericht gefragt, was sie bei ihrem medialen Sprechen in Halbtrance empfinde. Sie antwortete mir: "Wenn es um Themen geht, die mir fremd oder die abstrakt sind und die ich nicht kenne, habe ich das Gefühl, daß ein Geistwesen meinen Wortschatz nicht gebrauchen kann und erst einmal suchen muß, was davon verwendbar ist. Daraus muß es sich dann etwas zusammenbauen. Dabei werden oft ganze Gedankenverbindungen benutzt und nicht immer Sätze Wort für Wort zusammengesetzt. Wenn es um Dinge geht, die mir völlig fremd sind, treten Schwierigkeiten auf. Das habe ich schon oft gemerkt, weil ich ja in einem solchen Fall keine Worte dafür habe. Dann bin ich selbst ganz unzufrieden. Ich spüre richtig, daß das Gesagte nicht den Kern der Sache trifft. Oft schon habe ich gefühlt, daß noch mehr dahintersteckt. Ich empfinde es mehr, kann es aber nicht ausdrücken. Das birgt natürlich immer die Gefahr einer ungewollten Fehldurchgabe in sich, besonders bei Eigennamen und Jahreszahlen. Wenn mir das Thema dagegen nicht fremd ist, habe ich das Empfinden, daß die Worte relativ flüssig aus mir herauskommen, weil ja die Gedanken und mein Wortschatz für das Geistwesen brauchbar sind."

Andere Erfahrungen hat der schon erwähnte Mediziner Prof. Dr. Cyriax gemacht. Seine Medialität war wesentlich stärker angelegt, als die von Frau A. In seiner Gegenwart erschienen häufig vollständig materialisierte Geistwesen, und das sogar außerhalb von Sitzungen, wie wir an dem Beispiel seiner Rettung aus Lebensgefahr (S. 9) sahen. Er war aber auch fähig, Geistwesen hellsichtig wahrzunehmen. Mit den ihn oft besuchenden Wesenheiten, seien sie materialisiert oder seien sie feinstofflich, konnte Cyriax lange Unterhaltungen führen. Bei solchen Gelegenheiten wurde, wenn nur wenige Geister anwesend waren, in wirklich hörbaren Lauten gesprochen (3, S. 128). Sobald aber die Zahl der jenseitigen Besucher eine größere war, wurde Cyriax in den eigentümlichen Zustand des inneren Schauens versetzt. Er sagt (3, S. 129): "Und dann wurde kein hörbares Wort gesprochen, sondern die Unterhaltung geschah durch das fälschlich sogenannte Gedankenlesen. Er ist dies nicht ein Lesen von Gedanken in Buchstaben und Worten, sondern ein Schauen von Vorstellungen, Begriffen und Gedanken in Bildern, die an den Stirnen der Anwesenden vorüberziehen, wie die Bilder einer magischen Laterne (*heute sagen wir dazu Bildwerfer oder Diaprojektor*) oder noch mehr wie die phantasmagorischen Bilder, bei denen sich eins aus dem anderen entwickelt. (*Phantasmag. Bilder = künstliche Trugbilder. Bei dieser Darstellung muß man bedenken, daß es damals, als Cyriax diese Zeilen schrieb, noch keine kinematographischen Filmbilder gab. Heute würde er wahrscheinlich den Vergleich mit Film- oder Fernsehbildern wählen.)* Aber auch dieses Gleichnis darf nicht zu materiell genommen werden; ich finde nur kein besseres, da es ja überhaupt so unendlich schwer ist, geistige Vorgänge irdischen Begriffen anzupassen und sie durch Worte zu schildern."

Bitte beachten Sie als Leser die Ähnlichkeit der Darstellung von Cyriax mit dem vorangegangenen Bericht des Geistwesens Magdalena. In einem nachfolgenden Bericht eines weiteren Geistwesens "Rexus" wird das Problem der Verständigung in abgewandelter Form noch einmal aufgegriffen werden. Zunächst aber wird die Erzählung von Magdalena fortgesetzt. Sie berichtet *(immer noch am 11. Sept. 1986):*

"Das größte Erlebnis, das mich am meisten während der gerade abgelaufenen Erholungszeit beeindruckt hat, war die besondere Ausstrahlung und die Wärme und Freundlichkeit, die von manchen anderen Wesen ausging. Sie hat mir viel Mut und Zuversicht gegeben."

Sch: "Von wem wurde denn diese Wärme und Freundlichkeit ausgestrahlt?"

M: "Von den Wesen, die ich da kennengelernt habe."

Sch: "Waren das aber nicht nur solche wie du?"

M: "Nein, es waren auch andere anwesend, von denen ich ziemlich sicher bin, daß sie dort waren, um uns in dieser Zeit zu helfen."

Sch: "Das heißt also, es waren Wesen zugegen, die nicht erst vor kurzem gestorben waren?"

M: "Ja, bzw. solche, die nicht nur zur Erholung dort waren, sondern für uns zur Betreuung als Lehrer. Das habe ich vergessen, am Anfang zu sagen. Um diese haben sich immer viele geschart. Ich glaube, je öfter wir dahinkommen, desto mehr nehmen wir von ihren Belehrungen auf und können davon dann auch wieder abgeben, weil wir selber lernen, die Fähigkeiten, die in jedem von uns stecken, in Form des Guten zum Schwingen zu bringen und dann auf andere zu übertragen. Das Schlechte aber lernen wir immer mehr abzublocken, um uns nicht immer wieder niederschlagen und entmutigen zu lassen. Ich weiß natürlich, daß es mir nicht anders ergehen wird als euch, wenn ich erst wieder in der Arbeit mit all ihren Schwierigkeiten drinstecke. Dann werde ich bestimmt auch wieder die Flügel hängen lassen, aber vielleicht nicht ganz so stark wie zuvor. Ich kann es euch dann erzählen, wie es mir ergeht. Ich weiß, daß jetzt meine Schonzeit vorbei ist und ich wieder beginnen werde zu arbeiten. Aber das mache ich gerne."

Sch: "Hat man dir eine Aufgabe zugeteilt, oder hast du dir eine ausgewählt?"

M: "Ja, ja, ich möchte wieder dorthin zurück, wo ich aufgehört habe, wo ich eigentlich fast versagt hätte."

Sch: "Wo du auf Erden aufgehört hast?"

M: "Nein hier. Ich habe euch doch schon erzählt, daß ich es nicht mehr mit Kindern zu tun hatte, sondern mit Älteren, von denen manche so verstockt sind und sich gegen jede Hilfe wehren. Sie wollen von sich aus keinen Schritt weiter machen und sind entweder ganz stumpfsinnig und durch nichts aufzurütteln oder aber bösartig und lassen niemanden an sich herankommen. Im Geist sehe ich sie jetzt schon wieder alle vor mir. Und wenn ich bei manchen glaube, endlich einen Anknüpfungspunkt gefunden zu haben, so daß sie mit sich reden lassen, endlich aufgewacht sind und nun mitmachen, dann muß ich beim nächsten Mal feststellen, daß alles wieder von vorne losgeht. Es waren also keine Kranken, mit denen man noch Mitleid haben kann, sondern Wesen, die ihr Befinden selbst verschuldet haben, obwohl das sehr hart klingt. Sie sind in einem Zustand, der nur das Verhalten zuläßt, welches sie an den Tag legen."

Sch: "Ein Zustand, der von ihrem irdischen Leben her bedingt war oder auch von ihrem Verhalten in der jenseitigen Welt?"

M: "Sowohl von ihrem irdischen Leben her, als auch von ihrem Verhalten hier. Man ändert sich ja nicht von heute auf morgen. Viele wollen es einfach nicht wahrhaben, daß es ein Weiterleben gibt, daß man sich weiterentwickeln und auf andere zugehen kann. Ich habe aber auch Wesen kennengelernt, die wissen sehr wohl, daß sie gestorben sind. Sie sind jedoch noch erdgebunden und haben ihre helle, ja geradezu diebische Freude daran, Menschen auf eurer Erde zu beeinflussen, zu stören und ihnen Ängste einzujagen. Ihr könnt euch gar nicht vorstellen, wie mich das manchmal in Wut bringt. Aber das ist gerade verkehrt. Ich muß mich ja zurückhalten, um ihnen klarzumachen, wie schlimm das ist, was sie da ausführen und welchen Schaden sie anrichten."

Sch: "Lassen solche Wesen denn überhaupt mit sich reden?"

M: "Ja, schon, aber ich hatte damit bislang keinen Erfolg. Doch die beratenden Geistwesen neulich haben mir Mut gemacht und gesagt, daß man ab und zu doch jemanden zu sich ziehen kann und daß es dann immer mehr werden. Das würde ich auch noch erkennen. Man müsse sich dabei aber mit sehr viel Geduld wappnen. Ich dürfe nur nicht glauben, daß ich so etwas ganz schnell von heute auf morgen erreichen könne. Wenn es so wäre, würde es bei uns nur noch eitel Sonnenschein geben, und diese Annahme sei etwas zu naiv."

Sch: "Hast du inzwischen schon in Erfahrung gebracht, seit wann du von dieser Erde abgeschieden bist, wann etwa dein Tod war?"

M: "Die Erinnerung daran verwischt sich immer mehr. Ich meine, daß es etwa 80 Jahre her sein muß, daß ich gestorben bin."

Um diese Zeitspanne etwas zu untermauern, gibt Magdalena auf entsprechende Fragen an, daß sie zu Lebzeiten auf Erden elektrisches Licht noch nicht gesehen, aber davon gehört habe. In ihrem Dorf wären damals Petroleumlampen in Gebrauch gewesen. Eine Eisenbahn habe sie zwar gesehen, sei aber nicht damit gefahren, weil in ihrer Umgebung alle Angst davor gehabt hätten.

Magdalena berichtet dann weiter: "Ich hatte acht Kinder, die ich sehr liebte, wie eine Mutter ihre Kinder liebt. Ich bin nach meinem Mann gestorben und war ziemlich alt, bestimmt um die 80. Es war Zeit für mich. Nach meinem Tod habe ich meinen Mann leider noch nicht wiedergesehen, obwohl ich es mir so sehr gewünscht habe. Ich gebe den Wunsch aber noch nicht auf und bin ganz zuversichtlich. Ich möchte so gerne wissen, wie es ihm geht, denn wir haben uns sehr gut verstanden. Ich habe noch nicht erfahren, wo er sein könnte."

Sch: "Wer hat dich bei deinem Tod abgeholt? Hat dich überhaupt jemand in Empfang genommen?"

M: "Doch, doch, ich bin abgeholt worden. Da war eine freundliche Gestalt, die mich abgeholt hat. Wir sagten damals zu solch einem Helfer 'Schutzengel'. Ich bin sehr friedlich gestorben. Ich war ja damals krank und sehe mich wieder in meinem Zimmer liegen, obwohl ich diese Bilder nicht mehr gerne heraufbeschwören mag, wie die ganze Familie gedrängt im Zimmer stand und mich festhalten wollte. Alle haben geschluchzt und geweint. Das ist keine schöne Erinnerung, denn ich war doch schon so weit, erkannt zu haben, daß ich fertig war mit dem Leben. Ich war völlig erschöpft, denn mein Leben war anstrengend gewesen. Und da wollten sie mich immer noch nicht weglassen. Das hat mich richtig festgehalten. Ich habe lange auf meinem Krankenbett gelegen und wollte schon längst sterben. Irgendwann einmal hat man einfach genug. Ich hatte ja keine Angst vor dem Tod und hatte auch im Schlaf dieses abholende Wesen bereits immer wieder gesehen. Ich freute mich auf das Sterben. Ich konnte ja meine Familienmitglieder verstehen, aber ihr Verhalten war nicht richtig. Wenn es Zeit für uns ist, und ich war ja alt, haben wir das Recht zu gehen. Wenn junge Menschen sterben müssen, verstehe ich, daß großer Schmerz herrscht, weil wir meinen, ihre Zeit auf dieser Erde wäre noch nicht abgelaufen. Aber bei mir war das ganz anders. Doch schließlich hat mich dieses Wesen geholt. Ich war dann bereits so erschöpft, daß ich das gar nicht mehr richtig wahrgenommen habe."

Sch: "Deine Eltern waren nicht anwesend, als du starbst?"

M: "Ich habe hier noch niemanden gesehen, den ich vom Erdenleben her kannte. Ich glaube, daß das Absicht war. Aber das kann ich euch ein andermal erzählen. Für heute möchte ich schließen. Ich wünsche euch alles Gute und bitte euch, nicht aufzugeben. Vergeßt auch nicht das Gebet, die Bitte an Gott.

Gott zum Gruß!

Magdalena"

Während dieses Geistwesen noch am Anfang seiner Missions- und Helfertätigkeit im Jenseits steht, führt die nachfolgend vorgestellte Wesenheit diese Aufgabe schon länger und mit größerem Erfolg durch. Sie nennt sich uns gegenüber "Rexus", ist also ein männliches Wesen und berichtete am 18. Februar 1984 durch den Mund des medialen Herrn B., bei gleichzeitiger Anwesenheit von Frau A. und sechs weiteren Personen:

"Hier spricht Rexus. Ich bin ein Geistwesen aus der jenseitigen Welt. Ich habe versucht nachzuforschen, wo ich auf der Erde gelebt habe und wann ich gestorben bin. Exakte Angaben kann ich dazu aber nicht machen. Ich bin ungefähr um 1800 gestorben und war ein evangelischer Pastor. Ich habe eine kleine evangelische Gemeinde von etwa 100 Gemeindegliedern gehabt. Davon waren etwa 20 Kinder. Ich glaube, daß diese Gemeinde in Deutschland war, bin da aber nicht ganz sicher. Vielleicht gelingt es mir später noch, das herauszubekommen.

Als ich an Altersschwäche starb, war ich nach meiner Erinnerung 87 Jahre alt. Ich war während meines Lebens auf Erden bis zu meinem Tode nie krank. Ich bin ein Glückskind oder Sonntagskind gewesen, in einer Zeit, in der andere Menschen sehr leiden mußten. Für mein günstiges Geschick war ich immer sehr dankbar.

Ich habe zu Lebzeiten als evangelischer Pastor immer an ein Weiterleben geglaubt. Es war auch damals schon sehr mutig, wenn das überhaupt jemand aussprach. Wir haben uns seinerzeit in meiner Gemeinde in einem Kreis von fünf Personen (drei Frauen und zwei Männer) regelmäßig getroffen und über diese Dinge gesprochen. Wir haben uns damals schon auf unseren Tod vorbereitet. Unsere Zusammenkünfte begannen wir mit einem Gebet und überlegten uns, was wir tun könnten, wenn wir diese Welt verlassen würden. Wir hatten uns vorgenommen, nicht überrascht zu sein, wenn wir nach unserem Tode weiterleben sollten. Einen Beweis dafür hatten wir allerdings nicht, aber wir haben daran geglaubt.

Als ich nun starb, war ich nicht erstaunt, als ich neben meinem Körper stand und es mir auch gut ging wie im Erdendasein. Ich habe dann sofort zu Gott gebetet und ihm gedankt, daß ich schon zu Lebzeiten erkennen durfte, daß es nach dem Tode ein Weiterleben gibt. Als ich starb, standen an meinem Bett drei Geistwesen, die mir aus meinen und ihren früheren Lebzeiten auf Erden als sehr vertraute und liebe Menschen bekannt waren. Dazu kamen noch fünf weitere mir unbekannte Wesen. In einem langen Gebet zu Gott habe ich um Klarheit gebeten, erkennen zu können, ob die drei 'lieben' Geistwesen nun wirklich meine früheren Verwandten seien, die ich auf Erden so lieb hatte. Während meines Gebetes wurde mir dann eingegeben, daß die drei 'Lieben' gar nicht meine Verwandten waren, sondern zu Luzifers Seite gehörten. Die anderen fünf aber waren von der Seite Gottes und dazu bestimmt, mich abzuholen.

Nach dieser Erfahrung möchte ich alle Sterbenden warnen, nach ihrem Tode, wenn sie vermeintlich vertrauten und lieben Menschen aus ihrem Erdenleben gegenüberstehen, auf diese sofort vertrauensselig mit geöffneten Armen zuzugehen. In diesem Fall muß um Klarheit gebetet werden. Darauf sollten sich die Menschen, die an ein Weiterleben glauben, vorbereiten. Sie dürfen auch nicht in den Fehler verfallen, bei den Angeboten, die ihnen nach dem Tode von Geistwesen gemacht werden und die ihnen alles das versprechen, was sie sich zu Lebzeiten gewünscht, aber nicht erreicht haben, sofort zuzugreifen. Davor warne ich dringend, weil es meistens *(aber nicht immer)* Angebote von der gottfernen Seite sind, die sich sehr schnell auf das verstorbene Geistwesen einstellen kann. Geistwesen von der anderen Seite können, und das habe ich später erlebt, sogar mit dem Verstorbenen beten. Das sind Dinge, die ganz deutlich ausgesprochen werden müssen. Denn als Verstorbene müßt ihr in eurem Gebet zu Gott, bei dem die anderen von Luzifers Seite unter Umständen mitbeten, erkennen, daß diese Wesen von der falschen Seite sind. In diesem Zustand, in dem ihr ja nicht mehr auf Erden lebende Menschen seid, habt ihr die Fähigkeiten zu erkennen, wer die Wesen um euch sind. Ihr müßt euch Gott nur öffnen und in eurem Gebet Vertrauen haben. Ihr müßt versuchen, euch in die anderen Geistwesen hineinzudenken und euch in ihre Gedanken einzuschalten. Ihr könnt das in der jenseitigen Welt, denn ihr dürft ja keine Nachteile haben, weil Ihr nun gerade gestorben seid. Es ist euch dann möglich zu erkennen, daß dort falsch gespielt wird. Nur wissen viele nicht, daß sie das können. Sie lassen sich blenden und sind dann sehr schnell der 'anderen' Seite verfallen. Im Prinzip könnt ihr nicht getäuscht werden, wenn ihr euch frei macht und euch in die anderen Geistwesen 'hineinversetzt'. Aber wer bei seinem Tode nichts von einem Weiterleben weiß, ist viel zu überrascht, wenn er in eine solche Lage kommt, als daß er fähig wäre, entsprechend zu handeln. Übrigens habe ich später in dem Dorf, in das ich kam, meine wirklichen irdischen Eltern dann doch noch wiedergesehen."

Ich unterbreche Rexus und frage: "In welcher Sprache und in welcher Art hast du damals gebetet und in welcher Art hast du dich mit den anderen Geistwesen unterhalten?"

Rexus antwortet: "Ich habe seinerzeit nach meinem Tode still in meiner irdischen Sprache gebetet, wie ich es auch auf Erden getan habe, wenn ich nicht gerade laut vor der Gemeinde gebetet habe. Die anderen Geistwesen haben damals aber schon in der Art und Weise mit mir gesprochen, wie ich auch jetzt noch spreche. Wir unterhalten uns hier nicht mit unserem Mund, sondern mit 'Wellen', die wir uns gegenseitig zuschicken, viel schneller, als ihr euch unterhalten könnt. Was ihr euch in einer viertel Stunde sagt, können wir uns hier in einer Minute übermitteln. Das geht sehr schnell, ist aber nicht anstrengend. Wir haben hier in meinem Bereich, wo ich bin, nicht mehr die irdischen Sprachen wie Russisch, Deutsch oder Englisch. Hier werden die **Gedanken** ausgetauscht, so daß ich mich auch mit einem früheren Russen oder Engländer unterhalten kann, und es kann der eine den anderen verstehen."

Ich wende ein: "Es gibt aber auch Jenseitsberichte, in denen behauptet wird, daß in bestimmten Bereichen die irdische Sprache noch verwendet wird, daß man dort also noch Fremdsprachen lernen muß. Hast du so etwas auch einmal erlebt?"

Rexus antwortet: "Ein Engländer hat mir einmal davon berichtet, daß er in einem Bereich war, wo er sich mit Geistwesen anderer Muttersprache nicht unterhalten konnte. Ich habe das aber nicht geglaubt, weil ich es selbst nie kennengelernt habe.

Nachdem ich die drei falschen Verwandten in meinem Gebet

erkannt hatte, habe ich ihnen gesagt, daß ich mit ihnen nichts zu tun haben möchte und daß ich in der jenseitigen Welt nur *dem* Herren dienen wolle, den ich auch zu Lebzeiten auf Erden hatte, nämlich meinem Herrgott. Mit Luzifer aber wolle ich nichts zu tun haben, denn schon zu Lebzeiten auf Erden glaubte ich an seine Existenz. Ich forderte diese drei Geistwesen auf, dorthin zurückzukehren, woher sie gekommen seien. Für diese war es ein Schock, daß jemand kam, der sie erkannte, so daß sie sich sehr schnell zurückzogen, zumal sich auch die anderen fünf Geistwesen nun in den Vordergrund drängten. Diese, die ich vom irdischen Leben her nicht kannte, sagten mir, daß sie zur guten Seite, zur Seite Gottes gehörten. Sie sagten mir, daß sie mich, wenn ich nichts dagegen hätte, in eine Art Dorf führen würden, wo wir uns unterhalten und die Erfahrung, die ich gerade gemacht hätte, näher besprechen könnten. Ich erklärte mich dazu sehr gerne bereit.

So war ich dann nur noch bei meiner Beerdigung zugegen und habe mich anschließend sehr schnell von der Erde entfernt, und das auch deshalb, weil wir fünf aus der irdischen Gesprächsgruppe uns schon zu Lebzeiten gesagt hatten, daß wir uns nach dem Tode nicht an **die** Menschen binden wollten, die wir auf Erden geliebt haben. Wir wollten sie zwar weiterhin lieben und auch für sie beten, sie aber nicht durch unsere Bindung belasten. Warum wir in dieser Auffassung auf Erden so sicher waren, weiß ich nicht. Heute möchte ich rückblickend sagen, daß wir damals geführt wurden. Wir haben nur seinerzeit nicht erkannt, daß wir bei unseren irdischen Abenden bestimmte Dinge aus der jenseitigen Welt empfangen haben.

So ging ich denn mit den fünf Geistwesen mit, hatte dabei aber immer noch ein gewisses Mißtrauen. Auch euch Menschen kann ich für einen solchen Fall, wenn er euch später einmal widerfahren sollte, nur raten: Habt euren festen Glauben, eurer Vertrauen auf Gott. Mit dem kommt ihr sehr weit, und laßt euch nicht täuschen. Mit dem festen Glauben ist nicht irgendein irdisches Kirchenbekenntnis gemeint. Das spielt überhaupt keine Rolle. Wichtig ist nur der Glaube an Gott und das Vertrauen auf ihn. Eine bestimmte irdische Konfession bietet keinen Vorteil, nur das Verhältnis zu Gott ist wichtig. Wer zwar regelmäßig zur Kirche geht, aber in Wirklichkeit nicht das feste Vertrauen zu Gott hat, erfährt dadurch keinen Nutzen. Deshalb bitte ich euch, euren Verwandten und Bekannten, wenn sie auf dem Sterbelager liegen, noch davon zu erzählen. Erfaßt dann ihre Hand oder legt ihnen eure Hand auf den Kopf und sagt ihnen: 'Ach weißt du, wir sehen uns bestimmt irgendwann wieder. Wichtig ist nur, daß du das Vertrauen auf Gott hast.' Das ist schon eine kleine Hilfe für den Sterbenden.

Ich kam nun mit den fünf Geistwesen in das angekündigte Dorf. Dort herrschte eine wunderbare Stimmung. Ich hatte von Anfang an das Gefühl, wie im Paradies zu leben. In diesem Dorf gab es Pflanzen, Blumen, Bäume, alles sehr farbig und schöner als auf der Erde. Tiere habe ich dort nicht gesehen, keine Hunde und Katzen oder Vögel, nur Schmetterlinge. Die 'flogen' auch von Pflanze zu Pflanze und setzten sich auf die Blumen. Aber bei ihrem 'Flug' bewegten sie die Flügel nicht. Die blieben starr in ausgebreiteter Stellung. Wie diese Fortbewegung möglich war, weiß ich nicht. Wir Geistwesen hatten noch unsere Füße und Hände und gingen auf der 'Erde' oder besser gesagt, wir schwebten. Eine 'Erdanziehung' war nicht mehr vorhanden. Ich brauchte daher auch keine Energie, um mich fortzubewegen. Ich konnte mir geistig wünschen oder mir vorstellen, an einen bestimmten Ort zu gelangen, und kam dann auch dorthin. Meine Bekleidung bestand damals wie auch heute aus einem langen, hellen Gewand. Als Kälteschutz war diese Bekleidung aber nicht erforderlich. Man fror in diesem Bereich nicht. Es gibt aber auch andersgeartete Bereiche, wo Geistwesen nur im grauen Nebel sind und 'frieren'. Das hängt mit der inneren Einstellung zusammen. Es finden sich ebenfalls Geistwesen, die auf Erden einen Arm verloren hatten und nun im Jenseits weiterhin glauben, daß er ihnen fehle, obwohl er in Wirklichkeit wieder vorhanden ist. Ich habe hier nie Verkrüppelte gesehen. Wenn sie es auf Erden waren, ist hier alles wieder vorhanden. Aber viele, denen ich hier jetzt auch zu helfen versuche, glauben immer noch, daß ihnen ein Körperglied fehle oder daß sie entstellt seien.

Ich habe viele in unserer Welt erlebt, denen es sehr schlecht ging. Mir selbst ist es immer gut gegangen, und ich habe deswegen fast ein schlechtes Gewissen. Ihr sollt aber auch sehen, daß es hier das 'Paradies' geben kann. Ich habe das Empfinden, daß ich in dem Paradies lebe, denn mir geht es wirklich sehr gut. Vielleicht bin ich auch durch meinen Glauben, den ich hatte, zu **der Aufgabe** geführt worden, die ich heute ausübe und von der ich später berichten werde. Zu ihr gehört viel Einfühlungsvermögen und die Fähigkeit, die Geistwesen, denen geholfen werden soll, anzuhören. Man kann ihnen nicht damit helfen, daß man ihnen, wenn sie sich verstümmelt glauben, nur sagt: 'Du hast doch deinen Arm. Nun bete nur mal!'

In dem Dorf von etwa 200 Einwohnern, in dem ich mich nach meinem Tode aufhielt und wo ich auch meine Eltern traf, verlebte ich eine wunderschöne Zeit. Es war farbenprächtig und warm. Dort zu leben gab ein herrlich freies Gefühl. Meine Eltern und ich waren gesund und sahen verjüngt aus, etwa in mittlerem 'Lebensalter' stehend. Es gab in diesem Dorf auch Kinder, nach irdischen Begriffen etwa ab dem sechsten Lebensjahr, die mit ihren 'Eltern' zusammenlebten. Sie wurden in der Zeit, in der ich in dem Dorf war, nicht älter. Ich habe zwar davon gehört, daß Kinder in unserer Welt ihre Entwicklung fortsetzen, habe es aber bislang nicht selbst erlebt.

In dem Dorf gab es 'Häuser', in denen wir lebten. Sie hatten aber kein Dach , sondern waren nach oben offen, denn geregnet hat es nicht. Verschließbare Fenster und Türen gab es ebenfalls nicht. Wir hatten auch keine Tische und Stühle, nur Teppiche, auf die wir uns hinhockten.

In unserem Dorf hatten wir eine Art Kirche, in der wir uns regelmäßig zum Gebet zusammenfanden und für das dankten, was wir dort erleben durften. Wir haben auch gemeinsam gesungen. Ich habe mich dabei aber nicht als Pastor oder Prediger betätigt, sondern war einer wie alle anderen. Es gab dort auch sonst keinen Führer oder Ortsvorsteher. Alle waren gleich. Ebenso hatten wir nie Streit. Daher war es so wie ein kleines Paradies, wie ich es mir vorstelle. Wie das Paradies allerdings wirklich ist, weiß ich auch nicht.

Wir haben uns in der damaligen Zeit sehr viel unterhalten, besonders über unser irdisches Leben. Jeder hat sein ganzes Leben geschildert. Wir haben alle gemeinsam schwierige Situationen des irdischen Lebens durchleuchtet. So wurde alles ausgesprochen, was auszusprechen war. Alle unsere Fehler haben wir offenbart. Dadurch wurden wir von Tag zu Tag innerlich immer freier. Es war aber kein Richter dabei, der uns zur Rechenschaft zog.

Es gab unter uns auch einige, die während ihres Erdenlebens größere Schuld auf sich geladen hatten. Da sie aber nach dem Tode einen festen Gottesglauben besaßen, waren sie zu uns und nicht auf die 'andere Seite' gekommen. Sie hatten später Aufgaben zu übernehmen, bei denen sie zu beweisen hatten, daß sie wirklich fest zu Gott stehen, Aufgaben, bei denen sie anderen zu helfen oder gegen die Seite Luzifers anzutreten hatten. Das sind sehr harte Kämpfe, bei denen man starken Angriffen und starken Zweifeln ausgesetzt ist und bei denen man wirklich seine Standhaftigkeit beweisen muß. Derartige Situationen hat es auch in meinem Werdegang in dieser Welt, in der ich jetzt lebe, immer wieder gegeben. Ich kann nur betonen, daß ohne einen festen Glauben an Gott derartiges nicht zu bestehen ist. Bei Angriffen von der niederen Seite ist es wichtig zu beten und wachsam zu sein. Luzifer hat sehr viel Kraft und kann auch in unserem Bereich Geistwesen in der Gestalt eines der Unseren erscheinen lassen, die aber in Wirklichkeit zur anderen Seite gehören.

Ich erfuhr in diesem Dorf damals, daß es immer wieder Geistwesen gab, die von der anderen Seite getäuscht wurden und in den Bereich Luzifers übertraten, und daß es weiter Geistwesen gab, die sich von Erdlebzeiten her noch verkrüppelt fühlten. Diese Schilderungen habe ich in mich aufgenommen, und sie ließen in mir den Gedanken aufkommen, in der Hilfeleistung für solche Geistwesen eine Aufgabe zu sehen. Ich kam darauf mit zwei Geistwesen in Verbindung, die mir sagten, daß sie mich, wenn ich eine solche helfende Aufgabe übernehmen wollte, aus meinem Dorf wegführen und in einen Bereich bringen dürften, in dem diese Arbeit möglich sei. So verließ ich denn nach 25 bis 30 Jahren auf eigenen Wunsch mein bisheriges Dorf.

Ich kam wiederum in eine schöne Gegend und übe von dort aus seit damals bis zum heutigen Tag diese neue Tätigkeit aus. Das Geistwesen Alberto Petranius *(ein Geistwesen, das Heilkräfte über den Herrn B. in unsere Welt hineinleitet und ebenfalls in der jenseitigen Welt 'kranke' Geistwesen behandelt und angibt, als Mensch in Italien gelebt zu haben)* habe ich erst bei euch kennengelernt und arbeite jetzt mit ihm zusammen. Wir haben dadurch viel mehr Erfolg. Ich begebe mich dazu oft in graue, nebelerfüllte Zonen, in denen Geistwesen herumirren und sich auch manchmal wie zu Lebzeiten auf Erden irr verhalten. Hier können sowohl diese Wesen als auch ich regelrecht frieren. Es ist ein inneres Frieren. In diesen Bereichen ist die niedere Seite sehr stark. Es erfordert daher sehr viel Kraft, sich in diese Zonen zu begeben. Da benötigt man sehr viel Hilfe, die ich auch immer erhalten habe.

In diesen Nebelzonen leben Geistwesen, die oft zu Lebzeiten nie gebetet haben und die nun verschiedene Stadien durchlaufen und manchmal lange Zeit überhaupt nicht weiterkommen. Sie erkennen in diesem Zustand nicht, daß sie in vollem Umfang weiterleben und daß sie im Grunde genommen gesund sind. Sie werden von der niederen Seite beeinflußt und irregeführt und daran gehindert, sich zu entfalten. Sie beten nicht und haben keinerlei Kenntnisse von den Verhältnissen in unserer Welt. In diese Beeinflussungsversuche der niederen Seite kann ich mich einschalten. Diese irrenden Geistwesen müssen erkennen, daß es nur einen Herrn gibt. Wenn sie das tun, können sie Hilfe bekommen. Aber oft weisen sie mich und meinesgleichen zurück, weil sie uns nicht glauben. Ebenso müssen wir oft mit den Geistwesen von der niederen Seite kämpfen, nicht handgreiflich, sondern mit unseren Gedanken von Geist zu Geist. Mit der Hilfe Gottes und der guten Geister erreiche ich es dann, daß sich die Niederen letzten Endes zurückziehen. Dann erst beginnt die Heilungsphase für die irrenden Geistwesen und die Arbeit, sie zu öffnen und ihnen klarzumachen, daß sie nicht mehr krank sind und keine Leiden mehr haben und daß es nur **einen** Gott gibt. Dazu bedarf es sehr langer Zeiten, und es ist keineswegs in einem Tag zu erreichen. Mit solch einem Geistwesen muß man sich dann ständig beschäftigen und darf es nicht eine Sekunde alleine lassen. Während dieser Tätigkeit bin ich dann auch in der 'Grauen Zone' und 'friere' dort ebenfalls. Es ist ein Frieren, gegen das ich mich aber nicht durch 'wärmere' Kleidung schützen könnte, sondern das sich nur durch meine Gebete und durch die große Hilfe, die ich immer wieder erhalte, lindern läßt.

Manchen Geistwesen können wir allerdings zeitweise gar nicht helfen, auch wenn wir uns noch so sehr auf sie einstimmen und in sie hineindenken. Sie sind nur aufzurütteln, und ihnen ist nur dadurch zu helfen, daß eine Konfrontation zwischen ihnen und auf der Erde lebenden Menschen herbeigeführt wird und sie dann von ihnen aufgeklärt werden. Wir haben in dieser Beziehung sehr viele Wesen, die hier bei euch in eure Medien eintreten sollten, wozu wir sie dann mit einiger Nachhilfe veranlassen.

Diese Tätigkeit übe ich schon sehr lange aus und werde darin seit einiger Zeit von Alberto Petranius unterstützt. Wir bekommen jetzt auch anderweitig sehr viel Hilfe. Es geht uns daher gut, und wir sind dankbar dafür. Wir kommen in unserem Kreis einmal in der Woche *(meistens in der Mitte)* zusammen und ein weiteres Mal, wenn wir uns mit euch treffen. Dabei schildern wir uns gegenseitig, was wir in der Zwischenzeit getan und erlebt haben. Während dieses Zusammenseins bekommen wir neue Energie, um unsere Arbeit weiterzuführen.

Es gehört auch mit zu meinen Aufgaben, verschwundene oder verschollene Geistwesen wieder aufzuspüren, also Geistwesen, mit denen wir schon Kontakt hatten, die aber auf einmal für uns nicht mehr greifbar sind. Sie muß ich wiederfinden. Ich weiß dann aber nicht, ob sie sich in der 'Grauen Zone' oder im Nebel oder sonstwo aufhalten. Ich konzentriere mich in einem solchen Fall auf dieses verschwundene Geistwesen. Es kann Tage oder Wochen dauern, bis es mir gelingt, mit dem gesuchten Geistwesen in geistigen Kontakt zu kommen. Wenn ich selbst das Geistwesen vorher gar nicht gekannt habe, muß man es mir genau beschreiben und schildern, wie es sich verhalten hat und welche Eigenarten es besaß. Ich kann dann eine Art geistigen Spinnfaden zu dem gesuchten Wesen hinspinnen. An diesem 'Faden' gehe ich entlang und spüre dabei, daß ich immer näher an das Geistwesen herankomme, bis ich es schließlich erreiche. Es ist aber auch schon in seltenen Fällen vorgekommen, daß ich mich dabei geirrt habe, daß ich das gesuchte Geistwesen nicht gefunden habe. In diesem Fall war der 'Faden' falsch gesponnen. Wenn ich es aber erreicht habe, versuche ich, es geistig zu öffnen. Ich kann mich dann in die Störung von der 'anderen Seite' einschalten, die es zu seinem unfreiwilligen Fortgang veranlaßt hat. Derartige Geistwesen können unter Umständen jahrelang durch den Nebel irren, ohne ein anderes Wesen zu sehen und dabei ständig mit dem Gefühl, allein zu sein. Trotzdem werden sie aber, für sie unsichtbar von den 'Anderen' umgeben und beeinflußt. Zusammen mit Alberto Petranius kann ich solche Wesen, wenn ich sie gefunden habe, aus dem Nebel herausführen.

In mein früheres Dorf kehre ich öfter einmal zurück. Es ist äußerlich unverändert geblieben, nur die Bewohner haben gewechselt. Sie leben und verhalten sich aber in gleicher Weise, wie es zu meiner Zeit geschehen ist. Sie machen sich innerlich frei von allen Lasten, die sie zu Lebzeiten auf Erden hatten. Ich selbst habe jetzt keinen festen Wohnsitz. Mal halte ich mich hier und mal dort auf. Irgendwelchen Besitz habe ich nicht. Ich habe nur mein Gewand, das ich aber nicht zu wechseln brauche. Es wird nicht schmutzig. Schuhe trage ich nicht.

An den Vorbereitungen zu meinem Bericht habe ich sehr lange gearbeitet und kann nur nochmals betonen, daß ich es immer gut gehabt habe. Ich möchte aber auch anderen helfen und sehe das als eine sehr wichtige und schöne Aufgabe an, die viel Freude macht. Daher empfinde ich sie auch nicht als Arbeit, sondern mehr als Liebhaberei.

Für heute möchte ich mich von euch verabschieden.
Gott schütze und behüte euch!
Gott zum Gruß!
Rexus."

Aus dem Bericht von Rexus wird deutlich, daß sich nicht nur helfende Geistwesen aus dem Reich Gottes um hilflose Verstorbene bemühen, sondern daß es auch Anhänger der Gegenseite auf sie abgesehen haben und versuchen, sie in ihren Machtbereich zu ziehen. Wie verhängnisvoll so etwas für einen Verstorbenen ablaufen kann, zeigt der folgende Bericht. Er wurde über die mediale Frau A. am 21. Januar 1988 empfangen, wobei außerdem Herr B. und sechs weitere Personen anwesend waren.

In das Medium ist einer der jenseitigen Helfer, der sich uns gegenüber "Stanislaus" nennt, eingetreten und begrüßt die irdischen Teilnehmer. Er kündigt ein hilfesuchendes Geistwesen an und zieht sich danach zurück. Nach einigen Minuten atmet das Medium mehrmals tief ein und bewegt den Kopf hin und her. Wir sprechen das vermutlich eingetretene hilfsbedürftige Geistwesen (G) an, wer es sei und ob es uns hören könne. Es entwickelt sich dann folgender Dialog, der in bezug auf unsere Fragen (F) gekürzt wiedergegeben wird.

G: "Ausgekochtes Pack!"
F: "Was ist los? Wen meinst du mit dem ausgekochten Pack?"
G: "Ach laßt mich doch in Ruhe!"
F: "Meinst du die, welche dich hierhergebracht haben?"
G: "Das verstehe ich nicht."
F: "Weißt du, daß du gestorben bist?"
G: "Auf, auf!"
F: "Was möchtest du hier?"
G: "Mit mir könnt ihr das nicht machen! He! *(Er schrickt zusammen.)* Nur langsam. Jetzt laßt mich mal gefälligst in Ruhe! *(Er spricht offensichtlich mit für uns unsichtbaren Geistwesen)* Mal hierhin, mal dahin, mal dorthin, das mache ich nicht mehr mit. Kein Unterschied. Ich bin schon ganz verdreht."

Das Geistwesen zeigt mit der Hand des Mediums nacheinander auf drei für uns unsichtbare Jenseitige.

G: "Die verfolgen mich immer. Jetzt sitze ich hier fest."
F: "Was wollen die Verfolger von dir?"
G. "Die wollen mich haben. Wo bin ich denn jetzt hier? Ich lebe nicht mehr und lebe doch noch. Keinen Augenblick Ruhe. Du wirst verrückt gemacht. Da hinten lauern sie schon wieder. Seht ihr die denn nicht? Ich kenne sie nicht, möchte sie aber loswerden. Wer hat mich hierhergebracht?"

Wir erläutern dem Verstorbenen, daß jeder Mensch und auch jeder Verstorbene einen Helfer, einen Begleiter, einen sogenannten

Schutzgeist habe und daß es in der jenseitigen Welt auch weitere Geistwesen gebe, die sich unglücklicher Verstorbener annehmen. Diese hätten ihn in den Kreis von uns Menschen gebracht, die noch auf der Erde lebten. Von uns solle er aufgerüttelt, aufgeklärt und auf die Welt Gottes aufmerksam gemacht werden. Gott könne er im Gebet anrufen, daß er ihm die Augen "öffnen" möge, damit er fähig werde, seine Helfer und seinen Schutzgeist zu erkennen. Wir fragen ihn, ob er gebetet habe, sowohl zu irdischen Lebzeiten als auch in der jenseitigen Welt. Das Geistwesen antwortet darauf nur mit einem einfachen "Ja" ohne weitere Erläuterungen.

F: "Hast du an ein Weiterleben geglaubt?"

G: "Ich habe mir keine Gedanken darüber gemacht. Ich habe auch nicht gesehen, wer mich hierhergebracht hat. Sonderbar war nur, daß ich auf einmal schneller war als die anderen. Sie konnten mir nicht mehr folgen. Ich fühlte mich auf einmal stärker. Und dann war ich plötzlich hier. Aber sehr bald kamen die anderen auch und wollten auf mich einschlagen. Doch jetzt fühle ich mich besser."

F: "Weißt du, wann du gestorben bist und wie du geheißen hast?"

G: "Ich bin im Winter gestorben und habe Johann geheißen, glaube ich. Ich war bei meinem Tode um die 70. Ich lebte auf dem Lande, war ein Müller und besaß eine Windmühle."

Wir machen den Geist erneut auf das Gebet aufmerksam und schlagen ihm vor, für ihn jetzt gemeinsam zu beten, daß er in eine bessere Umgebung geführt werden und von seinen Plagegeistern aus der niederen Geisterwelt befreit werden möge. Er solle sich in dieses Gebet mit seinen Gedanken einschalten. Der Geist antwortet darauf: "Ich sehe jetzt ein schönes, blaues Licht."

Während des nun folgenden Gebetes von uns Menschen wird das Geistwesen bereits weggeführt, verläßt also das Medium. Kurz darauf meldet sich wieder der Helfergeist Stanislaus durch das Medium: "Ihr konntet diesem Mann schnell helfen. Er war von Natur aus nicht schlecht, sondern nur hilflos. Er konnte sich auch schon auf der Erde nicht recht durchsetzen. Er hatte aber doch so viel Kraft, daß er sich gegenüber den Niederen zur Wehr setzen konnte. Er muß mindestens schon 100 Jahre 'tot' sein. So lange wird er bereits gejagt. Dadurch, daß er fähig war, sich lange Zeit zu wehren, konnten wir ihn um so besser mit unserer Kraft umgeben und auf unsere Seite ziehen. Auf diese Weise ist es uns auch gelungen, ihn hierherzubringen. Mit vereinten Kräften, von eurer und von unserer Seite, haben wir ihn heute bearbeitet. Deswegen ging es auch recht schnell mit diesem Wesen.

Er braucht jetzt nicht mehr vor ihnen wegzulaufen, sondern kann ihnen mit dem klaren Blick für eine nicht mehr vorhandene Gefahr gegenübertreten. Er benötigt aber noch eine Ruhepause, um wieder Kräfte zu sammeln. Der Kampf ist für ihn noch nicht zu Ende. Er muß erst erkennen, mit wem er es zu tun hatte, und er muß lernen, gegen seine Schwäche anzukämpfen und nicht gleich vor irgend etwas, das ihm gefährlich erscheint, fortlaufen zu wollen. Er muß lernen, sich einem Problem zu stellen."

F: "Wodurch kommt es, daß ein Wesen derartig verfolgt wird? Ihr sagt doch, daß er von Natur aus nicht schlecht war, sondern nur schwach. Wird denn jeder Schwache derartig angegriffen? Viele Menschen sind doch schwach, aber nicht schlecht."

Stanislaus: "Man kann nichts verallgemeinern. Jeder zieht aber die Wesen an, die meinen, bei ihm am ehesten Erfolg zu haben[1]."

F: "Es ist doch beunruhigend, daß ein Verstorbener, der gar nichts Böses getan hat, 100 Jahre lang von niederen Geistwesen verfolgt wird, nur weil er schwach geboren wurde und geblieben ist."

St: "Über die Einzelheiten dessen, was er in seinem Erdenleben wirklich getan oder nicht getan hat, weiß ich nicht Bescheid. Auf alle Fälle hatte er nicht die Kraft, seinen Verfolgern zu entkommen, und besaß weder das Gefühl, um ihre Absichten zu erkennen, noch das Empfinden für unsere Seite, daß von uns aus Hilfe kommen könnte. Das klingt vielleicht grausam. Aber auf der anderen Seite hatte er nicht das Gefühl, daß alles schon so lange gedauert hat. Zwischendurch hatte er auch immer wieder einmal Ruhepausen. Soweit seine Helfer zu ihm durchdringen konnten und soweit sie es vermocht haben, halfen sie ihm auch. Er ist also nicht die ganze Zeit nur gehetzt worden. Aber letzten Endes war doch alles für ihn sinnlos und erfolglos, denn er hatte keine für ihn sichtbaren Freunde noch freudige Erfahrungen."

F: "Du glaubst aber, daß die, welche ihn hetzten, der niederen Seite angehörten, also nicht nur Unwissende, sondern Wissende von der Seite Luzifers waren?"

St: "Das ist sicher. Und wenn das Medium wieder aufwacht, wird es euch das auch bestätigen können, denn diese Niederen waren ja wirklich auch hier und haben mit aller Macht versucht, den Jo-

1) *Auch auf unserer Erde suchen sich Betrüger gerne alte Menschen oder Behinderte als Opfer aus.*

hann wieder mitzunehmen[1]. Er ist aber jetzt von seinen Helfern weggeführt worden, die schon lange Zeit versuchen, ihm beizustehen. Das sind Wesen, die ihm ähnlich sind, aber doch schon weiterentwickelt sind als er[2]. Mit diesen Helferwesen arbeiten wir über Vermittler zusammen. Da gibt es viele Hände und viele Leitungen, über die unsere Arbeit geht."

F: "Das heißt also, es gibt Hilfsorganisationen in der jenseitigen Welt für derartige Wesen?"

St: "Ja, so kann man das nach irdischen Begriffen vielleicht nennen. Wichtig ist dabei jedoch immer, daß der Helfer den anderen versteht, ihm also irgendwie gleich ist, aber doch schon eine Stufe weiter. Die Helfer brauchen wiederum Hilfe von Nächsthöheren. Und darum müssen wir alle miteinander in Verbindung bleiben und gemeinsam helfen. Es gibt nicht nur uns, die wir so etwas machen, sondern viele. Die sind dafür aber auch notwendig, denn die andere Seite ist mindestens genauso stark und zahlreich, wenn nicht noch stärker. Ihr kennt das ja aus eurem Erdenleben. Da geht es nicht anders zu. Ich würde euch gerne noch mehr berichten, aber die Kraft neigt sich dem Ende zu. Ich weiß, ihr könnt meine Schilderungen nicht immer richtig verstehen, weil ihr nicht seht, was sich hier abspielt. Doch möchten wir euch danken und hoffen, daß ihr das nächste Mal wieder bereit seid mitzuhelfen wie heute. Wir wünschen euch weiterhin gute Gesundheit und Kraft und Freude für euren Alltag. Gott sei mit euch.

Gott zum Gruß!

Stanislaus."

Der ganze Ablauf dessen, was sich hier wegen einiger Kürzungen und der nicht in Erscheinung tretenden Sprechpausen in wenigen Minuten flüssig liest, erstreckte sich über 58 Minuten. Besonders der Geist Johann antwortete nur schleppend und stockend.

In den vorangegangenen Berichten werden bereits eine Reihe wichtiger religiöser Fragen angeschnitten. Sie betreffen Gott, Jesus Christus, die göttliche Welt und den entgegengesetzten Bereich der niederen Geisterwelt, die von Luzifer, dem von Gott abgefallenen

[1] *Das Medium empfand vor Beginn der Sitzung und zu Beginn der Durchgabe von Johann ein sehr beklemmendes Gefühl, das aber später völlig verschwand.*

[2] *Diese Hilfsbemühungen sind etwa vergleichbar der Arbeit der sogenannten "anonymen Alkoholiker" oder ehemaliger Drogensüchtiger an ihren noch nicht geheilten Leidensgenossen auf unsererer Erde.*

Engelfürst, beherrscht wird. Diese Fragen werden ausführlich in dem nachfolgenden Band "Der Mensch und seine Bindung an Gott" behandelt. Insbesondere kommen dort auch Berichte von Geistwesen zur Sprache, die in der gottfeindlichen Welt ihren Dienst versehen haben. Sie führten gerade das Gegenteil von dem aus, was der Jenseitige "Rexus" als seine Aufgabe ansieht. Er will ja zu Gott hinführen, die anderen dagegen von ihm fort. Die Berichte der gegnerischen Geistwesen über ihre Vorgehensweise waren dadurch möglich, daß sie die Seite gewechselt haben und von der Verwerflichkeit ihres früheren Tuns überzeugt wurden. So viel nur andeutungsweise über spätere und ergänzende Ausführungen.

4. Das Dasein in der jenseitigen Welt

Die vorangegangenen Schilderungen betrafen meistens verstorbene Menschen, die nach ihrem Tod in unerfreuliche Lebensverhältnisse hineingeraten waren, oder aber Wesen, die es als ihre Aufgabe ansahen, den ersteren hilfreich beizustehen. Nun gibt es aber eine dritte Gruppe von Menschen, die unbelastet in die jenseitige Welt übertritt und dabei Erlebnisse hat, die denen des verstorbenen britischen Journalisten William Stead vergleichbar sind. Von ihnen und ihren Berichten, wie sie die jenseitige Welt erleben, soll jetzt die Rede sein. Als erster irdischer Berichterstatter kommt Arthur J. Findlay[1)] zu Wort. Er arbeitete ab 1919 mit dem englischen Medium John C. Sloan (1870-1951) in Glasgow zusammen. Dieser war besonders ein Medium für die sogenannte "direkte Stimme"[2)]. Darunter ist eine frei im Raum entstehende mehr oder weniger laute und unterschiedlich gut verständliche "menschliche" Stimme paranormalen Ursprungs zu verstehen. Zu ihrer Erzeugung wird von jenseitigen Wesenheiten durch materialisiertes Ektoplasma[3)], losgelöst von dem Medium, eine Art Kehlkopf hergestellt. Diesen steuern dann die jenseitigen Wesenheiten an, die sich mit Menschen auf dieser Erde in Verbindung setzen wollen. Findlay schreibt darüber (5, S. 40):

"Es gibt keinen stärkeren und überzeugenderen Beweis für das Fortleben des Menschen nach dem Tode, als den, der durch die direkte oder unabhängige Stimme erbracht wird. Beide Bezeichnungen sind für dieses Phänomen üblich und beziehen sich auf die Erscheinung der Stimmbildung und Sprache von seiten der Wesenheiten, die vollkommen unabhängig sind von jedem Menschen aus Fleisch und Blut.

Die direkte Stimme ist das höchste psychische Phänomen, das bis jetzt entdeckt ist, und zugleich das überzeugendste, ganz abgesehen davon, daß es auch des höchsten Staunens würdig ist. Alle anderen menschlichen Entdeckungen versinken in Bedeutungslosigkeit im Vergleich zu dieser großen Entdeckung, der Entdeckung einer direkten

1) *A. J. Findlay, 1883-1964, war in der Sozialarbeit tätig und englischer Friedensrichter, Begründer der Glasgower Society for Psychical Research, Verfasser mehrerer parapsychologischer Bücher.*

2) *Daneben war er hellsichtig und hellhörend und sprach in Trance (5, S. 85). Für seine Sitzungen nahm er kein Honorar.*

3) *Das benötigte Ektoplasma wurde dem Medium und den anderen Anwesenden paranormal entnommen (5, S. 205).*

Methode der Verbindung zwischen uns und den Abgeschiedenen, nicht mittels Klopfzeichen aller Art, sondern durch die intimste aller Formen der Verbindungsaufnahme, der menschlichen Stimme.

Andere Formen psychischer Phänomene können durch ein betrügerisches Medium gefälscht werden, aber die direkte Stimme in ihrer richtigen Form kann dies eben nicht. Oft haben ich und andere mit mir zwei und manchmal drei getrennte Stimmen von verschiedenem Klang und verschiedener persönlicher Struktur zu den Anwesenden gleichzeitig sprechen hören über verschiedene Themen, die nur dem Angeredeten bekannt waren, während das Medium entweder mit der ihm zunächst befindlichen Person über einen anderen Gegenstand sprach oder während ich mein Ohr nahe seinem Mund hatte, ohne daß auch nur ein Laut seinen Lippen entwich."

Über die Vorbedingungen zur Erzeugung der "direkten Stimme" sagt Findlay (5, S. 13): "Im Fall der 'direkten Stimme', auf die ich jetzt Bezug nehme, erhält man die besten Ergebnisse in der Dunkelheit, da Lichtschwingungen die genügend feste Bildung des Ektoplasmas schwieriger machen, die notwendig ist, um die Luft in Schwingungen zu versetzen. Obwohl ich auch bei Tageslicht schon Stimmen gehört habe, sind sie jedenfalls stärker und besser entwickelt bei Dunkelheit oder rotem Licht, welches nicht dieselbe zerstörende Wirkung wie weißes Licht hat. Ruhige und harmonische Voraussetzungen sind ebenfalls wesentlich, auch die Verfassung der Atmosphäre wirkt sich zeitweilig auf die Ergebnisse aus. Wenn z.B. die Luft schwer mit Elektrizität geladen ist, sind die Ergebnisse schwach; wogegen die besten Kundgaben bei klarem, scharfem Mondschein stattfinden, wenn die Atmosphäre nicht zu stark mit Feuchtigkeit beladen ist.

Jedenfalls sind die Voraussetzungen, die das Reden ermöglichen, sehr heikel, und nur auf Grund von Erfahrungen lassen sich die besten Ergebnisse erreichen. Wenn diese jedoch vorliegen, sind die Kundgaben wirklich wunderbar. Stimmen von jeder Bildungsstufe und Sprechweise wenden sich an die Sitzungsteilnehmer, und ihre persönliche Sprechweise kann wiederum als dem Individuum zugehörig erkannt werden, als das es auf Erden lebte.

Über die Erlebnisse und Ergebnisse, die Findlay durch das Verfahren der "direkten Stimme" gewann, hat er 1931 ein erstes Buch mit dem Titel "On the Edge of the Etheric" veröffentlicht. Es erlebte von 1931-1951 49 Auflagen und wurde in 18 Sprachen übersetzt. Eine deutsche Übersetzung trug den Titel "Gespräche mit Toten" (5). Diesem Werk sind die vorangegangenen und nachfolgenden Zitate entnommen. Findlay gewann seine Erkenntnisse mit Hilfe des Mediums Sloan zum Teil in Gegenwart weiterer Anwesender (meist 10-15), zum Teil auch in Privatsitzungen mit nur einer weiteren Zeugin. In diesen Fällen ging es vor allem darum, allgemeine Auskünfte über das Leben in der jenseitigen Welt[1] zu erhalten. Findlay berichtet (5, S. 178): "Diese Aufklärungsabende waren besonders wertvoll und eindrucksvoll, da ich, von meiner Stenographin abgesehen, mit dem Medium allein war. Ich hatte daher Gelegenheit, Fragen zu stellen und Antworten zu erhalten, ohne das Gefühl, irgendwie die in der Ätherwelt allein für mich mit Beschlag zu belegen, die gekommen waren, andere außer mir zu treffen und zu sprechen. Je mehr wir sonst bei gewöhnlichen Sitzungen waren, um so größer war der Aufwand an Zeugnissen, besonders wenn Freunde zugegen waren.

Bei diesen Gelegenheiten richtete ich meine ganze Aufmerksamkeit darauf, die Identität nachzuweisen, und darauf, daß die, welche sprachen, wirklich die waren, die sie zu sein angaben. Aber zu den Zeiten, die ich allein mit Sloan hatte, war ich mehr darauf eingestellt, Aufklärung und allgemeine Mitteilungen zu erhalten. Dann war es so, daß meine Freunde aus der Ätherwelt zwar da waren, aber schwiegen und anderen erlaubten zu reden, die größeres Wissen besaßen, als sie bis dahin erreicht hatten. Bei diesen Gelegenheiten sprachen einige Stimmen zu mir, die ich nicht erkannte und die auf keine gegenseitige Bekanntschaft Anspruch erhoben. Sie waren sehr gebildet und hatten eine Sprachbeherrschung, die weit über den Fähigkeiten des Mediums lag.

In diesem und in den beiden folgenden Kapiteln werde ich von drei Sitzungen berichten, der ersten im Dezember 1923 und den beiden anderen im Januar 1924[2]. Sie sind beispielhaft für eine ganze Serie von Privatsitzungen, die sich über ein Jahr erstreckten.

Bei der Dezembersitzung sprach mein Berichterstatter in langsamen, getragenen Tönen ohne eine Spur von Mundart. Sein Vortrag war eindrucksvoll, und obwohl ich ihn nicht sah, hatte ich den Eindruck eines Mannes von würdigem Betragen, von Kultur und Bildung, der zu mir sprach. Sloan war wie gewöhnlich bei solchen Gelegenheiten in Tieftrance, seine Hände waren von den meinen gehalten, sein Kopf war ihm auf die Brust gefallen, und von verschiedenen Zuckungen dann und wann abgesehen, saß er bewegungslos.

1) *Findlay nennt sie "Ätherwelt" und spricht auch nicht von "Astralleib" sondern von "Ätherleib".*

2) *Hier wird allerdings nur der Bericht einer Sitzung vorgetragen.*

Ich saß ihm gegenüber, Miß Miller, meine Stenographin, zu meiner Rechten am Tisch, Notizen niederschreibend. Außer uns dreien war niemand aus dieser Welt im Zimmer oder zu diesem Zweck im Haus, da Sloan damals allein lebte. Als Vorsichtsmaßregel schloß ich aber die Zimmertür ab und steckte den Schlüssel in meine Tasche.

Außerdem ist Miß Miller ausgesprochen medial, und dieser Umstand trug in nicht geringem Umfang zum Erfolg dieser Privatsitzungen bei, da die Vereinigung ihrer psychischen Fähigkeiten mit denen von Sloan die Voraussetzungen beinahe vollkommen machte.

Diese erste Sitzung, die ich jetzt berichte, fand am 4. Dezember 1923, 7 Uhr abends, statt. Einige Minuten, nachdem wir unsere Sitze eingenommen hatten, sprach diese männliche Stimme folgendermaßen zu mir: "Herr Findlay, das letzte Mal, als Sie mit meinem Medium zusammensaßen, äußerten Sie den Wunsch, über unsere Welt Aufschlüsse zu bekommen. Ich bin von denen, welche die Verantwortung für die Vorgänge hier tragen, aufgefordert worden, heute abend zu kommen, um Ihnen auf jede mir mögliche Weise zu helfen. Wenn Sie mich fragen wollen, was Sie wissen möchten, werde ich mein Bestes tun, um Ihnen zu antworten."

Diese Stimme sprach von einem Ort hoch über meinem Kopf. Ich saß Sloan gegenüber, meine Hände hielten die seinigen, meine Füße berührten seine. Als die Stimme sprach, beugte ich mich vor, um mich zu vergewissern, daß sie nicht von seinen Lippen kam, aber es war kein Laut, kein Flüstern zu hören. Bauchreden konnte keine Erklärung sein, da jeder Bauchredner bestätigen wird, daß diese Form der Täuschung im Dunkeln unmöglich ist.

Ich dankte dem Sprecher, daß er so freundlich war zu kommen, und die Unterhaltung ging in der Form von Frage und Antwort weiter, wobei jede Antwort sofort erfolgte.

Frage: 'Hier auf Erden können wir nur das, was physisch ist, würdigen, nämlich Erde, Sonne und Sterne. Was ist der Inhalt dessen, was wir Raum nennen?'

Antwort: 'Ich kann nur antworten, soweit mein Wissen es mir erlaubt. Eure Welt ist durchdrungen von einer anderen Welt aus einer Substanz von einer höheren Schwingungszahl als die, welche ihr wahrnehmt. Das Universum ist ein riesiges Ganzes. Aber ihr laßt nur gelten, was ihr seht und hört und fühlt. Glaubt mir, es gibt eine andere Welt aus einem feineren Stoff als physische Materie, in der Leben herrscht und von der ihr euch auf Erden keinen Begriff machen könnt. Verbunden mit eurer Erde ist die Welt, in die ich kam nach dem, was ihr Tod nennt. Eure Welt umgeben Ebenen verschiedener Dichte, und diese drehen sich mit der Drehung der Erde[1].'

Frage: 'Ist eure Welt also eine wirkliche und greifbare Welt?'

Antwort: 'Ja, sie ist für uns sehr wirklich, aber die Verhältnisse, in denen wir uns befinden, hängen von der Verfassung unseres Geistes ab. Wenn wir es wünschen, können wir von einem schönen Land umgeben sein. Unser Geist spielt in unserem Leben hier eine große Rolle. Genau wie wir in einer Umgebung leben, die unserer geistigen Entwicklung angepaßt ist, so ziehen wir auch Geister desselben Typs wie der unsrige an. So zieht Gleiches das Gleiche an, auf eure und unsere Welt bezogen. Die Bösen hier werden von den Bösen eurer Welt angezogen, und die Guten hier von den Guten bei euch. Wir können uns nach unserem Willen irdischen Lebensumständen anpassen, indem wir unsere Schwingungen verringern. Unser Körper wird schwerer und für das menschliche Auge wahrnehmbarer, was erklärt, daß wir gelegentlich von denen gesehen werden, die auf Erden die Fähigkeit haben, unsere Schwingungen zu empfinden.'

Frage: 'Kommen alle Bewohner eurer Welt dann und wann mit der Erde in Kontakt?'

Antwort: 'Je höher und entwickelter wir werden, um so weniger stehen wir mit eurer Welt in Berührung. Je weiter die Entwicklung fortschreitet, desto weniger denken wir an die Erde. Es ist alles eine Frage des Wunsches. Wir können auf Wunsch mit irdischen Verhältnissen in Kontakt kommen. Wenn der Wille dazu fehlt, dann kehren wir nicht zu euch zurück.'

Frage: 'Behalten wir immer unsere Individualität?'

Antwort: 'Denkt an eine Landschaft mit Tälern und Höhen! Regen fällt und sickert nach und nach in kleinen Bächen niederwärts, die an Umfang zunehmen, bis sie in einen Fluß münden. Der Fluß seinerseits mündet in einen Strom, der wiederum zum Meer weiterfließt. Jedes Individuum kann mit einem Atom im Regentropfen verglichen werden. Das Atom behält seine Form und Individualität während des ganzen Laufs vom Hügel bis zum Meer, und sogar im Meer verliert es seine Individualität nicht. So ist es auch mit uns. Wir bewegen uns immer weiter, behalten stets unsere Individualität, bis wir in das Meer vollen Verstehens tauchen, wenn wir ein Teil der Gottheit werden.'

1) *Diese Mitdrehung muß sich aber keineswegs auf die gesamte "Jenseitige Welt" erstrecken, sondern bezieht sich nach Meinung des jenseitigen Sprechers auf den Bereich, dem er angehört.*

Frage: 'Das ist gewiß eine sehr klare Veranschaulichung, aber kehren wir einen Augenblick zu der Antwort zurück, die du mir auf meine Frage gabst, ob eure Welt greifbar und wirklich sei. Du stelltest fest, daß eure Umgebung vom Zustand eures Geistes abhängt. Ist nun euer Leben ein rein geistiges, oder könnt ihr gerade wie wir eure Umgebung berühren und fühlen? Mit anderen Worten, ist eure Welt eine materielle Welt wie die unsrige?'

Antwort: 'Unsere Welt ist nicht materiell, doch ist sie trotz allem wirklich, sie ist greifbar und besteht aus einem Stoff von viel höherer Schwingungszahl als die Materie, die eure Welt aufbaut.[1)] Unser Geist kann sich daher in anderer Weise auf den Stoff unserer Welt auswirken, als der eurige es auf die Materie eurer Welt kann. Wie unser Geist ist, so ist unser Zustand. Für die Guten ist ihre Umgebung schön, für die Bösen das Gegenteil.'

Frage: 'Haltet ihr es für möglich, daß ihr in einer Traumwelt lebt, wo alles wirklich erscheint, aber es nicht ist?'

Antwort: 'Nein, wir leben nicht in einer Traumwelt; wie ich schon gesagt habe, leben wir in einer wirklichen, greifbaren Welt, obwohl die Atome, die sie aufbauen, sich von den Atomen unterscheiden, die eure Welt aufbauen. Unser Geist kann sich auf diese greifbare Substanz in einer Weise auswirken, wie euer Geist sich auf eure Welt nicht auswirken kann. Ihr lebt in einer Welt von langsameren Schwingungen.'

Frage: 'Lebt dann jeder von euch in einer eigenen Welt?'

Antwort: 'Das tut jedermann, du tust es, und ich tue es. Aber wenn du meinst, ob jeder von uns dieselben Dinge sehen und fühlen kann, antworte ich: ja. Alle auf derselben Ebene können dieselben Dinge empfinden. Wir haben dieselbe Welt wie ihr, aber von einer feineren Beschaffenheit.'

Frage: 'Könnt ihr berühren, was ihr seht?'

Antwort: 'Ja, natürlich können wir anfassen und fühlen und alle Sinnesempfindungen wie ihr genießen.'

Frage: 'Eßt und genießt ihr eure Nahrung?'

Antwort: 'Ja, wir essen und trinken, aber es ist kein Essen und Trinken, wie ihr es versteht. Für uns ist dies ein geistiger Vorgang. Wir genießen es geistig, nicht körperlich wie ihr.'

Frage: 'Ich kann dich nicht sehen. Aber wenn ich es könnte, wie würdest du aussehen?'

Antwort: 'Ich habe einen Körper, der ein Abbild meines irdischen

1) *Man spricht daher häufig von "Feinstofflichkeit".*

Körpers ist, dieselben Hände, Beine und Füße, und sie bewegen sich wie die eurigen. Dieser Ätherleib, den ich auf Erden schon hatte, durchdrang den physischen Körper. Der Ätherleib ist der wirkliche Körper und ein genaues Duplikat unseres irdischen Körpers. Beim Tod erheben wir uns eben aus unserer fleischlichen Hülle und setzen unser Leben in der Ätherwelt fort, wirken mittels des Ätherleibes genauso, wie wir auf Erden im physischen Leib wirkten. Dieser Ätherleib ist für uns jetzt so stofflich, wie es der physische Leib für uns war, als wir noch auf Erden lebten. Wir haben dieselben Empfindungen. Wenn wir einen Gegenstand berühren, können wir ihn fühlen, wenn wir etwas anschauen, können wir es sehen. Obwohl unser Körper nicht materiell ist, wie ihr das Wort versteht, so hat er doch Form, Gesichtszüge und Ausdruck. Wir bewegen uns von Ort zu Ort wie ihr, nur viel schneller, als ihr es könnt.'

Frage: 'Was ist Geist? Ist er etwas vom Hirn Abgetrenntes?'

Antwort: 'Gewiß ist er das. Ihr bringt euren Geist hierher mit. Euer physisches Hirn laßt ihr auf Erden zurück. Unser Geist hier wirkt auf unser Ätherhirn und durch dasselbe auf unseren Ätherleib, gerade wie euer physisches Hirn auf euren physischen Körper wirkt.'

Frage: 'Willst du mir etwas von eurer Welt erzählen?'

Antwort: 'Alle auf derselben Ebene können dieselben Dinge sehen und berühren. Wenn wir ein Feld anschauen, so ist es ein Feld für alle, die es ansehen. Alles ist für die, welche auf derselben Stufe geistiger Entwicklung stehen, dasselbe. Es ist kein Traum. Wir können uns zusammensetzen und unsere Gesellschaft genießen wie ihr auf Erden. Wir haben Bücher und können sie lesen. Wir haben dieselben Gefühle wie ihr. Wir können einen langen Spaziergang auf dem Lande machen und einen Freund treffen, den wir lange nicht gesehen haben. Wir pflücken Blumen wie ihr. Alles ist greifbar, aber in einem höheren Grad schöner als irgend etwas auf Erden. Hier haben wir keinen Verfall von Blume oder Wiese wie ihr. Pflanzliches Leben hört nur mit dem Wachstum auf und verschwindet. Es entmaterialisiert sich. Es besteht hier mit dem, was ihr Tod nennt, nur eine Ähnlichkeit. Wir nennen es Übergang. In der Zeit, wo wir uns hinreichend entwickeln, gehen wir in eine andere Ebene über, von der es nicht so leicht ist, zur Erde zurückzukommen. Dies nennen wir den zweiten Tod. Die, welche durch den zweiten Tod gegangen sind, können zurückkommen und uns auf unserer Ebene besuchen, aber wir können nicht zu ihnen kommen, bis wir auch durch ihn hindurchgegangen sind. Das ist das, was eure Bibel als "zweiten Tod" bezeichnet. Die, welche durch ihn hindurchgegangen sind, kommen nicht häufig und sprechen nicht mit euch auf Erden direkt durch Materialisation, wie ich es jetzt tue; doch können sie ihre Botschaften an mich weitergeben oder an jemanden auf meiner Ebene, und wir geben sie dann an euch weiter.'"

Eine Sammlung sehr guter Jenseitsschilderungen ist von einem Dr.-Ing. Rudolf Schwarz (1903-1963) veröffentlicht worden (11). Die Arbeit ist dadurch besonders wertvoll und lesenswert, weil die von dem Autor gewonnenen Schilderungen mit denen anderer Berichterstatter verglichen und auf Übereinstimmung oder Unterschiede überprüft werden. Es handelt sich also um eine erste knappe "vergleichende Jenseitskunde". Als Medium diente Dr. Schwarz ein im Ruhestand lebender evangelischer Pfarrer, den er mit dem Decknamen "Ph. Landmann" vorstellt und der mit wirklichem Namen Möller (1871-1963) hieß. Er lebte in der Nähe von Kassel und war ein Schreibmedium, das jenseitigen Wesenheiten seine Hand zur paranormalen Ansteuerung zur Verfügung stellte. In seinen letzten Lebensjahren war Landmann auch hellhörend. Durch ihn teilten sich verstorbene Verwandte, Freunde und andere Persönlichkeiten mit. Sie konnten von dem Medium und Dr. Schwarz über die verschiedensten Themen befragt werden, wie z.B. den Vorgang des Sterbens, Erlebnisse dabei, Beschaffenheit und Ergehen im Jenseits, Kleidung der Geistwesen, Beschaffenheit ihrer Körper usw.

Als erstes Beispiel führe ich hier die Kundgabe einer Ende der zwanziger Jahre verstorbenen Tante des Mediums an. Ihr wurde am 7. Dezember 1947 die Frage vorgelegt (11, S. 19): "Welche Erlebnisse hattest du bei deinem Hinübergang?

Antwort:

'Tante N. schaut auf ihren lieben Ph. Auch F. *(Landmanns anwesende Frau)* grüße ich herzlich. Ich freue mich, daß ihr mich rufen ließet. Ich habe gehört, daß du, lieber Ph., Verbindung mit unserer Welt gefunden hast. Das ist sehr gut, denn nun weißt du, daß du nicht sterben wirst, sondern leben, und zwar in einem Leben, welches im Sinne des Wortes das einzig wahre ist. Was ihr auf der Erde "Leben" nennt, verdient diesen Namen nicht. Es ist nur die Vorbereitung auf das wahre Leben, das erst hier in Erscheinung tritt, nachdem das zu Ende gegangen ist, was ihr für Leben hieltet. Ich freue mich deshalb, daß ihr darüber Bescheid wißt und nun das

Sterben nicht mehr zu fürchten braucht.

Ich wußte davon leider nichts. Deshalb graute mir vor dem Sterben, und als es soweit war, hatte ich keinen Trost, wie er euch jetzt gegeben ist. Ich war im Zweifel, ob noch etwas darauf folgen werde, da ich mich wenig um die himmlische Welt gekümmert hatte, wie sie die Geistlichen verkünden. Deshalb war ich sehr unglücklich, als der Tod seine genau zu fühlende Hand nach mir ausstreckte. Das waren wirklich keine sehr erfreulichen Stunden, und ich hatte große Furcht, daß es jetzt nun für immer zu Ende sei.

Als ich meine Augen schloß, sah ich sofort, daß das Leben weiterging. Ich erkannte meinen Mann, der neben meinem Bett saß und sehr traurig zu sein schien. Ich sah ganz deutlich meinen Leib, der unbeweglich im Bett lag. Auch hörte ich, wie der hilflos weinende A. *(ihr Mann)* mit anderen sprach, ob das nun das Ende sei, da er immer noch geglaubt hatte, ich würde noch gesund werden. Ich sah das ganze Zimmer mit seiner Einrichtung, alles genau, wie es mir bekannt war.

Aber im nächsten Augenblick war das alles verschwunden, und ich befand mich in einer ganz anderen Umgebung. Helles Licht umleuchtete mich, und ich sah eine freundliche Gestalt in einem leuchtenden Kleid. Es war mein Schutzgeist, von dem ich natürlich nie etwas geahnt hatte, da ich mich mit solchen Dingen nie beschäftigt hatte. Er sagte mir, ich sei jetzt in der anderen Welt, und das erkannte ich auch alsbald. Ich lebte, und mein Leib leuchtete auch wie der meines Schutzgeistes, aber nicht so hell, sondern sehr matt. In einem weniger leuchtenden Kleid befand ich mich in einer wunderbar schönen Gegend. Ein strahlender Himmel lachte über mir wie auf der Erde an einem schönen, warmen Sommertag, aber noch leuchtender und heller.

Ich sah Menschen wie auf der Erde, welche aber alle leuchtende Kleider trugen. Es sah aus wie eine festliche Veranstaltung. Wir kamen vorbei an blühenden Gärten, die mit ihren bunten Blumen einen schönen Anblick boten. Dann sah ich Häuser, die auch leuchtend waren. Ich war so verwirrt, daß ich meinte, ich träume und das alles müsse im nächsten Augenblick verschwinden.

Jetzt führte mich mein Schutzgeist zu einem Hause. Dort begrüßte man mich mit größter Freundlichkeit, und mein Schutzgeist sagte, daß ich jetzt hier zu Hause sei. Eine herrliche Ruhezeit erwartete mich hier. Sie dauerte einige Zeit, und das Erquickende dieser Zeit schien mir so köstlich, wie ich nie auf der Erde etwas erlebt hatte. Beschreiben läßt sich das nicht. Man muß es erlebt haben. Ich ruhte aus, umgeben von Liebe und Fürsorge, wie ich sie auf der Erde nie erfahren hatte. Ich meinte immer noch, daß das alles nur ein Traum sein könnte und daß ich bald wieder erwachen würde in meinem Bett in der S-Straße. Endlich wurde mir aber klar, daß ich mich in einer neuen Welt befand, und nun war mein Glück groß. Ich kann nicht beschreiben, wie mir zumute war, als ich das erkannt hatte.

Ich ruhte in einem Zimmer, ganz mit Blumen geschmückt. Die Fenster waren weit offen, und ich konnte eine herrliche Landschaft sehen mit Bergen und Hügeln, mit Feldern und Wiesen und auch mit vielen darin liegenden Gebäuden, wie man sie auf der Erde auch sieht, nur war alles viel schöner. Auch hörte ich Menschen sprechen und singen, wie es auf der Erde erlebt wird, wenn fröhliche Leute beisammen sind. Sie sahen so glücklich aus und so himmlisch schön, wie ich es nie für möglich gehalten hätte.

In diesem Hause blieb ich lange und hatte auch bald den ersten Besuch. Es war meine liebe Mutter, welche mich zuerst begrüßte. Dann kamen auch mein Vater und meine Geschwister. Andere fanden sich später ein, soweit es ihnen gestattet wurde, denn die Ruhenden sollen nicht viel Besuch empfangen, da sie ja Ruhe haben sollen. Es war eine Freude des Wiedersehens, die ich nicht beschreiben kann.

Nach einiger Zeit wurde ich in ein neues Haus geführt, und es wurde mir gesagt, daß dies meine Wohnung sei. Ich könne sie mir nach meinen Wünschen einrichten, ganz nach meinem Geschmack. Das habe ich getan, und jetzt habe ich alles, wie ich es für eine geschmackvolle Einrichtung für richtig hielt. Du würdest staunen, wie gemütlich es in meinem Hause ist. Alles herrlichste Arbeit und künstlerisch vollendet, wie es auf der Erde gar nicht möglich sein würde. Hier gehorcht das Material unserem Willen und gestaltet sich ganz, wie wir es haben möchten. Ich kann das nicht erklären. Die Natur unserer Materie ist eben ganz anders als die der irdischen.

Es freut mich ungeheuer, daß ich mit euch Verbindung haben durfte. Du glaubst gar nicht, was für eine Freude es für uns ist, euch zu sagen, was euch erwartet. Macht euch keine Sorgen um das Irdische, auch wenn die Zeiten noch so schwer sind. Es lohnt sich nicht, denn bald wird das alles hinter euch liegen, und dann kommt ewige Freude. Das ist dann erst das wahre Leben, das Gott für die Menschen bereit hat. Sorgt nur dafür, daß das Irdische euch nicht festhält und daß ihr niemals das Herz daran hängt. Liebe, Gottvertrauen und Pflichterfüllung ist die beste Vorbereitung für das Leben hier.'"

Einem anderen jenseitigen Berichterstatter S.G.[1] wurde am 20.11.1947 von Landmann die Frage vorgelegt, ob es im Jenseits auch Städte gäbe. Die Antwort lautete (11, S. 41): "Eure großen Städte sind oft Massenquartiere für Elend und Armut, ihre Elendswohnungen fördern Laster und Gemeinheit. Die Zerstörung vieler Städte durch Luftangriffe sollte deshalb als Warnung aufgefaßt werden, die auch gottgläubigen Menschen viel Ernstes sagen möchte. Wie leicht wird doch vielfach an den Hütten der Armut vorbeigegangen, in denen mehr Menschen wohnen, als in den Häusern der Bessergestellten.

Wir haben hier auch Städte und Dörfer, auch Siedlungen einzelner kommen vor. Unsere Häuser haben immer Beziehung zu den in ihnen wohnenden Menschen. In manchen wohnen einzelne, in anderen mehrere zusammen. Sie haben verschiedenen Stil, aber alles paßt gut zusammen. Je mehr Liebe, desto herrlicher ist das Haus, das ist hier der Grundsatz. Eine Bewertung nach äußeren, meist zufälligen Umständen gibt es hier nicht. Gott erkennt nur das an, was im Herzen wohnt, nämlich Liebe und Glaube; alles andere hat bei ihm keinen Wert. Deshalb gibt es hier keine Reichen und Armen, wie auf der Erde, da alle hier[2] Liebe und Glauben haben. Das Innere ist hier entscheidend für das Äußere. Liebe und Glaube schmücken deshalb auch unsere Häuser äußerlich. Sie haben herrliche Wirkungen in Gestaltung und Einrichtung der Wohnungen. Es ist einem jeden freigestellt, sein Haus so zu gestalten, wie er es haben möchte. Einige lieben das Einfache, andere das Prächtige, das kann jeder haben, wie er es wünscht.

Unsere Häuser sind eine 'gemeinschaftliche' Angelegenheit, d.h., wir sehen sie an, als ob sie uns allen gehören. So hat jeder in seinem eigenen Haus sozusagen das Haus des anderen, d.h., jedes Haus ist der Ausdruck der Selbständigkeit des einzelnen, aber auch der Ausdruck der Zusammengehörigkeit. Alles im Haus trägt den Stempel des persönlichen Geschmacks. Es gibt hier keine Fabrikware wie auf der Erde. Es gibt hier keinen lieblosen Neid und keine Widerstände, welche auf der Erde oft alles vergällende Bitterkeit auslösen und die Freude am Besitz schmälern. Hier hat jeder seine reine Freude an sei-

1) *Er hat durch das Medium Landmann die meisten Fragen beantwortet.*

2) *Das gilt natürlich nur für den Bereich oder die Stufe, auf der sich der Berichterstatter gerade befindet. Anderswo gibt es durchaus "Arme" oder "Lieb- und Glaubenslosigkeit".*

nem Haus oder seiner Wohnung mit allem, was sie enthält. Liebe Menschen kommen und gehen und freuen sich mit ihm.

Unsere Städte haben viele Häuser, ganz wie die Städte auf der Erde. Alle diese Häuser, wenn auch verschieden in Größe, Stil und Bauart, passen zueinander und bieten ein einheitliches Bild. Es gibt unter den Städten solche, welchen eine besondere Bestimmung gegeben ist. So haben wir Städte, welche gottgeweihter Erkenntnis gewidmet sind, d.h. der Erkenntnis göttlicher Schöpfungswerke, die uns aus höheren Sphären übermittelt wird. Sie entsprechen euren Universitätsstädten.

Andere Städte haben durch die Kunst ihren Charakter. Musik, welche hier besonders gepflegt wird, hat Einrichtungen zur Ausbildung solcher, welche künstlerisch begabt sind. Diese geben dann wieder denen Unterricht, welche sich dafür interessieren. Ebenso ist es mit den Einrichtungen für Maler und Bildhauer. Sie bedeuten dasselbe, was auf der Erde Maler- und Bildhauerakademien bedeuten. Aber sie geben natürlich eine viel höhere Kunstvorstellung als auf der Erde. Hier ist Kunst auf Gott eingestellt. Deshalb stellt sich nur das wahrhaft Schöne dar, wie wir es in Gottes Werken sehen. Es ist nicht wie auf der Erde, wo oft auch das Häßliche dargestellt wird.

Diese Städte mit ihren der Kunst dienenden Einrichtungen liefern die Künstler, welche unsere Häuser mit Werken der Malerei und Plastik ausstatten, wie wir es wünschen. Diese Städte haben immer eine besonders schöne Bauweise. Die Gebäude, welchen den genannten Zwecken dienen, zeigen das schon in ihrem Äußeren. Sie haben entsprechende Embleme. Andere zeigen Inschriften, welche jedoch nicht eingegraben sind wie an ähnlichen Gebäuden auf der Erde, sondern sie wechseln immerfort, leuchten in immer neuen Farben und geben ihrem Hause ein immer neues, Gottes geistiger Welt entsprechendes Kennzeichen.

Andere Städte machen das Leben reich durch Werke der Dichtkunst. Dort wohnen viele *(natürlich nicht alle)* Dichter, Künstler der 'dichtenden Gemeinde Gottes'. 'Dichtende Gemeinde Gottes' ist die Bezeichnung derer, welchen die Gabe der Dichtkunst verliehen ist. Sie dichten unsere Hymnen und Lieder für unsere Gottesfeiern, aber auch für unseren Gebrauch im Leben. Darunter haben wir Meister von Gottes Gnaden. Sie schaffen auch größere Werke, ganz wie auf der Erde. Wir haben deren sehr viele, aber keine, welche Gott nicht Ehre erweisen. Diese Dichtwerke sind überall in den Häusern und in den allgemeinen Büchereien anzutreffen. Wer sie haben möchte, erhält sie nicht wie auf der Erde durch Kauf in einem Laden, sondern dadurch, daß ihm durch seinen Willen das Mittel gegeben ist, mit dem Lieferer der Bücher in Verbindung zu kommen, und dieser läßt sie ihm auf eine geistige, euch nicht vorstellbare Weise zukommen.

Die Städte sind in geistiger Materie gebaut, entsprechend der Art ihrer Bewohner. Sie haben ein dieser entsprechendes Leuchten, genau wie die Leiber entsprechend der Liebe leuchten. Am Leuchten der vielen Häuser ist der Zustand ihrer Bewohner zu erkennen. Das verschiedene Leuchten darf nicht so aufgefaßt werden, als ob dadurch Verlegenheiten für die matter Leuchtenden entständen. Auch die schwächer Leuchtenden werden ihre Leuchtkraft vermehren, das weiß hier jeder. Niemals gibt es lieblose Urteile oder Beneiden höherer Liebe durch solche, die noch nicht so weit fortgeschritten sind. Deshalb hilft ein jeder die Gemeinschaft zu fördern, denkt aber nicht daran, sie zu stören.

Unsere Städte sind gebaut wie eure Städte, haben Straßen und viele freie Plätze, welche mit herrlichen Bäumen und Beeten mit bunten Blumen geschmückt sind. Jedes Haus hat seinen Garten. Wasserkünste sind oft zu sehen. Mit melodischem Geplätscher springen Fontänen in die Luft. Die leuchtenden Häuser stimmen zu den leuchtenden Gesichtern glücklicher Menschen auf den Straßen und Plätzen. Überall ist frohes Leben. In keiner Stadt fehlen die für die Gottesdienste und 'Übungen' bestimmten Häuser. Wenn Feiern oder Übungen sind, strahlen sie besonders hell.

Die Häuser sind nach hinten durch Gärten abgeschlossen. Aber auch vor den Häusern sind meist schöne Blumenbeete, oft auch Springbrunnen mit Werken der Bildhauerkunst. Die Straßen sind mit schönen Steinen gepflastert, welche in verschiedenen Farben leuchten. Sie verlaufen gerade. Immer hat man einen weiten Blick. Sie haben eine große Breite, und der Verkehr auf ihnen ist niemals, wie oft auf der Erde, irgendwie behindert. Man sieht immer Menschen, welche ihren Weg zu Fuß machen. Aber auch Reiter und Wagen sind immer zu sehen. Nicht aber Motorfahrzeuge, die gibt es hier nicht.

Außerhalb der Stadt leuchten Lichter. Sie zeigen den Besuchern an, was sie zu erwarten haben. Es gibt hier keine Vergnügungen, wie sie auf der Erde üblich sind. Auch darin ist Gott der Mittelpunkt. Ohne ihn gibt es keine Freude, und diese Freude ist rechte Freude, welche keinen bitteren Nachgeschmack hinterläßt. Auch die Freude muß ganz Gottesdienst sein, sonst ist sie nicht rechter Art.

Nun noch etwas über die Türme, welche die Stadt umgeben. Sie dienen im wesentlichen dazu, kommende Besucher schon von weitem zu grüßen. Die Wächter lassen Fanfaren erklingen, und die häufigen

Gäste wissen, daß sie herzlich willkommen sind. Diese Fanfaren sind immer verschieden, je nach Höhe des Ranges derer, die sich nahen. Oft kommen hohe Führer, und so ist es immer eine Mitteilung an die Bewohner der Stadt, welche sich dann freuen, ihnen entgegengehen zu können. Das ist der einzige Zweck dieser Einrichtung. Mit irgendeiner Bevorzugung Höhergestellter hat es selbstverständlich nichts zu tun.

Es gibt auch kleinere Siedlungen. Das immer abwechslungsreiche Bild dieser kleinen Städte bietet einen stets der Landschaft angepaßten herrlichen Anblick. Sie liegen zwischen Bäumen, an einem Bach, Fluß oder See, in lieblichen Tälern zwischen Hügeln und Bergen oder im Hochgebirge oder am Meer. Ihre Lage ist ganz verschieden, aber immer paßt sich ihre Bauart der Gegend an, in der sie liegen. Im übrigen sind sie wie die großen Städte eingerichtet, haben alles wie sie, denn das geistige Leben findet überall, in kleinen wie in großen Städten, die gleiche Förderung.

Jede Stadt hat einen ihr Wesen bezeichnenden Namen. Die Namen haben immer eine Bedeutung, welche uns an Gott erinnert. Hier haben wir eine Heimat, welche alles Heimweh, das das Herz auf der Erde erfüllt, stillt, und zwar auf ewig. Jede Stadt hat ihre Leitung in einem höheren Führer. Er ordnet an, was angeordnet werden muß. Körperschaften, Stadträte und dergleichen gibt es nicht."

Alle Berichte von Dr. Schwarz, die er über Pfarrer Landmann erhalten hat, sind im Original mit vielen Fußnoten versehen, in denen auf Parallel-Berichte oder abweichende Schilderungen anderer Autoren hingewiesen wird. Wer daher an Jenseitsschilderungen sehr interessiert ist, sollte sich das Buch (11) unbedingt einmal über die Fernleihe einer öffentlichen Bibliothek besorgen.

Zu obigem Bericht möchte ich betonen, daß er nur die Zustände in einem bestimmten jenseitigen Bereich schildert. Wir haben aber bereits gesehen, daß im Jenseits auch ganz andere Verhältnisse anzutreffen sind, wie wir ja auch auf unserer Erde ganz unterschiedliche Lebensumstände finden können.

Dr. Rudolf Schwarz starb, obwohl 33 Jahre jünger als Ph. Landmann, am 25.2.1963 noch $3^1/_2$ Wochen vor seinem Medium, das am 22.3.1963 unsere Erde verließ. Diese kurze Zwischenzeit aber genügte, um auch über seinen eigenen Tod einen Bericht durchzugeben. Er schilderte (20, S 123):

1.) Gegeben am 13.3.1963, morgens:

"Lieber Herr Pfarrer, Sie werden sich wundern, daß ich mich

schon so bald nach meiner Ankunft hier mit Ihnen in Verbindung setzen kann. Der Grund ist, daß mein gegenwärtiges Erleben in den meisten Stücken die Erfüllung meiner Erwartung ist. Was Sie mir durch Ihre Medialität gegeben haben, darf ich dankbaren Herzens als das Beste und der Wirklichkeit am meisten Entsprechende bezeichnen. Ich freue mich jetzt, nach dem eigenen Erleben die Richtigkeit meiner, durch Ihre Gabe ermöglichten Schriften zu beweisen, ganz besonders, daß unsere Wege in der irdischen Welt sich kreuzten und dann miteinander parallel liefen. Ich möchte jetzt ganz besonders wünschen, daß die Büchlein, die ich Ihrer Gabe verdanke, recht weite Verbreitung finden. Leider kann ich von hier aus nichts mehr dazu tun, und ich sehe auch keinen Weg, auf dem dies durch Sie geschehen könnte. Sie wissen ja so gut wie ich, wie die 'Metaphysik'[1)] sich eingestellt hat. Sie folgt jetzt dem streng wissenschaftlichen Grundsatz, nur erwiesene Tatsachen, die den wissenschaftlichen Untersuchungsmethoden gewachsen sind, abzudrucken. Eine Nachrichtenfolge von mir, aus meiner jetzigen Lage, durch Vermittlung Ihrer Medialität, würde ihrer Auffassung wissenschaftlicher Exaktheit wohl kaum entsprechen.

Nun ein wenig über meinen jetzigen Lebensstand. Die Signalpfeife des Zugführers kam für mich recht überraschend. Ich saß ja im Zug, um im Bilde zu reden, glaubte aber, der Aufenthalt auf der materiellen Station würde noch etwas länger dauern. Ich fühlte mich ja wieder besser, und wir hatten, wie ich Ihnen brieflich mitteilte, allerhand Pläne für die nächste Zukunft. Nun ist es anders gekommen, und, nachdem der erste Schock überstanden ist, wird auch meine Familie, die ja wie ich in der Gewißheit der persönlichen Unsterblichkeit lebt, sich damit abfinden und mit mir freuen, daß ich nun gesund und glücklich auf höherer Lebensstufe ein Dasein haben werde, das sich immer mehr zu dem entfalten wird, was man Lebensfreude nennt und was in irdischem Gewand nur unvollkommen zu erreichen ist, in den meisten Fällen überhaupt nicht.

Vorläufig bleibe ich für länger noch da, wo ich jetzt bin, nämlich in einem wundervollen Ruhehaus, wo all das den Neuankömmling erwartet, dessen er zunächst bedarf. Ruhe in jeder Beziehung, sowie Licht und Wärme gibt es hier, von deren Erleben Sie sich keine Vorstellung machen können. Ich tue zunächst gar nichts, lasse die

1) *Damit meint er die Zeitschrift der damaligen "Gesellschaft für metaphysische Forschung" in Hannover, deren Präsident er zeitweise gewesen war. Entgegen seiner Befürchtung wurde sein Bericht aber doch abgedruckt.*

herrliche Umwelt auf mich wirken oder schließe die Augen und strecke die Glieder auf weichem Stuhl aus. Ich habe ein herrliches, urgemütliches, ganz meinem Geschmack entsprechendes Zimmer. Wenn ich an das offenen Fenster trete - die Fenster sind hier immer offen, und balsamischer Duft strömt herein -, schaue ich in einen herrlichen Park mit gepflegten Grasflächen, Blumenbeeten und Buschgruppen. Auch Wasserspiele sind da. Man winkt mir froh und lachend zu. Von Zeit zu Zeit schaut man nach uns. Es ist eine - ich möchte sagen: 'Schwester', um einen irdischen Ausdruck zu gebrauchen. Sie ist mit meiner Betreuung für die erste Zeit betraut. Ich freue mich, die irdische Probezeit hinter mir zu haben und durfte sie auch dank Ihrer Hilfe, wie ich nun weiß, gut bestehen.

2.) Gegeben am 13.3.1963, 14.00 Uhr.

Mein Zustand ist wie der eines nach langen, schweren Träumen Erwachenden. Wenn man schwer geträumt hat und erwacht plötzlich durch einen Schock, der dadurch entsteht, daß man etwas Lebensgefährliches gerade im Augenblick der Entscheidung über Leben und Tod erledigt zugunsten des Am-Leben-Bleibens, dann hat man beim Erwachen das Gefühl: Gottlob, daß es nur ein Traum war! So geht es mir jetzt nach dem Erwachen aus dem materiellen Bereich. Ich empfinde ein unaussprechlich tiefes Glücksgefühl. Ich möchte es auch in die Worte kleiden: Gottlob, daß es nur ein Traum war, nämlich das irdische Leben mit seinen Mühen und Plagen, körperlichen und seelischen Beschwerden, Sorgen und Enttäuschungen, Schlechtigkeiten und allem, was man als unerfreulich bezeichnet. Wenn dieser Daseinszustand alles wäre, d.h., wenn auf die paar irdischen Lebensjahre das Nichts den Menschen umarmte, dann wäre die ganze Menschheitsidee ein Wahnwitz sondergleichen. Geschöpfe eines hirnlosen Zufalls - ein Gedanke, der an sich hirnlos wäre, irgendwie entstanden aus dem Zusammenwirken mechanischer Kräfte, die es, völlig unverständlich für logisches Denken, fertigbrächten, einen Entwicklungsgang in Bewegung zu setzen, dessen letzte Folge ein menschliches Hirn wäre, das über sich selbst und seine Komponenten weit hinausragte und auf Gedanken käme, die geistige Wesenheit voraussetzt. Es ist mir ein Anliegen, den Unsinn der materialistischen Weltanschauung Ihnen, lieber Herr Pfarrer, nicht nur von meinem Erlebnisstandpunkt aus, sondern auch in seiner Unvernunft recht überzeugend vor Augen zu führen.

Also mir ist zumute wie einem Schläfer, der aus lebensbedrohendem Traum in dem Augenblick erwacht, als es sich um seine

Existenz handelte. Sie können sich nicht vorstellen, welch ein Lebensgefühl ich jetzt habe. Keine Sorgen, keine körperlichen Behinderungen, von Krankheits- oder auch nur Unwohlseingefühlen ganz zu schweigen. Dabei in einer Welt, deren Reize die schönsten irdischen Gegenden bei weitem übertreffen.

Nun muß ich, um Ihnen das klarzumachen, ein wenig ins einzelne gehen. Ich war immer ein Mann der absoluten Gewissenhaftigkeit. Nur was ich für unbezweifelbare Wirklichkeit erkannte, gab ich an andere in Aufsätzen und Büchern weiter. So habe ich es auch mit Ihren Mitteilungen gehalten, die Sie mir auf meine Fragen durch Ihre hiesigen - so muß ich jetzt sagen - Freunde zuteil werden ließen. Ich habe diese Mitteilungen mit den mir bekannten Darstellungen anderer Quellen verglichen und eine weitgehende Übereinstimmung festgestellt. Deshalb dürfte das erste Buch 'Wie die Toten leben' absolut einwandfreien wissenschaftlichen Wert haben. Das, was mir als wissenschaftlich denkender Mensch vor allem zu schaffen macht, war der Raum- und Zeitbegriff. Wie kann, so demonstrierte die Logik, ein Raum in einem anderen enthalten sein; wie kann die irdische Zeit, die auf den Bewegungen von Weltkörpern beruht, in einer anderen Welt sozusagen fortgewischt sein; wie kann es ein zeitloses Dasein geben? Über diese Denkschwierigkeiten kam ich nicht hinweg. Es ist dies ja auch der Haupteinwand der Wissenschaft gegen die spiritistische Erkenntnis. Sie sagt: Es gibt nur eine Schöpfung, die in Raum und Zeit entstandene, die zu erforschen und zu erklären die Aufgabe der Naturwissenschaft ist. Jetzt nun sehe ich, wo der Fehler dieser Anschauung steckt. Man denkt in irdischen Raum- und Zeitbegriffen, wie es ja auch nicht anders möglich ist. Hier ist Raum aber nicht irdischer, d.h. abgegrenzter Kubikinhalt. Man stößt hier nicht mit dem Kopf an Mauern, durch die man nicht hindurch kann. Trotzdem liegt die Welt in wunderbarer Schönheit und reizvollster Lieblichkeit vor uns. Aber wir merken sofort, daß es eine gänzlich andere Welt ist, die mit der irdischen niemals kollidieren kann.

Wir sind in dieser Welt die Gebietenden, d.h., sie legt unserem Willen keine Zügel an. Innerhalb der uns bestimmten Ordnungen sind wir frei wie der Vogel in der Luft, können ohne Zeitverlust da sein, wo wir sein wollen. Ebenso ist es mit der Zeit. Es gibt auch bei uns morgen und gestern, aber das Vergänglichkeitsgefühl ist völlig geschwunden. Es gibt also kein Trauern um verlorenes Glück, um nie wiederkehrende glückliche Stunden und Erlebnisse. Unser ganzes Leben ist sozusagen ein fortwährendes glückliches Erleben. Zeitloses Dasein ist Gottes Wesen. Er hält es auch für seine Kinder bereit als größte Überraschung, die auf sie wartet.

Nun noch ein paar Einzelheiten aus meinem augenblicklichen Erleben. Mein jetziger Leib entspricht genau dem irdischen, der sich in seine chemischen Bestandteile auflöst. Die Ähnlichkeit ist aber lediglich eine formale. Sie bezieht sich zunächst auf das Erscheinungsbild. Sie werden mich sofort wiedererkennen, wenn Sie auch hierherkommen. Auch charakterlich ändert sich nichts. Also das, was die Persönlichkeit des Menschen ausmacht, wird vom Sterben nicht berührt. Der Vergleich des irdischen Körpers mit einem Kleid, das ausgezogen wird, ist gut und richtig. Nun kommt das Neue. Der geistige Leib, der die Züge des abgelegten materiellen Leibes trägt, hat völlig andere Existenznotwendigkeiten. Er ist, wenn der Gottesgedanke, der ihm zugrunde liegt, Verwirklichung findet, das Vollkommenste und Schönste, was denkbar ist. Dieser Gottesgedanke ist der Gedanke der Liebe und damit der inneren Gemeinschaft mit Gott."

Die Durchgabe von Dr. Schwarz bricht hier unvermittelt ab. Sicherlich hätte er sie gerne fortgesetzt. Aber die Lebenszeit von Pfarrer Landmann war ebenfalls abgelaufen. Noch am Vorabend seines Todestages, eine Woche nach obiger Niederschrift, versuchte Schwarz sich Landmann wiederum mitzuteilen. Aber infolge der bereits eingetretenen Schwäche war das Medium nicht mehr fähig, die Botschaft niederzuschreiben. So sind uns weitere aufschlußreiche Berichte leider verborgen geblieben.

Zum Abschluß dieses Kapitels möchte ich auszugsweise ein Gespräch wiedergeben, das noch einmal die Unterschiede jenseitiger Erlebnisse behandelt und zugleich aufzeigt, daß auch unsere jenseitigen Gespächspartner nicht allwissend sind. Es läßt erkennen, daß die Jenseitigen ebenfalls Schwierigkeiten haben, weitere Erkundigungen einzuziehen. Das folgende Gespräch habe ich am 23. Februar 1989 mit dem auf Seite 95 erwähnten Geistwesen Alberto Petranius im Anschluß an eine Heilbehandlung geführt. Er sprach durch den Mund des medialen Herrn B., wobei insgesamt sieben irdische Personen anwesend waren.

Ich frage Petranius: "Du hast vor langer Zeit einmal geäußert, daß ihr die Möglichkeit hättet, bei einer übergeordneten Instanz Fragen anzubringen. Ich habe damals die Bitte gestellt, ob ihr einmal fragen könntet, wie das mit der Geburt eines Menschen abläuft. Wer bringt dabei die Seele, wer organisiert das? Du hast dann später gesagt, ihr hättet keine Antwort bekommen. Hat sich in dieser

Angelegenheit in der Zwischenzeit etwas Neues ergeben?"

Petranius: "Wir haben das nicht etwa vergessen. Wir sprechen darüber. Wir sind immer noch zuversichtlich, eine Antwort zu erhalten. Noch ist sie nicht da."

Schie: "Wie läuft denn das ab? Ihr stellt die Frage, und dann passiert gar nichts?"

Petranius: "Wir stellen die Frage, und die Frage wird auch aufgenommen. Wir können uns ja auch mit anderen Geistwesen unterhalten, und wir bitten dann, daß sie, die das ja wohl auch nicht beantworten können, doch weiterfragen mögen. Eine Antwort von denen, die bei *uns* sind, ist nicht zu erwarten. Die müssen das auch weitertragen. Da haben wir Hoffnung, weil wir wirklich sehr viel Zeit haben, denn wir sind nicht so zeitabhängig wie ihr. Für uns spielen ein Jahr oder längere Zeiten überhaupt keine Rolle. Wir sind sehr geduldig. Wir haben das also nicht vergessen und stellen die Frage immer wieder. Auch *Stanislaus* hat gerade neulich wieder gesagt: 'Bitte, denkt daran, daß die Frage im Raum steht, und versucht doch, uns entweder zu sagen, daß ihr die Antwort nicht bekommt, oder aber uns zu sagen, es könnte doch noch etwas dabei herauskommen.' Im Augenblick ist nicht gesagt worden, daß wir euch eine absagende Erklärung geben sollen, sondern daß wir noch warten möchten. Wir hoffen also, noch eine Antwort zu bekommen."

Schie: "Diese Frage enthält ja im Grunde genommen auch euer Schicksal und ebenso unser späteres. Dahinter steckt doch, wie es auch bei euch einmal weitergeht. Werdet auch ihr eines Tages - und wann? - wieder einmal in ein Erdenkleid hineingesteckt? Und wer entscheidet das? Wie läuft das ab? Was geschieht dann überhaupt? Insofern könnte die Antwort auch für euch interessant sein. Wenn wir von euch oder anderen Geistwesen Berichte bekommen, daß ein sterbender Mensch oftmals von seinen Angehörigen und Freunden empfangen wird, dann ergibt sich die Frage, wer diese überhaupt benachrichtigt. Wie merken sie, daß einer stirbt? Wie kommen sie zusammen? Da muß doch irgendwo eine Instanz vorhanden sein, die das überwacht, regelt und in die Hand nimmt. Wer ist die Instanz? Sind das solche wie Ihr?"

Petranius: "Wir sind ja auch einmal gestorben. Wir waren ja auch auf der Erde. Ich bin nicht sicher, ob wir schon über meinen Tod gesprochen haben. Fest steht, daß ich als Mensch zur damaligen Zeit eben auch nicht wußte, was danach kommt. Als ich nun auf dem Sterbebett lag, da waren einige um mich. Interessanterweise waren es welche, die ich gar nicht kannte. Es waren keine Verwandten bei mir. Es hätte doch so auslaufen können, daß vielleicht meine Mutter oder Vater dort gewesen wären. Es waren aber um mich fremde Geistwesen, die auf mich sehr beruhigend eingewirkt haben. Sie haben mir gesagt, daß sie die Aufgabe haben, mich störungsfrei in meine jetzige Welt herüberzubringen. Ich habe damals am Anfang auch Fragen nach meiner Mutter gestellt. Wo ist mein Vater, wo sind die anderen? Ich habe sie nie getroffen, obwohl ich den Wunsch gehabt hatte. Ich war mit Geistwesen zusammen, aber ich habe nie meine Verwandten getroffen. Ich muß aber eins sagen: Nach einer gewissen Zeit hat man in dieser Welt auch gar nicht mehr den großen Wunsch danach. Man hat ganz andere Aufgaben, und wenn man weiß, daß hier mit einem festen Willen auch ein Weiterkommen erfolgt, nur nicht ein Weiterkommen gemäß eurem Streben und wie ihr euch das vorstellt, sondern ein Weiterkommen mit einem selber, daß man sich selber festigen kann, daß man selbst ruhiger wird, dann hat man ganz andere Wünsche. So bin ich auch eines Tages zu diesem Kreis gekommen, zu meinen Freunden. Das ist eine Aufgabe (*die der Krankenbehandlung im Jenseits und Diesseits*), die ich gerne übernommen habe. Ich weiß, daß wir keine Wunder vollbringen können. Ich weiß aber auch, daß, wenn wir sehr gut eingestellt sind, wenn das Medium und vor allen Dingen auch der zu behandelnde Patient gut eingestellt sind, daß dann sehr viele Kräfte übertragen wer-den können. Und so kann ich sagen, daß heute sehr viel übertragen wurde. Ob der Erfolg dann da ist, vermag ich jetzt nicht zu sagen. ..."

Schie.: "Du hast von deinem Todeserlebnis gesprochen. Andere Berichte sagen, daß verstorbene Menschen auch anderes erleben, nämlich, daß sie von ihren Freunden und Verwandten empfangen werden. Also muß es doch sehr unterschiedlich sein. Der eine erlebt es so, der andere so."

Petranius: "Auch in unserem Bereich haben wir über diese Unterschiede gesprochen. Der eine hat seine Verwandten schon miterlebt, aber auch Verwandte, die gar keine Verwandte waren. Darauf möchten wir immer wieder hinweisen. (*Gemeint sind hier 'Verwandte', die von anderen Geistwesen nur vorgetäuscht wurden.*) Ich persönlich habe mich sehr schnell damit abgefunden, daß ich meine Verwandten nicht gesehen habe. Vielleicht wäre ich sogar irritiert gewesen, wenn Verwandte dagewesen wären. Es wird wirklich von dem einen zu dem anderen Fall anders gehandelt. Ich habe damals, nachdem man mich ansprach und mir sagte, man möchte mir helfen, mich nicht sehr gewundert, obwohl ich mich eigentlich hätte wundern müssen. Aber schon zu Lebzeiten glaubte ich nicht an den vollständigen Tod. Ich habe zu Lebzeiten daran geglaubt, daß es danach etwas gibt, habe jedoch nie darüber sprechen können. So habe ich mich schnell mit meiner neuen Lage abgefunden."

Schie.: "Bist du nicht katholisch gewesen?"

Petranius: "Ich bin katholisch gewesen. Natürlich lehrt die Kirche ein Fortleben. Aber selbst zu erleben, daß nicht alles zu Ende ist, daß man sich weiterhin unterhalten kann, ist etwas anderes. So weit geht der kirchliche Glaube doch nicht."

Schie.: "Hast du denn nicht den "Himmel" erwartet, die Engel, die dich empfangen?

Petranius: "So viel habe ich nicht erwartet. Ich habe mir gesagt, daß es nach dem Tod sicher etwas geben wird. Es hätte ja aber auch die Hölle sein können. Selbst wenn man an den Himmel glaubt, ist es ja nicht gesagt, daß der Himmel, wenn man die Erde verlassen muß, nun auch gleich da ist."

Schie.: "Sicher, aber wer nun im katholischen Glauben fest verankert ist und die Sterbesakramente empfangen hat, der könnte doch der festen Überzeugung sein, daß er auch den Himmel erlebt."

Petranius: "Das ist schon richtig, aber manchmal ist man dann enttäuscht."

Schie.: "Das ist dann die Wirklichkeit, aber ich meine, daß man wohl oftmals doch nicht so ganz fest daran glaubt."

Petranius: "Man glaubt so lange daran, solange man lebt. Wenn aber das Ende und der Übergang da ist, dann hat man im Augenblick mit sich selbst zu tun und ist dann sehr überrascht. Sich jetzt in der anderen Welt zurechtzufinden, ist etwas anderes. Da ist dann keiner da, der einem sagt: "Das ist eben so". Man hat sicher Hilfen. Aber eines ist notwendig, und darauf müßt ihr, wenn ihr mit Verwandten und Freunden sprecht, immer hinweisen, wichtig ist auch hier auf unserer Seite der Glaube. Den darf man nicht etwa verlieren, auch wenn nicht alles gleich so abläuft, wie man sich das vielleicht vorstellt, denn viele Anfeindungen finden hier statt. Und da hilft nur ein fester Glaube an unseren Herrgott und nicht etwa an andere Dinge."

Schie.: "Und Glaube heißt in diesem Fall ja doch wohl 'Vertrauen'?"

Petranius: "Ganz großes Vertrauen."

Schie.: "Dann danke ich dir für diese Ausführungen."

Petranius: "Ich könnte noch sehr lange reden, aber das Medium nicht. Ich biete euch immer wieder meine Hilfe an. Wenn Ihr mich über dieses Medium ruft, bin ich bereit zu kommen und zu versuchen zu helfen. Ich möchte keinen Versuch auslassen, auch wenn ich nicht direkt helfen kann. Wunder können wir nicht vollbringen, aber man muß es versuchen. Ich bin nicht enttäuscht, wenn wir den Erfolg in dem einen oder anderen Fall nicht erreichen können."

Ich möchte mich für heute von euch verabschieden. Ich bedanke mich für eurer Vertrauen. Gott schütze und behüte euch!

Gott zum Gruß!

Alberto Petranius."

Wer diese und andere, in der Darstellung verwandte Jenseitsschilderungen liest, kann möglicherweise zu der Auffassung gelangen, daß hier lediglich menschliche Wunschvorstellungen hervorgebracht wurden. Der Skeptiker wird einwenden, daß nur das Unterbewußtsein der Medien seiner Phantasie freien Lauf gelassen hat. Der Wunsch nach Fortleben habe die irdischen Verhältnisse etwas idealisiert und dann einfach in ein Jenseits hinein übertragen.

Nun wurde aber im vorigen Jahrhundert der größte Teil und heute noch ein großer Teil der Bevölkerung religiös erzogen, was im europäischen Kulturbereich christliche Erziehung bedeutet. Die christlichen Kirchen und Sekten lehren aber das hier vorgestellte Jenseitsbild in keiner Weise. Viele evangelische Theologen und auch einige Sektengründer hängen sogar der sogenannten "Ganztod-Theorie" an. Das ist die Auffassung von der vollständigen Vernichtung der menschlichen Existenz im irdischen Tod durch Gott. Am fernen Tag des "Jüngsten Gerichtes" soll dann eine Neuschöpfung erfolgen, und zwar auf dieser Erde in irdischer Materie. Anschließend wird ein Teil der Neuerschaffenen, deren irdische Vorgänger ein schlechtes Vorleben hatten, dem ewigen Höllenfeuer überantwortet. Die jedoch, deren Vorgänger gute waren, werden in den Himmel kommen. Andere Theologen und Kirchen dagegen lehren eine ewige Verbannung in das Feuer der Hölle oder eine zeitweilige Läuterung *(im Fegefeuer)* unmittelbar nach dem Tode oder den sofortigen Aufstieg in den Himmel bei einem Leben in ewiger Glückseligkeit im Angesicht Gottes.

Wenn wirklich nur das Unterbewußtsein der Medien am Werke wäre, müßten doch auch derartige Vorstellungen zutage treten. Das ist aber nie der Fall.

Zu diesem Widerspruch äußert sich der bedeutende britische

Zoologe Prof. Alfred Russel Wallace (1823-1913) mit folgenden Worten (*zitiert nach* 13, Bd. III, S. 347): "Die Medien sind fast alle in einem der orthodoxen Glaubensbekenntnisse erzogen. Wie kommt es dann, daß die gewöhnlichen orthodoxen Begriffe vom Himmel niemals durch sie bestätigt werden? Es gibt nichts Wunderbareres in der Geschichte des menschlichen Geistes als die Tatsache, daß, ob nun in den Hinterwäldern Amerikas oder in den Landstädten Englands, unwissende Männer und Frauen, die fast alle in den gewöhnlichen Sekten-Begriffen von Himmel und Hölle erzogen sind, in dem Augenblick, da sie von der seltsamen Gabe der Medialität ergriffen werden, Lehren über diese Dinge von sich geben, die sich gänzlich von denen unterscheiden, die so tief in ihre Gemüter eingepflanzt wurden, und zwar ohne Rücksicht darauf, welches die angebliche Herkunft der Geister selbst ist, d.h. ob dies katholische, protestantische, mohammedanische oder indische sind."

Man erkennt aus derartigen Argumenten, daß es begründet ist, sachlichen Jenseitsschilderungen große Bedeutung und einen tatsächlichen Hintergrund zuzuerkennen. Zumindest sollte man die Möglichkeit, daß es so ist, ernsthaft in Betracht ziehen und sich auf ein eventuell nachtodliches Leben vorbereiten, so gut man es kann.

Der Leser möge aber auch bedenken, daß in den vorgetragenen Berichten nur die nachtodlichen Lebensverhältnisse in mehr oder weniger "erdnahen" Bereichen geschildert werden, in die vermutlich die meisten Menschen nach ihrem irdischen Ableben geführt werden. Keineswegs ist damit auch etwas über einen Bereich gesagt, den man vielleicht als "Himmel" oder das "Paradies" bezeichnen könnte, in dem man etwa in der unmittelbaren Nähe Gottes lebte. Dieser Bereich bleibt menschlichem Wissen und menschlicher Erfahrung auf Erden verschlossen. Viele Verstorbene berichten aber über eine Weiterentwicklung in der jenseitigen Welt, über einen Aufstieg in höhere Sphären, an dessen Ende die Rückkehr in Gottes Reich steht. Wer über diese Fragen weitere Aufklärung erhalten möchte, möge einmal das Buch von Johannes Greber: "Der Verkehr mit der Geisterwelt Gottes, seine Gesetze und sein Zweck" (7) lesen. Dort werden Durchgaben von einer Wesenheit aus einem höheren Bereich vorgetragen, von einem Geist, der selbst nie Mensch auf dieser Erde war. Sein Bericht verrät tieferes Wissen und umfassendere Kenntnis, als sie den gewöhnlichen Verstorbenen zuteil sind, von denen in diesem Buch die Rede ist.

5. Der Einfluß der Trauer auf Verstorbene

Die heutigen Wissenschaften, insbesondere die Naturwissenschaften, haben in den letzten Jahrzehnten sehr bedeutsame Erkenntnisse über unsere Umwelt und unseren menschlichen Körper geliefert. Aber alle herkömmlichen Wissenschaften enden bislang beim oder am Tode des Menschen. Geburt und Tod werden als Beginn und Ende einer menschlichen Existenz angesehen. Die Menschen wissen aber im allgemeinen nicht, warum sie diese Strecke zwischen den angeblichen Endpunkten durchlaufen. Die Geburt wird dabei meist als freudiges Ereignis angesehen, der Tod dagegen als unbarmherziger Vernichter. Diese Auffassung teilen heutzutage manchmal sogar Theologen. Ein evangelischer Pfarrer meiner früheren Gemeinde sagte mir einmal bei einer Diskussion über dieses Thema: "Der Tod ist für mich ein schreckliches Ereignis. Er ist für mich die völlige Vernichtung der menschlichen Existenz durch Gott."

Bei dieser Einstellung, selbst von Theologen, sehen natürlich Menschen, die gleiche oder ähnliche Anschauungen haben, vielleicht sogar Atheisten sind, den Tod als ein elementares Ereignis an, vor dem sie sich fürchten, wenn sie ihn auf sich zukommen fühlen. Der Tod bedrückt sie aber auch, wenn er nahe Familienangehörige oder gute Freunde trifft. Viele Menschen geben sich dann ganz dem Schmerz hin, d.h., sie bemitleiden den Verstorbenen und vor allem sich selbst. Manche verzweifeln sogar am eigenen Leben, halten ihr Dasein für sinnlos und versuchen sich umzubringen.

Besonders tritt so etwas in Erscheinung, wenn Mütter einzige Kinder oder Ehegatten den vertrauten Partner verlieren. Die Trauer über den Verlust und die Sehnsucht nach dem fortgegangenen geliebten Menschen ist dann grenzenlos. Tag und Nacht können sich die Gedanken eines solchen Trauernden in unsäglichem Schmerz auf den Verstorbenen richten und ihn zurückwünschen. Sie machen sich aber dabei keine Gedanken, welche Rückwirkungen möglicherweise auf den Verstorbenen entstehen. Sie sind der Meinung, der ist ja tot, der spürt nichts mehr.

Aber bedeutet der Begriff "tot", daß der Verstorbene überhaupt nichts mehr von dem spürt, was auf dieser Erde geschieht? - Die folgenden Berichte sollen zeigen, daß das nicht unbedingt so sein muß. Sehr starke Gedanken von Menschen dieser Erde können durchaus Verstorbene erreichen und sie entweder froh oder tieftraurig stimmen und sie dann auch in ihrer weiteren Fortentwicklung hemmen. Das Wissen um diese Tatsache war in früheren Zeiten auch einzelnen Menschen bekannt und fand seinen dichterischen Niederschlag in dem Märchen **"Das Tränenkrüglein"**. Seine Ausdrucksweise erscheint uns heute zwar sehr gefühlsbetont und seine Sprache nicht mehr zeitgemäß, aber der geschildete Sachverhalt könnte sich tatsächlich so oder so ähnlich abgespielt haben oder heute noch abspielen.

Das Märchen lautet:

"Es war einmal eine Mutter und ein Kind, und die Mutter hatte das Kind, ihr einziges, lieb von ganzem Herzen und konnte ohne das Kind nicht leben und nicht sein. Aber da sandte der Herr eine große Krankheit. Die wütete unter den Kindern und erfaßte auch jenes Kind, daß es auf sein Lager sank und zu Tode erkrankte. Drei Tage und drei Nächte wachte, weinte und betete die Mutter bei ihrem geliebten Kinde, aber es starb. Da erfaßte die Mutter, die nun allein war auf der ganzen Gotteserde, ein gewaltiger und namenloser Schmerz, und sie aß und trank nicht, weinte wieder drei Tage lang und drei Nächte lang ohne Aufhören und rief nach ihrem Kinde. Wie sie nun so voll tiefen Leides in der dritten Nacht saß, an der Stelle, wo ihr Kind gestorben war, tränenmüde und schmerzensmatt bis zur Ohnmacht, da ging leise die Tür auf, und die Mutter schrak zusammen, denn vor ihr stand ihr gestorbenes Kind. Das war ein seliges Engelein geworden und lächelte süß wie die Unschuld und schön wie in Verklärung. Es trug aber in seinen Händen ein Krüglein, das war schier übervoll. Und das Kind sprach: "O lieb Mütterlein, weine nicht mehr um mich! Siehe, in diesem Krüglein sind deine Tränen, die du um mich vergossen hast; der Engel der Trauer hat sie in dieses Gefäß gesammelt. Wenn du nur noch eine Träne um mich weinest, so wird das Krüglein überfließen, und ich werde dann keine Ruhe haben im Grabe und keine Seligkeit im Himmel. Darum, o lieb Mütterlein, weine nicht mehr um dein Kind, denn dein Kind ist wohl aufgehoben, ist glücklich, und Engel sind seine Gespielen." Damit verschwand das tote Kind, und die Mutter weinte hinfort keine Träne mehr, um des Kindes Grabesruhe und Himmelsfrieden nicht zu stören." -

Die Annahme, daß sich die in dem Märchen geschilderte Begebenheit tatsächlich einmal so ähnlich abgespielt haben könnte, gründet auf Mitteilungen Verstorbener, die entweder selbst durch die starke Trauer ihrer zurückgelassenen Angehörigen festgehalten wurden oder aber die als Geistwesen in der jenseitigen Welt entsprechende Beobachtungen an anderen Verstorbenen machen konnten. Dazu möge ein erster Bericht dienen, den der bereits auf Seite 56 erwähnte Geist *Josef* 1965 durch den Mund des Mediums Beatrice Brunner an seine Zuhörer durchgab. Er lautet (24, S. 263):

"So bringe ich euch ein Bild von meinem Erleben und meiner Aufgabe in der geistigen Welt: Ich begegnete einer Seele, die sehr traurig und im Begriff war, in das Haus ihrer Lieben auf Erden zurückzukehren. Ich begleitete sie, und dort angekommen, fragte ich sie: 'Was willst du hier in diesem Haus?' Und sie antwortete: 'Siehst du nicht, daß man jeden Tag über mich weint und von mir spricht? Ich hätte hier doch noch so vieles zu erledigen, und ich spreche so viel mit meinen Kindern und zu meinem Mann, doch sie hören mir nicht zu. Ich habe nur Gelegenheit, mich mit ihnen zu unterhalten, wenn sie schlafen, aber tagsüber befolgen sie meinen Rat doch nicht. Immer sind sie traurig und weinen mir nach. So bin ich nicht fähig, dieses Haus ganz zu verlassen, denn mit jeder Träne, die sie um mich vergießen, ziehen sie mich wieder in ihr Haus zurück und binden mich um so fester daran. Was soll ich denn nur tun?'

Da riet ich ihr: 'Komm, begleite mich, du sollst nun dieses Haus nicht wieder betreten.' Die Seele wollte mir aber nicht gehorchen und zeigte mir die viele Arbeit und Not im Hause. Doch ich sprach ihr zu: 'Du kannst auf andere Weise mit deinen Lieben verbunden sein. Begleite mich einmal!'

Sie folgte mir, und ich konnte sie durch himmlische Gärten führen, wobei ich versuchte, ihr alle die verschiedenen Blumen und die Herrlichkeit, die daselbst zu erleben waren, mit großer Geduld zu erklären. Darüber hatte sie ihr irdisches Haus etwas vergessen, doch bald fühlte sie sich wieder von ihren Lieben angezogen. So sprach ich auf sie ein: 'Kehre nicht zurück! Bringe alle deine Liebe, die du noch für deine Hinterlassenen empfindest, allen Geschwistern in der geistigen Welt entgegen. Betreue sie mit der gleichen Liebe, die du noch für deinen Mann und deine Kinder empfindest.' Damit führte ich sie zu jenen Seelen, die noch nicht in den Heilsplan Gottes eingereiht waren, die teils noch müßig und teils auch traurig einhergingen. Und so gehorchte sie mir und überbrachte vielen dieser unglücklichen Seelen die Liebe, die in ihr war. Nachdem sie diese Aufgabe erfüllt hatte, begleitete ich sie in ihr irdisches Haus zurück. Nun konnte sie diesem größeren Segen und größere Kraft übermitteln, und so hatten auch ihre Lieben den Weg in ihrer Welt wiedergefunden.

Denn indem diese Mutterseele ihre Liebe anderen Seelen zuwendete, trugen Engel Gottes, die sie beobachtet hatten, durch die Güte

Gottes diese Liebe zugleich auch in ihr Haus zu ihren Lieben. Welch großes Glück war es für diese Seele, als sie dieses sah! Nun hatte sie den Schmerz der Trennung ganz abgelegt, und sie lebt nun glücklich auf in der geistigen Welt in ihren Aufgaben, die ihr zugewiesen wurden."

Durch sehr schnell einsetzende und übermäßige Trauer kann sogar der Vorgang der Sterbens beeinflußt werden. Der folgende Fall ereignete sich bei dem Grazer Medium Maria Silbert, die von 1866 bis 1936 lebte. Unter Leitung eines jenseitigen Wesens, eines sogenannten Kontrollgeistes, der sich *Nell* nannte, ereigneten sich durch sie und in ihrer Nähe mehr als 25 Jahre lang eine Vielzahl paranormaler und sehr beeindruckender Geschehnisse. Eine Vielzahl von Verstorbenen bekundete sich durch ihren Mund.

In bezug auf den Kontrollgeist und Verursacher der meisten Erscheinungen konnte man durch Nachforschung in Erfahrung bringen, daß es sich um den im 17ten Jahrhundert auf dieser Erde gelebt habenden Franziskanermönch und späteren General dieses Ordens namens Vincentius Coronelli handelte. Er gab als Motiv für sein jahrelanges und aufsehenerregendes Handeln an: "Ich habe die Allmacht gebeten, in einer Zeit, in der die Welt im tiefsten Materialismus liegt, wiederzukommen, um Beweise von einem Jenseits zu geben. Tage steigen herauf, die eure Kraft vonnöten haben. Arbeitet in meinem Sinn. Was ich vor Jahrhunderten gelehrt und nicht vollenden konnte, das vollendet ihr."

Um Frau Silbert scharte sich ein Kreis von Menschen, der regelmäßig zusammenkam. Ein Berichterstatter, der Ingenieur Rudolf Sekanek, schreibt (21, S. 76): "Herr W., ein hoher Eisenbahnbeamter und treuer Anhänger, war das einzige Kind seiner Eltern. Man erfüllte ihm jeden Wunsch. Abgöttisch wurde er geliebt, besonders von seiner alten Mutter. Sie lebten in schönster Harmonie, es gab keine Meinungsverschiedenheiten. Nur im Falle Silbert konnte sie ihren Sohn nicht verstehen. Sie sah in diesen Erscheinungen des Teufels Hand im Spiel und war durch ihren Sohn nicht zu überreden, auch nur einer einzigen Sitzung beizuwohnen. Herr W. bat Nell, er möge sie doch ein einziges Mal hierherführen. Nell versicherte, daß die Mutter zur rechten Zeit kommen und auch daran glauben würde.

W. kam nun längere Zeit nicht zu den Sitzungen, wie man annahm seiner Mutter wegen. Er war aber schwer erkrankt, und bald darauf erfuhr man durch die Zeitung von seinem Tod. Gleich begann er sich in den Sitzungen zu melden, und all sein Bitten galt nur, seiner Mutter zu helfen, die durch seinen Tod geradezu untröstlich sei, so daß er für sie das Schlimmste befürchtete.

Frau Silbert kannte seine Mutter gar nicht und auch sonst niemand in unserem Kreis. Eine 60jährige Dame besuchte Frau Silbert immer, wenn sie auf dem St.-Peter-Friedhof das Grab eines Freundes aufsuchte, um sich bei ihr ein wenig auszurasten und ein wenig zu plaudern. Eines Tages kam sie wieder und bat, eine bekannte Dame, die sie auf dem Friedhof traf und die draußen auf der Stiege wartete, hereinzubringen. - Frau Silbert willigte ein. Die Dame wurde hereingeholt und war in tiefer Trauer. Begrüßungen wurden gewechselt, jedoch keine Namen genannt und nur belanglose Gespräche geführt. Nach einer Weile begann es im Tisch ganz leise zu klopfen. Doch Frau Silbert tat, als ob sie nichts gehört hätte und erhob ihre Stimme, um das Klopfen zu übertönen. Es half nichts, auch die Klopftöne wurden lauter. Frau Silbert blickte zur fremden Dame, was diese wohl sagen würde, aber es schien, als hätte sie nichts gemerkt, denn sie saß still und blickte zu Boden. Ihr Gesicht war mit einem schwarzen Schleier bedeckt.

Das Klopfen wurde immer lauter, und die Regelmäßigkeit zeigte das Kommen eines Diktates an. Jetzt konnte Frau Silbert der fremden Dame die Sache nicht länger verheimlichen. Das Diktat wurde beendet, das Klopfen war vorbei. Man trennte die Worte und entzifferte den Sinn. Frau Silbert schüttelte den Kopf. Die fremde Dame schien aber diesen Sinn zu verstehen und bat weiterzulesen: '... nicht ausführen, was Du heute zu tun beabsichtigst. Du würdest Deinen Zweck nicht erreichen und Dich nur weiter von meinem Weg entfernen und Deine Seele einen anderen Weg nehmen.'

Die Dame erhob sich hastig, rannte in eine Ecke des Zimmers und begann bitterlich zu weinen. Frau Silbert konnte sich nicht zurechtfinden, war ganz verwirrt und fand keine Erklärung zwischen dieser Botschaft und dieser Dame in Trauer. Nun drehte sich die Dame um, zog ihren Schleier vom Gesicht und sprach unter Tränen: 'Ich verstehe diese Botschaft sehr gut, sie betrifft mich allein. Ich bin die Mutter des verstorbenen W.'

Frau Silbert war sprachlos. Frau W. wurde ruhiger, setzte sich wieder, seufzte und erzählte: Der Tod ihres Sohnes hatte sie all ihres Lebensmutes beraubt. Ihr Leid war zu groß, um es ertragen zu können. Die Zeit konnte nicht ihre Wunden heilen. Drei Monate nach seinem Tod fühlte sie sich noch so gebrochen wie am Todestag selbst. Sie besuchte das Grab am Vormittag, am Nachmittag und betete um ihren Tod. In ihrem argen Schmerz vergaß sie Haushalt und Gatten.

Als ihr Sohn den letzten Atemzug tat, fiel sie weinend auf die Knie und schrie wie rasend: 'Vergiß mich nicht, komm zurück, ich kann ohne dich nicht sein.' Nach diesem Befehl, der mit zitternder Willenskraft geäußert war, kehrte Leben in den Körper ihres Sohnes zurück, und er sprach zur Mutter: 'Warum rufst du meine Seele zurück, warum machst du die Freimachung so schwer, mißgönne mir nicht das Licht.' Dann sank er wieder zurück. Sie konnte die Worte nicht vergessen. Ihr Gram wurde immer größer.

Während sie so erzählte, schaute sie oft unter den Tisch, da sie berührt wurde, was sie aber nicht erschreckte. Nun fuhr sie fort: 'Ich hatte heute alles geordnet und mit meinem Leben abgeschlossen. Vormittags ging ich wieder zum Grab meines Sohnes. Heimgekommen setzte ich die Flasche mit Gift schon an die Lippen, wurde aber daran gehindert, weil die Tür von meinem Mann geöffnet wurde. Ich versteckte das Gift und ließ bei ihm gar keinen Verdacht aufkommen. Ich beschloß, abends meinen Plan auszuführen. Als ich daheim nichts mehr zu tun hatte, verbrachte ich noch die letzte Zeit am Grabe. Am Friedhof begegnete ich zufällig meiner Bekannten, die sich antrug, mich nach Hause zu begleiten. Sie ließ mich vor Ihrem Haus warten und führte mich dann hinein.

Ich kam hierher, ohne zu wissen und zu ahnen, wo ich mich befand. Ich konnte an nichts anderes denken als an den beabsichtigten Selbstmord. Jetzt erst wußte ich, daß ich mich im Hause der Frau Silbert befand, wovon mein Sohn so viel erzählte. Ich bin aufrichtig genug zu sagen, daß ich die Ansicht meinem Sohn gegenüber vertrat, daß Sie eine dunkle mysteriöse Frau seien, die mit Hilfe der bösen Mächte die Leute für sich gewann.

Vergeben sie mir bitte das Unrecht, das ich Ihnen und meinem Sohn antat. Der Zufall brachte mich in Ihr Haus, welches ich nie betreten wollte. Sie und mein Sohn und eine andere Macht noch haben mich abgehalten, Hand an mich zu legen. Wie konnte es kommen, daß eine Absicht, von welcher ich nie sprach und die ich nur in der Tiefe meiner Seele ängstlich verbarg, mein Sohn erfahren konnte? Ich bitte Sie nochmals um Verzeihung.'

Wir waren tief ergriffen und empfanden großes Mitleid mit dieser armen Mutter, die durch ihren freiwilligen Tod mit ihrem Sohn vereint sein wollte. Wieder begann das Klopfen, und Frau W. fragte ihren Sohn, wo er sei und wo er war, als er ihren Kummer fühlte, und ob er wüßte, was geschehen wäre, wenn sie ihren Plan ausgeführt hätte.

Frau Silbert kam in Trance, und der Sohn sprach einfach zu

seiner Mutter Worte, die wie Balsam auf ihre wunde Seele fielen. Er sagte ihr, daß bei Begehung des Selbstmordes sie sich eines schweren Verbrechens schuldig gemacht hätte und ihre Seele in finstere Regionen gekommen wäre, von seiner Seele weit entfernt. Sie hätte für dieses Verbrechen zu sühnen, denn niemand habe das Recht, sein Leben auch nur um eine Stunde zu verkürzen, und wörtlich sagte er: 'Warum weinst du um mich. Ich bin in lichten Sphären und bin glücklich, daß ich nichts mehr zu wünschen habe. Oder willst du mich wieder in das Tränental zurückbringen, daß ihr Erde nennt und nur die Hölle ist?

Die Macht deiner Gedanken zog mich noch einmal zurück in meine Erdengestalt, und es war doppelt schwer für mich, mich selbst wieder davon zu befreien. Du hast mich lange gebunden gehalten. Erfülle deine Pflicht auf Erden, und wenn die Stunde kommt, werde ich dich erwarten.'

Frau Silbert erwacht und sieht eine ganz veränderte Frau vor sich. Aus ihren Augen blickte neuer Lebensmut, und sie schien mit neuer Tatkraft erfüllt zu sein. Mit Worten des Dankes nahm sie Abschied. Später kam sie mit ihrem Gatten, der Frau Silbert nicht genug danken konnte. Beide waren nun glücklich und über das Schicksal getröstet, das ihnen anfangs hart und grausam schien. Sie wurden fleißige Besucher und blieben mit ihrem Sohn in Verbindung."

Auch in dem folgenden Beispiel, das von dem amerikanischen Arzt Dr. Moody in seinem Buch "Leben nach dem Tod" geschildert wird, nehmen die Gedanken und vor allem Gebete Einfluß auf den Sterbevorgang. Moody schreibt (14, S. 88): "In einigen wenigen Fällen haben Betroffene die Ansicht vorgebracht, sie seien unabhängig von ihren eigenen Wünschen durch die Liebe und die Gebete anderer aus dem Tod zurückgeholt worden." Zum Beispiel in folgendem Fall:

"Während ihrer letzten Krankheit, die sich sehr lange hinzog, war ich bei meiner älteren Tante und half bei ihrer Pflege. Alle in der Familie beteten dafür, daß sie wieder gesund werden möge. Ihre Atmung setzte mehrmals aus, doch wurde sie immer wieder zurückgeholt. Eines Tages schließlich schlug sie die Augen auf und sagte zu mir: 'Joan, ich bin drüben gewesen, drüben im Jenseits. Es ist wunderschön dort. Ich will gerne dortbleiben, aber solange ihr darum bittet, daß ich hier weiter mit euch lebe, kann ich es nicht. Eure Gebete halten mich hier fest. Bitte, betet nicht mehr.' Wir ließen alle davon ab, und kurz danach starb sie."

Bei dem folgenden Bericht hat man den Eindruck, als ob Kinder ihre sterbende Mutter mit Erfolg aus dem schon fast besiegelten Tode zurückgeholt haben. Der Bericht wurde 1911 von einem Autor namens Schrimpf veröffentlicht. Er lautet (19, S. 103): "Voriges Jahr - das heißt im Jahre 1910 - starb in Vorbruck eine 95jährige Frau namens André, geborene Vallentin. Noch zwei Tage vor ihrem Tode verrichtete sie ihre ganzen häuslichen Arbeiten, denn sie war noch sehr rührig und rüstig und erfreute sich einer vollkommen geistigen und körperlichen Frische. Trotzdem sah sie dem Tode mit Sehnsucht und Freude entgegen, und seit langen Jahren sprach sie ihren Verdruß darüber aus, daß sie noch immer hierbleiben müsse. Wenn man sie darüber befragte, erzählte sie gerne die Ursache.

Sie war zweimal verheiratet. Als ihr erster Mann starb, zählte sie 28 Jahre und hatte zwei Kinder. Sie heiratete zum zweiten Mal. Dieser Ehe entsprossen vier Kinder. Alle sechs waren noch ziemlich klein, als sie auch den zweiten Mann verlor. Sie brachte sich und ihre Kinder damit durch, daß sie Brot und allerlei kleines Gebäck backte. Sie hatte auf dem Markt einen kleinen Stand, wo man sie stets mit einem Strickstrumpf in der Hand sitzen sah.

So vergingen einige Jahre. Eines Tages im Herbst regnete es den ganzen Tag in Strömen. Sie fror an ihrem Stand erbärmlich, und als sie nach Hause kam, schüttelte sie das Fieber. Am nächsten Tag konnte sie nicht mehr aufstehen. Eine böse Lungenentzündung hatte sich entwickelt. Ihre zwei Ältesten mußten sich zum Stand setzen, und die vier Kleineren pflegten die kranke Mutter schlecht und recht, wie sie es eben verstanden. Hie und da sah wohl eine Nachbarin nach der Kranken, brachte ihr ein wenig Suppe usw., aber bei ihr sitzen bleiben und die Umschläge machen konnte keine, da die Nachbarsleute auch zumeist arm waren und selbst die Hände voll zu tun hatten.

Den dritten Tag wurde ihr plötzlich schlecht. Die Kinder liefen um Hilfe, doch bis der Armenarzt kam, konnte er nurmehr den Tod der armen Frau André konstatieren. Am nächsten Tag kam der Totenbeschauer und dann eine Frau, die die Tote wusch und anzog. Als sie fort war, kletterten die kleineren vier Kinder auf das Bett der Mutter. Laut jammernd und weinend schüttelten und rüttelten sie die Tote hin und her, sich über sie werfend und sie immer wieder rufend. Nachdem sie sie etwa zehn Minuten auf diese Art bearbeitet hatten, hob ein schwerer Seufzer die Brust der Entschlafenen, dann noch einer - und sie hob mühsam die Augenlider. Kaum hatten die Kinder dies bemerkt, als sie sich mit lautem Jubel von neuem auf sie warfen, sie in die Höhe zerrten, und es dauerte keine fünf Minuten, so hatten sie ihre Mutter wieder lebend und bei vollem Bewußtsein.

Das ganze Städtchen lief über das Wunder zusammen, man überhäufte die Wiedererstandene mit Lebensmitteln und Geld, und nach zwei bis drei Wochen saß sie wieder munter und tüchtig hinter ihrem Stand.

So lebte sie nach diesem Vorfall noch 58 Jahre lang. Nie hatte sie mehr eine Krankheit heimgesucht. Alle ihre Kinder sind ihr im Tode vorangegangen (!), und sie war nicht imstande, nur eines von denen dem Tode abzuringen, die sie einmal von dort zurückgerufen hatten, von wo es angeblich keine Wiederkehr gibt.

Über 30 Stunden waren es gewesen, die sie als Tote verbracht hatte. Sie erzählte darüber folgendes: 'Als mich plötzlich ein arges Unwohlsein überkam, fühlte ich, wie mir die Sinne schwanden. Dann fühlte ich eine starke, schaukelnde Bewegung, als ob sich das Bett unter mir hob und senkte. Dann war es mir, als ob ich von irgendeiner Höhe hinabstürzte, tiefer und immer tiefer. Ein schreckliches Angstgefühl und furchtbare Beklemmung war alles, was ich wußte. Plötzlich schien es mir, als ob ich Boden unter den Füßen bekommen hätte, und ich stand auf einer Heide. Weit und breit war nur eine öde, steppenartige Gegend sichtbar. Vor mir ein holperiger, ausgetretener Fußweg schien in diese Endlosigkeit hineinzuführen. Eine eigentümliche Dämmerung vervollständigte noch die Trostlosigkeit dieser Gegend. Es erschien alles wie an einem naßkalten Herbstabend, grau und unfreundlich.

Ich stand einen Augenblick ganz ratlos und unschlüssig. Da erhellte sich plötzlich ein kleiner Teil des Firmamentes in der Gegend, wo der Weg hinführte. Ein Lichtschein wurde heller und immer heller, gerade als ob die Sonne an einem recht nebeligen Morgen sich durch Dunst und Wolken kämpft. - Ich weiß nicht, bin ich dem Lichtschein entgegengegangen oder kam er mir entgegen? - Plötzlich ist es um mich herum hellichter Tag geworden, und ich stand zu meiner größten Überraschung unter einer Schar von Bekannten, die mich alle aufs herzlichste begrüßten! Es waren alle meine Lieben, die mir vorangegangen waren; meine Eltern, Geschwister, meine beiden Gatten - ein unendliches Glücksgefühl hatte sich meiner bemächtigt, eine nie gekannte Ruhe und Heiterkeit. Sie umringten mich jubelnd, und in ihrer Mitte schritt ich vorwärts, einem unsichtbaren Ziele zu.

Da erschütterten mich plötzlich heftige Stöße, ich wankte, man fing mich in den Armen auf, und bedauerlich hörte ich einige bekannte Stimmen sagen: 'Also ist sie heute nur auf Besuch zu uns gekommen? Und bleibt noch nicht bei uns? - Wann kommt sie ganz zu uns?' - Dann schwanden mir die Sinne, ich verspürte wieder die schaukelnde, fallende Bewegung; es schlugen verworrene Stimmen an mein Ohr. Man rief mich - mühsam öffnete ich die Augen, ich lag im Bett, meine Kinder schrien durcheinander: 'Sie lebt! Sie lebt wieder!'-

Ich war ja froh, daß ich meinen Kindern wiedergegeben wurde. Aber wenn ich allein war, überkam mich stets eine unendliche Sehnsucht nach jener Gegend, gleichsam, als hätte ich dort meine Heimat. Und in späteren Jahren erst recht, als mich ein Kind nach dem anderen verließ. Und ich warte mit Ungeduld auf den Tag, da ich ihnen folgen darf. Leider läßt er so lange auf sich warten."

In dem folgenden Fall ist eine trauernde Mutter nicht durch ein gütiges Geschick vor dem Selbstmord bewahrt geblieben. Sie hat ihn sofort nach dem Tode ihres Sohnes vollzogen. Die Begebenheit wird uns von Allan Kardec geschildert. Er arbeitete ab 1856 mit dem französischen Medium Madame Japhet (Pseudonym für Célina Bequet) und anschließend mit einem Monsieur Roze als Medium zusammen. Mit diesem hatte er 1865 eine Sitzung, in der der verstorbene Sohn und seine Mutter sich ihm als Fragesteller F. gegenüber mitteilen. Kardec[1)] berichtet (9, S. 327):

"Im Monat März 1865 hatte Herr C., Kaufmann in einem Städtchen bei Paris, bei sich zu Hause seinen 21jährigen Sohn, der schwer krank war. Als dieser junge Mann fühlte, daß es bei ihm ans Sterben gehe, rief er seine Mutter und hatte noch so viel Kraft, daß er sie umarmen konnte. Diese sprach unter heftigem Weinen zu ihm: 'Geh mein Sohn mir voran. Ich werde nicht säumen, dir zu folgen!' Anschließend ging sie hinaus, wobei sie den Kopf in den Händen verbarg.

Die, welche bei diesem herzzerreißenden Auftritt zugegen waren, sahen die Worte der Frau C. als einen einfachen Ausbruch ihres Schmerzes an, welchen Zeit und Vernunft stillen müßten. Als indessen der Kranke verschieden war, suchte man sie im ganzen

1) Allan Kardec, Pseudonym des französischen Arztes und Pädagogen Hippolyte Léon Denizard Rivail (1804-1869). Er war Schüler Pestalozzis, Begründer der romanischen Form des Spiritismus und Verfasser zahlreicher Bücher, die in großen Auflagen in alle Weltsprachen übersetzt wurden.

Hause und fand sie schließlich erhängt auf einem Speicher. Die Leichenbestattung der Mutter geschah zugleich mit der ihres Sohnes."

Einige Tage nach dem Tod von Sohn und Mutter fand eine Sitzung mit dem Medium Roze statt, bei der sich der Sohn (A) und seine Mutter (M) medial bei Kardec (F) meldeten und mit ihm folgendes Gespräch führten:

"F: 'Haben Sie Kenntnis vom Tode Ihrer Mutter, die sich ums Leben gebracht hat, da sie der Verzweiflung erlag, in welche sie der Verlust von Ihnen gestürzt hat?'

A: 'Ja, und ohne den Kummer, den mir die Ausführung ihres verhängnisvollen Entschlusses verursacht hat, würde ich vollkommen glücklich sein. Arme und vortreffliche Mutter! Sie hat die Prüfung dieser für Augenblicke geschehenen Trennung nicht ertragen können und hat, um mit ihrem Sohne, den sie so sehr liebte, wieder vereint zu sein, einen Weg gewählt, welcher auf recht lange Zeit sie davon fernhalten muß. So hat sie in unbestimmbarem Maße diese Wiedervereinigung verzögert, welche sich so rasch vollzogen haben würde, wenn die Unterwerfung unter den Willen des Herrn ihre Seele erfüllt hätte und wenn sie in reuiger Demut sich in die Prüfung ergeben hätte, welcher sie sich unterziehen sollte, und in die Sühne, welche sie läutern sollte!

Betet, o betet für sie! Und vor allem ahmet ihr nicht nach, ihr Mütter, die ihr gerührt werdet durch den traurigen Bericht von ihrem Tode! Glaubet nicht, daß sie mehr als andere Mütter diesen Sohn liebte, der ihre Freude und ihr Stolz war! Nein, sie liebte nicht mehr, aber ihr fehlten Mut und Gottergebung. Ihr Mütter, die ihr auf mich hört, wenn ihr den Todeskampf eurer Kinder sehen werdet und wie sich ihre erloschenen Augen verschleiern, dann erinnert euch, daß ihr gleich Christus den Gipfel Golgathas besteigt, von dem ihr euch in die ewige Herrlichkeit erheben sollt!

Benjamin C."

Anschließend trat die Mutter (M) in das Medium ein, und es wurde mit ihr folgendes Gespräch geführt:

"M: 'Ich will meinen Sohn sehen! Habt ihr die Macht, ihn mir wiederzugeben? Die Grausamen! Sie haben ihn mitgenommen, um ihn einzuführen in das Licht, und haben mich in der Nacht gelassen! Ich will ihn haben, er gehört mir! Gilt denn die Mutterliebe nichts? Was? Neun Monate getragen zu haben, genährt mit meiner Milch, Fleisch vom eigenen Fleische, Blut vom eigenen Blute, gelenkt zu haben seine ersten Schritte, ihn gelehrt zu haben, den heiligen Gottesnamen und den süßen Mutternamen zu stammeln, daraus gemacht zu haben einen Mann voll Tätigkeit, Einsicht, Ehrbarkeit, Geradheit, Kindesliebe - und ihn zu verlieren zu der Zeit, wo er die Hoffnungen verwirklichte, die man auf ihn gesetzt hatte, wo eine glänzende Zukunft sich vor ihm auftat! Nein, Gott ist nicht gerecht! Er ist kein Gott der Mütter! Er versteht ihre Verzweiflung und ihren Schmerz nicht. Und wenn ich mir den Tod bereite, um mein Kind nicht zu verlassen, so raubt man es mir von neuem! Mein Sohn, mein Sohn, wo bist du?'

F: 'Arme Mutter, wir haben Mitleid mit Ihrem Schmerz. Aber Sie haben ein trauriges Mittel ergriffen, um mit Ihrem Sohn wieder vereinigt zu werden. Der Selbstmord ist in Gottes Augen ein Verbrechen, und Sie hätten daran denken sollen, daß Gott jede Verletzung seiner Gesetze bestraft. Des Anblicks Ihres Kindes beraubt zu sein, das ist Ihre Bestrafung.'

M: 'Nein, ich glaubte, Gott sei besser als die Menschen. Ich glaubte nicht an seine Hölle, sondern an die ewige Wiedervereinigung der Seelen, die einander geliebt haben, wie wir einander liebten. Ich habe mich getäuscht. Er ist kein gerechter und guter Gott, weil er die Maßlosigkeit meines Schmerzes und meiner Liebe nicht verstanden hat. Oh, wer wird mir meinen Sohn wiedergeben? Habe ich ihn denn für immer verloren? Erbarmen, Erbarmen mein Gott!'

F: 'Lassen Sie sehen, beschwichtigen Sie Ihre Verzweiflung! Bedenken Sie, wenn es ein Mittel für Sie gibt, Ihr Kind wiederzusehen, so liegt das nicht in einer Gotteslästerung, wie Sie sie üben. Statt sich Gott geneigt zu machen, ziehen Sie sich eine größere Strenge herbei.'

M: 'Man hat mir gesagt, daß ich ihn nicht wiedersehen würde. Ich hab's verstanden: Ins Paradies haben sie ihn geführt. Und ich, ich bin also in der Hölle? Der Hölle der Mütter? Sie besteht, nur zu sehr sehe ich es.'

F: 'Ihr Sohn ist gar nicht unwiederbringlich verloren, glauben Sie mir's! Sie werden ihn gewiß wiedersehen. Aber Sie müssen es erst verdienen durch Ihre Unterwerfung unter den Willen Gottes, während Sie durch Ihre Empörung diesen Zeitpunkt in unbestimmbarer Weise verzögern können. Hören Sie auf mich! Gott ist unendlich gut, aber er ist unendlich gerecht. Er straft nie ohne Ursache, und wenn er Ihnen auf Erden großen Schmerz auferlegt hat, so geschah es, weil Sie das verdient hatten. Der Tod Ihres Sohnes war eine Prüfung für Ihre Ergebung. Unglücklicherweise sind Sie zu Ihren Lebzeiten da unterlegen, und siehe da, nach Ihrem Tode unterliegen Sie da von neuem. Wie soll nach Ihrem Wunsch und Wollen Gott seine sich auflehnenden Kinder belohnen? Aber unerbittlich ist er nicht. Er nimmt immer die Reue des Schuldigen an. Hätten Sie ohne Murren mit Demut vielmehr die Prüfung hingenommen, die er Ihnen in dieser auf kurze Zeit geschehenden Trennung zusandte und hätten geduldig gewartet, bis es ihm gefiel, Sie von der Erde wegzunehmen, bei Ihrem Eintritt in die Welt, in der Sie jetzt sind, hätten Sie dann Ihren Sohn sofort wiedergesehen, der Sie bewillkommnet und Ihnen die Arme entgegengestreckt hätte. Sie würden die Freude gehabt haben, ihn nach dieser Zeit der Abwesenheit als einen von Glück Strahlenden zu sehen. Was Sie getan haben und was Sie noch tun in diesem Augenblick, setzt zwischen Sie und ihn eine Schranke. Glauben Sie ja nicht, daß er in den Tiefen des Raumes verloren sei! Nein, er ist Ihnen näher, als Sie glauben. Aber ein undurchdringlicher Schleier entzieht ihn Ihrem Blicke. Er sieht Sie, er liebt Sie allezeit, und er seufzt über die traurige Lage, in welche Sie Ihr Mangel an Gottvertrauen versetzt hat. Er ruft mit allen seinen Wünschen den beglückenden Zeitpunkt herbei, wo es ihm vergönnt sein wird, sich Ihnen zu zeigen. Von Ihnen allein hängt es ab, diesen Zeitpunkt zu beschleunigen oder zu verzögern. Bitten Sie Gott und sprechen Sie mit mir: "Mein Gott, verzeihe mir, daß ich an Deiner Gerechtigkeit und Güte gezweifelt habe! Wenn Du mich gestraft hast, so erkenne ich, daß ich es verdient habe. Nimm gnädig meine Reue und meine Unterwerfung unter Deinen heiligen Willen an!"'

M: 'Welch einen Hoffnungsstrahl haben Sie in meiner Seele jetzt aufleuchten lassen! Das ist ein Blitz hinein in die Nacht, die mich umgibt. Haben Sie Dank! Ich werde beten. Gott befohlen!

C.'"

Der folgende Bericht stammt von einem englischen Medium Grace Cooke (gest. 1979). Ihre Medialität trat erstmals in Erscheinung, als sie zwölf Jahre alt war. Ihre Fähigkeit des Hellsehens, Hellhörens und zur Tieftrance hielt über 60 Jahre lang an. Sie kam mit einer Vielzahl von Jenseitigen in Verbindung und wurde von ihnen oft um Hilfe gebeten. Ein solches Erlebnis schildert sie mit folgenden Worten (16, S. 12): "Ein Elternpaar hatte seinen einzigen Sohn verloren, einen Jungen von 14 Jahren, Bruder eines Mädchens von 17. Alle waren einander zugetan und glücklich. Die jungen Menschen waren vielversprechende Schüler und gehörten zu den Besten ihrer Klassen. Eines Tages wurde der Junge ernstlich krank. Trotzdem alles Erdenkliche für ihn getan wurde, ging es immer mehr bergab, und er starb.

Die Familie war untröstlich. Religiös wie sie waren, glaubten sie an ein Leben nach dem Tode. Doch als sich dieser Schicksalsschlag ereignete, wurde ihr Glaube einer bitteren Prüfung unterzogen. Des Vaters eigene Worte, als er mir schrieb, waren: 'Ich suchte und betete und rief inbrünstig meinen Schöpfer an, doch der Himmel blieb verschlossen. Meine Gebete wurden nicht erhört, nur der Schrei meines eigenen Herzens kam zu mir zurück.'

Nach Monaten der schlimmsten geistigen und seelischen Verfassung wurde er durch ein inneres Gefühl in einen Gottesdienst geführt. Er saß auf der hintersten Bank der Kirche - ein gebrochener Mann. Ich war die Referentin bei dieser speziellen Veranstaltung und bemerkte ein geistiges Licht um diesen Mann, der damals noch ein Fremder für mich war. Dann aber zeigte mir mein Zweites Gesicht[1)] die geistige Gestalt des Jünglings, der nahe bei seinem Vater stand. Eine telepathische Verbindung entstand zwischen dem Jüngling und mir, doch weiter geschah bei dieser ersten Begegnung nichts. Als der Gottesdienst zu Ende war, erkundigte ich mich nach dem Mann in der letzten Bankreihe und merkte mir seinen Namen. Auf der Heimfahrt überdachte ich einige Begebenheiten, als ich plötzlich eine unbekannte Stimme flüstern hörte: 'Bitte schreibe meinem Vater.' In Gedanken antwortete ich: 'An wen soll ich schreiben?' Die Antwort kam augenblicklich, und ich erhielt den Namen des Mannes in der Kirche. Es wurde spät an jenem Abend, und müde wie ich war, wischte ich die Angelegenheit beiseite. Am nächsten Tag war sie vergessen.

Ein wenig zu meinem Ärgernis, denn ich war mit häuslichen Angelegenheiten überlastet, erschien er mir erneut und sagte wiederum: 'Bitte schreibe meinem Vater. Sage ihm, daß ich lebe und oft bei ihm zu Hause bin. Bitte schreibe sogleich, denn es ist dringend.' Sein Flehen war so stark und so ergreifend, daß ich mich gezwungen sah, mich hinzusetzen, Papier und Feder zur Hand zu nehmen und zu schreiben.

Seine Worte durchfluteten mich. Dies war der Brief eines Sohnes, der seinem geliebten Vater schrieb, von dem er so lange getrennt war. Nun bewies der Sohn seine Identität klar und eindeutig. Er beschrieb viele Einzelheiten, seine Kindheit, seine Habseligkeiten, seine Uhr, wie auch den schon lang verstorbenen Großvater, den er auf der an-

1) *Damit meint sie ihre Hellsichtigkeit.*

deren Seite des Schleiers getroffen hatte, und von dem diese Uhr ein Geschenk war. Er erzählte auch von Schwester und Mutter und erinnerte an häusliche Einzelheiten, welche seit seinem Tod passiert waren, und bei welchen er in seinem Geistkörper tatsächlich anwesend war. Es war in jeder Hinsicht ein Brief der Wiedervereinigung, mit dem der Sohn den Abgrund jener langen Trennung überbrückte, während welcher der 'Himmel verschlossen' schien und keine Antwort auf den Notruf des Vaters gekommen war.

Aus des Vaters Antwortbrief an mich ging hervor, daß ihre Herzen im Begriff waren zu verhärten. In ihrem Kummer hatten sich die Eltern gegen das Schicksal aufgelehnt, als es dem Jungen im letzten Augenblick gelungen war, die Schranke zu durchbrechen. Seine Nachricht hatte ihnen nicht nur Trost, sondern auch eine Offenbarung gebracht. Die Beschreibung des Landes, in welches er gegangen war, hatte den Eltern eine Flut geistiger Erkenntnisse vermittelt. Seither war er für sie nicht mehr 'tot', sondern wie neu geboren, und ein tiefes, segensreiches Glück wurde ihnen allen zuteil. Es schien beinahe so, als wäre er von ihnen weggenommen worden, um als Tröster zu ihnen zurückzukehren. Sein Kommen bedeutete für sie eine geistige Einweihung, eine Offenbarung von etwas, das ewig ist in des Menschen Seele. Jahrelanges Predigen und Belehren könnte diese Art der Erleuchtung niemals bringen. Sie kommt als Resultat einer tiefgründenden Erfahrung, die das Wirken einer allmächtigen und allweisen Liebe aufzeigt, die sich um jede individuelle Seele kümmert. Sagt Jesus nicht: 'Zwei Sperlinge verkauft man für einen Pfennig, und dennoch fällt keiner vom Dach, ohne daß es euer Vater wüßte. Sogar die Haare auf eurem Haupt sind gezählt.'

Ich entsinne mich einer Frau, die zu mir gekommen war, nachdem sie ihren Mann verloren hatte. Ihr Schmerz und ihre Trauer waren mitleiderregend, denn sie machte sich Vorwürfe, daß sie ihn während ihres gemeinsamen Lebens vernachlässigt hatte. Sie dachte ständig an verschiedene Episoden während seiner letzten Krankheit und konnte es weder glauben noch annehmen, daß die Zeit für ihren Mann gekommen war, eine erweiterte Tätigkeit in einer glücklicheren Lebenssphäre anzutreten. Während unserer ersten Zusammenkunft war sie untröstlich, und wenig konnte ich tun, so dicht war sie in Schmerz und Selbstmitleid eingehüllt. Ich sagte ihr, daß ihre Gemütsverfassung jeglichen Trost von seiten ihres Mannes verunmöglichen und die subtilen Schwingungen, welche ein Teil der geistigen Welt seien, könnten ihre Dunkelheit nicht durchdringen. Schmerz und Selbstmitleid, die für gewöhnlich bei einem Tod so überhandnehmen, stürzen nicht nur die Trauernden in Verzweiflung, sondern vereiteln jeden Versuch einer Annäherung aus den jenseitigen Sphären, wo ihre Lieben glücklich und gesünder sind, als je zuvor.

Als ich diese Dinge der unglücklichen Witwe erklärte, wurde sie allmählich ruhiger, und der Nebel um sie begann sich aufzulösen. Dann sah ich nahe bei ihr die geistige Gestalt ihres Mannes. Langsam überzeugte er sie durch meine Vermittlung von seiner Existenz, durch seine Art des Redens, seiner Gedanken und Gebärden, indem er ihr viele Einzelheiten aus ihrem gemeinsamen Leben in Erinnerung rief. So bewies er ihr seine Identität, und allmählich glaubte sie, daß er noch immer lebe, und war sehr getröstet. Seine Beweise sind zu persönlich, um hier wiedergegeben zu werden, doch schrieb sie mir: 'Heute nacht träumte ich von meinem Mann. Er nahm meine Hand und drückte sie. Ich fühlte es ganz deutlich, ehe ich erwachte. Das war ein außerordentlich tröstlicher Traum, er preßte meine Hand so warm und liebevoll. Ein anderes Mal schlief ich ein, während ich einen Brief schrieb, und träumte von ihm. Er sagte, er hätte mir sechs Botschaften gesandt, von denen ich aber nur zwei erhielt.'

Später schrieb sie mir: 'Ich hatte wieder das Glück, mehrere Male von meinem Mann zu träumen, und jedesmal sah ich ihn ganz deutlich. Ich sehne mich jetzt mehr denn je nach einer neuen Gelegenheit, ihm vermehrte Sympathie und Liebe zu zeigen.'

Der Kontakt zwischen den Lebenden und den Toten wird, so glaube ich, zuerst auf einer höheren Ebene vorbereitet. Ferner bin ich davon überzeugt, daß in der geistigen Welt eine exakt genau arbeitende Organisation besteht, mit deren Hilfe in Sympathie verbundene Freunde auf beiden Seiten des Schleiers miteinander in Verbindung gebracht werden können. Das will besagen, daß im Jenseits Wesen vorhanden sind, die für diesen speziellen Dienst bereitstehen, um Freunde, die der Tod getrennt hat, zusammenzubringen, wenn die Bereitschaft hierfür existiert und sie die Möglichkeit zu einer solchen Kommunikation anerkennen. Dann kann die Verbindung durch die Kenntnisse dieser Helfer hergestellt werden. Es handelt sich hierbei um die Geistigen Gesetze des 'In-Einklang-Bringens', die von Uneingeweihten nicht voll verstanden und gewürdigt werden. Es ist nicht so, daß hier Geister zitiert werden. Vielmehr suchen sie uns, wenn dies zum Wohl aller beiträgt, und sie geben sich unendliche Mühe, die Kluft zu überbrücken.

Diejenigen, die uns vorangegangen sind, kommen von den Reichen des Lichtes zu uns zurück, weil sie uns lieben. Es muß aber zugleich gesagt sein, daß es andere Geister gibt, die von dieser Welt in einem Zustand der Finsternis, der Schwere und ohne Liebe weggegangen sind, weil ihre Herzen in Selbstsucht, Habsucht und Begierden verstrickt waren. Diese können nicht in ein Reich von Harmonie und Schönheit eingehen. Trotzdem finden sie Verständnis und Freundlichkeit, sobald sie Hilfe suchen. Diejenigen hingegen, die auf Erden einfach lebten und ihre Mitmenschen liebten, werden in einer Welt von großer Schönheit bald Gefährten finden. Sodann werden sie mit Wesen größerer geistiger Macht und Erleuchtung in Kontakt gebracht, die sie über die neuen Wege des Lebens belehren.

Ich habe diese Beispiele aus vielen Tausenden von Fällen ausgesucht. Alle waren trauernde Hinterbliebene, die von der geistigen Welt her aufgesucht wurden, um Beweise zu erhalten, daß ihre Lieben nach dem Tode **weiterleben**. Mein eigenes Wirken dauert nunmehr 60 Jahre, doch ich arbeite nicht allein. Mein innig geliebter geistiger Führer, der unter dem Pseudonym 'White Eagle' bekannt ist, hilft mir und leitet mich. In sehr vielen Fällen hat er nicht nur praktische Beweise über das Leben nach dem Tode gebracht, sondern zeigte auch außerordentliche Kenntnisse, wie jene in der geistigen Welt zu finden sind, die durch den Tod von ihren Freunden getrennt wurden und mit ihnen wieder zusammengebracht werden können."

In dem folgenden Beispiel kommt ein verstorbener Sohn mit seiner untröstlichen Mutter ohne Vermittlung eines Mediums in direkte Verbindung und kann ihr dadurch aus ihrem großen Kummer heraushelfen. Die betroffene Frau W. hat mir ihren Fall mit eigenen Worten im Januar 1987 folgendermaßen beschrieben:

"Am 13. Juli 1985 starb mein Sohn Markus an den Folgen eines Verkehrsunfalls. Ich erfuhr es am Telephon durch die Mutter seines Freundes, mit dessen Motorrad der Unfall geschah. Es war furchtbar! Ich durfte ihn nicht mehr sehen, weil seine Kopfverletzungen zu schwer waren.

Am Tage der Beerdigung wollte ich alleine ins Leichenhaus. Ich wollte Abschied nehmen von ihm. Alle hatten Angst, daß ich zusammenbrechen würde, deshalb ging meine älteste Tochter Christine mit. Als ich am Sarge stand, war ich auf einmal ganz ruhig. Es war, als ob mein Sohn neben mir stand und mich beruhigte. Er streichelte mich und sagte immer wieder: 'Sei doch ruhig, Mutterle, reg dich nicht auf!' Er war ganz nahe bei mir. Ich spürte seine Gegenwart. Ich war so ruhig, wie die ganzen Tage zuvor nicht. Meine Tochter war ganz erstaunt darüber und erzählte es zu Hause meinen Angehörigen. Ich muß dazu sagen, daß ich die Stimme von Markus nicht laut hörte, sondern nur ahnte und irgendwie spürte, daß er mit mir sprach.

Es kamen furchtbare Tage und Wochen. Trotz allem hatte ich immer das Gefühl, als ob mein Sohn ganz nahe bei mir war. Ich 'spürte' einfach seine Gegenwart. Ein paarmal war ich völlig verzweifelt. Dann kam es vor, daß mich plötzlich Freunde von ihm besuchten. Wie sprachen dann über Markus, über die Streiche, die sie zusammen gemacht hatten. Danach wurde ich wieder ruhiger. Es kam mir dabei immer so vor, als ob Markus sie geschickt hätte. Ich machte mich selbst ganz kaputt, weil ich ununterbrochen Schuldgefühle hatte. Jedes böse Wort und jede kleine Meinungsverschiedenheit, die es wahrscheinlich bei jedem heranwachsenden Jungen ab und zu gibt, waren für mich auf einmal ein Drama. Ich suchte immer nach Fehlern, die ich meiner Ansicht nach gemacht hatte. Ich glaubte, ich hätte noch viel mehr für ihn tun sollen. Alle aus meiner Umgebung sagten zwar, daß ich mich nur selber kaputtmache, und noch dazu ohne Grund, denn wir hatten immer ein sehr gutes Verhältnis zueinander.

Dann ereignete sich ein Vorfall, den ich niemals vergessen werde. Es war ein dreiviertel Jahr nach seinem Tod. Ich war an dem Tag wieder total am Boden. Ich lief in der Wohnung umher und weinte und sprach laut vor mich hin. Immer wieder machte ich mir Vorwürfe, daß ich manchmal vielleicht nicht gerecht zu ihm gewesen sei oder daß ich ihm noch mehr hätte geben müssen. Auf jeden Fall war ich mal wieder völlig verzweifelt. Ich ging dann ins Bad und fing an, die Waschbecken zu putzen. Dabei redete und weinte ich laut vor mich hin. Auf einmal, es war, wie wenn er ganz nahe bei mir stände, fiel er mir laut und sehr ärgerlich ins Wort. Er sagte: 'Jetzt hör endlich mal auf damit. Glaubst du, daß ich dir nach einem dreiviertel Jahr nicht schon längst alles verziehen hätte? Es wird alles gut.' Dann war er still. Ich stand da wie gelähmt und starrte in den Spiegel. Ich weiß noch genau, daß die Stimme in oder neben meinem Körper auf der linken Seite sprach. Auf jeden Fall ganz nahe, fast so, als wenn er in meiner linken Körperhälfte gesprochen hätte.

Ich war ganz ruhig geworden. Mir wurde auf einmal bewußt, daß er noch genauso traurig und ärgerlich wird wie zu Lebzeiten, wenn ich um ihn weinte und mir Vorwürfe machte, die überhaupt nicht gerechtfertigt waren. Als er noch lebte, wollte ich ja auch nur sein Bestes. Ich denke immer daran, wenn ich wieder anfange zu trauern und hoffe, daß er jetzt mit mir zufrieden ist. Ich werde ihn trotzdem nie vergessen."

Auf Seite 33 dieses Buches habe ich bereits ausführlich über den britischen Journalisten William T. Stead berichtet, der bei dem Untergang der *Titanic* ums Leben kam. Er äußerte sich nach seinem Tode durch seine medial veranlagte Tochter auch über die Schwierigkeiten bei der Durchgabe seiner ersten Botschaften. Er spürte den Kummer seiner Angehörigen, fühlte sich durch ihre Trauer behindert und war froh, sich zunächst bei fremden Menschen kundgeben zu können. Er sagt (22, S. 48):

"Ich kam, wie gesagt, sehr häufig und versuchte, auf verschiedenen Wegen meine Botschaften nach Hause zu senden. Teils gelang es mir, teils nicht. Man ist hier drüben für den Erfolg oder Mißerfolg der Verständigung mitverantwortlich. Es hängt sehr viel von der Arbeit der Jenseitigen ab. So oft ich Erfolg hatte, half ich auch anderen. Ging es mir fehl, bat ich selbst um Hilfe und erhielt sie, vor allem auch deshalb, weil ich schon auf Erden sehr viel Zeit dem Studium der Jenseitswissenschaft geopfert hatte.

Ich möchte nun erzählen, wie ich meine ersten Botschaften durchbekam und woran ich feststellen konnte, daß ich erfolgreich war. Wir hatten alles Notwendige gelernt, das zum engeren Kontaktschluß mit der Erde erforderlich war. Natürlich war ich allein dazu nicht in der Lage und hatte deshalb einen Helfer, den ich hier 'Beamten' nenne. Er begleitete mich bei meinem ersten Versuch. Wir begaben uns also zur Erde. In dem Zimmer, das wir aufsuchten, befanden sich noch zwei oder drei Leute, die sich erregt über das schreckliche Unglück des Unterganges der '*Titanic*' und die unwahrscheinlich anmutende Tatsache unterhielten, daß eine Anzahl Menschen gerettet worden war. Dann hielten sie eine spiritistische Sitzung ab, und der Beamte zeigte mir, wie ich mich bemerkbar machen könne. Die dazu notwendige Macht ist der konzentrierte Gedanke. Ich mußte also versuchen, mich in die Anwesenden 'hineinzudenken'. Ich stellte mich mir noch im Fleische befindlich vor, in der Mitte des Zimmers stehend, während ein starker Lichtstrahl auf mich fällt. Dieses Bild mußte ich in mir festhalten und mich intensiv darauf konzentrieren: Ich war da, und die irdischen Anwesenden hatten sich dessen bewußt zu werden!

Anfangs gelang mir das selbstredend noch nicht, aber nach einigen vergeblichen Versuchen wurde mein eifriges Bemühen vom Erfolg gekrönt: Die sensitiven Sitzungsteilnehmer sahen mich tatsächlich! Vorerst allerdings nur mein Gesicht. Aber das lag an mir, da ich mir bei dem Bild, das ich imaginativ von mir erschuf, nur mein Gesicht geistig vor Augen hielt. Ich konzentrierte mich einfach auf das, was sie am ehesten von mir erkennen würden. Auf die gleiche Weise sandte ich dann eine geistige Botschaft. Ich stellte mich neben das Medium und konzentrierte mich auf einen kurzen Satz, den ich wiederholt langsam und betont vor mich hin sprach. Das praktizierte ich unter ständiger intensiver Konzentration so lange, bis das Medium den Satz teilweise aussprach. Daran konnte ich also erkennen, daß ich endlich Erfolg hatte, und ich muß bekennen, daß es mir relativ leicht fiel. Nun, ich kannte ja genau die Eigenarten der an der Sitzung beteiligten Menschen und die Bedingungen im Séanceraum. Viele jedoch, die kein so umfangreiches 'Fachwissen' von ihrem Erdenleben mitbrachten, konnten beim ersten Versuch keinerlei Eindruck bei den Séanceteilnehmern hinterlassen.

Bei dieser eben beschriebenen Sitzung war keiner meiner irdischen Familienangehörigen zugegen. Sie hätten mir zu jener Zeit auch wahrscheinlich jede Verbindung unmöglich gemacht, da ich ihren Kummer um meinen plötzlichen Tod sehr stark mitfühlte und deshalb nicht fähig gewesen wäre, mich ganz objektiv auf die Verbindung zu konzentrieren. Hier war mir das möglich - die ganze Atmosphäre war unpersönlich, und nichts wirkte ablenkend. Es war sehr vorteilhaft für die weitere Entwicklung, daß dieser erste Versuch nur eine Probe darstellte, um zu zeigen, ob es mir gelingen würde, bei mir zu Hause durchzudringen."

Stead läßt sich nun noch weiter über die Kraft der Gedanken aus und berichtet: "Bei ihrem Bemühen, eine beweiskräftige Form der Verbindung zwischen Erde und Jenseits zu erreichen, haben die Menschen ihr Hauptaugenmerk immer auf die Möglichkeit der Wiederkehr bzw. Rematerialisation der verstorbenen Persönlichkeit gerichtet. Es fällt ihnen zumeist sehr schwer, jede andere, noch so zwingende Beweise vermittelnde Methode der Manifestation jenseitiger Intelligenzen zu akzeptieren. Diese vorgefaßte Meinung läßt sie sehr häufig den hervorragenden Wert direkter Gedankenverbindung - die sehr viel persönlicher und von äußeren Umständen unabhängiger ist, als andere Formen - verkennen oder gar geringschätzen. Diese spezifische Form der Jenseitsverbindung schaltet aber eine ganze Reihe wesentlicher Fehlerquellen von vornherein aus, wie zum Beispiel die Verfärbung der Botschaft durch das Bewußtsein eines fremden Mediums oder anderer Sitzungsteilnehmer mit all ihren geistigen Gegensätzen und persönlichen Vorurteilen.

Die persönliche Gedankenvermittlung oder -übertragung ist eine viel wirksamere, besonders unmittelbare und eindrucksvolle Art der

Verbindung, als von der Mehrheit der gläubigen Spiritisten gemeinhin angenommen wird. Konzentrierst du dich auf den Geist irgendeiner abgeschiedenen Person, so entwickelst du eine lebendige aktive Kraft, die wie eine elektrische Schwingung den Raum durchstößt. Nie wird sie ihr Ziel verfehlen. Richtest du deinen Gedankenstrahl an ein bestimmtes Wesen in der jenseitigen Welt, wird es sich unmittelbar dieser Kraft bewußt und wird deine Gedanken aufnehmen. Alle im Jenseits Lebenden sind ungleich viel sensitiver als die Erdenmenschen. Wird also ein zielgerichteter Gedanke an uns abgesandt, wirkt er wie ein tatsächlicher Telefonanruf, und wir sind praktisch immer in der Lage, mit der sendenden Person in Kontakt zu treten.

Befinden wir uns räumlich in der Nähe einer irdischen Person, sind wir fähig, uns ihrem Zustand weitgehend anzupassen und sie dann mit unseren Gefühlen und Gedanken zu beeindrucken. Höchst selten allerdings wird die betreffende Person unseren Einfluß als solchen erkennen, sondern vielmehr die auf sie einströmenden Ideen und Vorstellungen als eigene Produktion oder vielleicht als Halluzinationen betrachten. Nichtsdestoweniger wird der Erkennende überrascht sein von der Fülle an Informationen und geistigen Hilfen, die man auf diesem Wege empfangen kann.

Das ist nun nicht nur auf diejenigen, die an die Realität dieser Beeinflussung aus dem Jenseits glauben, anwendbar. Jeder, der einige Augenblicke ruhig sitzt und seine Gedanken zu einem lieben 'Verstorbenen' schweifen läßt, kann dessen Geist dadurch anziehen. Mag er sich dann seiner Anwesenheit bewußt werden oder nicht, seine Gegenwart ist Tatsache.

Wären sich die Erdenmenschen über die Wirkungen ihrer auf eine bestimmte jenseitige Person gerichteten Gedanken im klaren, würden sie diese weit mehr als bisher unter strenger Kontrolle halten. Es gibt sehr viele Möglichkeiten der Gedankenhaltung, und jeder einzelne Gedanke, gleich welcher Tendenz, wird hier genauestens registriert. Viele dieser Gedanken üben eine effektive Wirkung auf das betroffene jenseitige Wesen aus, aber, abgesehen davon, fällt die Wirkung jedes Gedankens letztlich auf ihren Urheber selbst zurück.

Wenn ich hier behaupte, daß alle Gedanken registriert werden, dürfte das für euch unverständlich oder sogar unglaublich erscheinen. Ich möchte deshalb die Bezeichnung 'alle Gedanken', die nicht ganz zutreffend ist, präziser definieren. An Stelle 'alle Gedanken' müßte man richtiger sagen: 'alle bewußten Gedanken'. Darunter sind alle aktiven - positiven oder negativen - Gedanken, aber nicht die trivialen

Gewohnheitsgedanken des Alltages zu verstehen. Die rein persönlichen Gedanken sind dabei, wie schon gesagt, solange bedeutungslos, als sie sich nicht zu einer behindernden und damit zerstörenden Breite auswachsen.

Da es viele Menschen einfach für unmöglich halten, daß alle ihre bewußten oder 'direkten' Gedanken registriert werden und bei der angesprochenen Person oder Sache konkrete Wirkungen auslösen können, um schließlich auf den Auslösenden selbst zurückzufallen, möchte ich noch einmal mit Nachdruck feststellen: Glauben Sie mir, es ist eine Tatsache!

Ihr spürt doch selbst ganz deutlich den Einfluß der Ausstrahlung einer Person, die extrem unglücklicher oder glücklicher und zufrieden heiterer Stimmung ist. Diese Wirkung wird durch eine entsprechend der geistigen Verfassung verlangsamte oder erhöhte Schwingungskraft der betreffenden Persönlichkeit verursacht. Ihr empfindet also die besonders starken Ströme der Niedergeschlagenheit oder Freude. In sich sind die beiden genannten Extreme von gleich großer Strömungs- oder Strahlkraft. Auf die Menschen aber, die ihrer Wirkung ausgesetzt werden, wirken sie individuell verschieden. Die Außenstehenden selbst werden sich der Rückwirkung ihrer Gedankenkräfte auf ihr eigenes Ich meist nicht bewußt. Trotzdem ist sie in jedem Falle mehr oder weniger stark vorhanden und bleibt dem Gemüt der Betreffenden noch lange nachher stark eingeprägt.

Hier im Jenseits angelangt, müssen die ganzen 'seelischen Aufzeichnungen' noch einmal bewußt von ihrem Träger selbst erfaßt und einzeln durchgearbeitet werden. Kein Richter in Robe und Perücke veranlaßt und überwacht diesen Vorgang, sondern das eigene individuelle Ich.

Wir bringen also ein deutliches, vollkommenes oder absolutes Erinnerungsvermögen an unser irdisches Leben ins Jenseits mit[1)]. Gemäß der Beschaffenheit unserer individuellen Gedanken-Aufzeichnung erlangen wir hier im Jenseits einen Zustand der Trauer, des Glücks, Unglücks, der Verzweiflung oder inneren Befriedigung. Hier beginnt ein Verlangen in uns sich zu verbreiten, alles auf Erden durch uns verursachte Unrecht und Leid gutzumachen und aus-

1) Das kann sich aber nur auf Menschen bzw. Verstorbene einer bestimmten Entwicklungsstufe beziehen, der auch Stead angehört und für die er seine Erfahrungen hat, denn wir haben zahlreiche Berichte über Verstorbene, die nach ihrem Tod mehr oder weniger lange Zeit geistig weitgehend umnachtet sind und oft nicht einmal mehr ihren irdischen Familiennamen und ihr Geburtsdatum wissen.

zugleichen, was wir auf Erden durch unbewußte oder bewußte falsche Gedankenhaltung verschuldet haben. Deshalb sage ich nochmals, daß es nicht nur empfehlenswert, sondern in höchstem Maße notwendig ist, schon auf Erden seine Gedanken unter strenger Kontrolle und sich selbst im Zaum zu halten. Es ist sehr vorteilhaft in Hinsicht auf die zukünftige Entwicklung eines jeden Menschen, sich diesen Rat zu Herzen zu nehmen und danach zu handeln, auch wenn man im Erdenleben die Tragweite dieser Dinge noch nicht zu erfassen vermag.

Ich wünschte, daß ein jeder sich die möglichen Resultate seiner gedanklichen und materiellen Handlungen klar vor Augen hielte - das Unglück, das er anderen bereitet und vor allem die schwere Gewissensnot, die sein Handeln ihm selbst im Jenseits verursacht, wenn er die ganzen Zusammenhänge klar übersieht.

Vergeßt also nie, daß eurer Geist einer Vorratskammer gleicht, die alles Geschehene für euer jenseitiges Leben aufbewahrt. Alles, was euch im nachtodlichen Leben widerfährt, ist eine direkte Folge davon, inwieweit ihr eure Gedanken und niederen materiellen Triebe beherrschen lerntet. Notwendig für euer zukünftiges Glück ist es, Geist und Seele über den Körper und die Materie herrschen zu lassen. Es liegt bei euch, zu entscheiden, ob euch das möglich ist.

Wenn du bereit bist, für all deine Handlungen im Jenseits die Rechnung zu bezahlen, dann fahre ruhig in gewohnter Weise fort. Sei aber sicher, daß dir hier kein weiterer Kredit gegeben wird. Du mußt bezahlen! Wenn du aber nur halb so praktisch denkst, als jeder von euch zu denken glaubt, dann wirst du meinem Rat folgen und dein seelisch-geistiges Leben über das materielle Herr sein lassen. Es wird dich sicher und freudvoll geleiten, auch wenn du vielleicht der Meinung bist, daß das zu religiöser Askese führen müsse. Diese Vorstellung ist aber falsch. Die Entfaltung deines seelischen und geistigen Lebens erschließt dir ein Dasein köstlicher Freude schon auf Erden, aber es hält dich im Zaume und vermag dich zu bremsen, wo fleischlicher Trieb dich zu Handlungen treibt, die im Jenseits teuer und bitter zu bezahlen sind."

Der Engländer James Lees (1849-1931), der viele Jahrzehnte als Sprech- und Materialisationsmedium wirkte, berichtet in seinem Buch "Die Reise in die Unsterblichkeit" ein Gespräch zwischen zwei Verstorbenen. Der eine erzählt über den Zustand nach dem Tode (12, Bd. I, S.49):

"So werden beispielsweise viele, lange nachdem der Einfluß des

Körpers überwunden ist, dadurch in seelischen Fesseln gehalten, daß ihre Lieben auf der Erde um sie trauern."

"Wie ist das möglich?"

"Ich sagte dir schon, daß Liebe die größte Kraft ist, die wir kennen. Die Seele unterliegt ihrem Einfluß, sobald sie den Körper verläßt. Der Kummer der Hinterbliebenen auf Erden hat daher einen starken Einfluß auf die vom Körper gelöste Seele, er ist wie ein Anker, der ihren Geist an die Erde fesselt. Es bereitet uns manchmal große Schwierigkeiten, diesen schädlichen Einflüssen entgegenzuwirken. Die Zurückgebliebenen würden sich ganz gewiß weniger haltlos dem Schmerz hingeben, könnten sie nur einmal Zeuge davon sein, welche Wirkung er auf den Hinübergegangenen ausübt."

Manchmal ist es auch tiefste Not der zurückgelassenen Angehörigen, die Verstorbene dazu bringt, wieder zur Erde zurückzukehren, sich medial mitzuteilen und Hilfe für die Angehörigen zu erbitten. Eine solche Begebenheit geschah in dem Kreis um die bereits auf Seite 129 erwähnte Grazerin Maria Silbert. Der Ingenieur Rudolf Sekanek schreibt in seinem Buch (21, S. 84):

"Dr. Gangl und Frau Felser-Schuller berichten uns folgenden Fall: In der Sitzung vom 15. Mai 1917 meldete sich der Geist eines gefallenen Soldaten und bat um Hilfe. Leutnant Rittmann *(der am 12.7.1950 in Innsbruck verstorbene Arzt Professor Dr. Rudolf Rittmann)* befragte diesen, und am Ende seines Interviews hatte er sich folgendes notiert:

Johann Haas aus Rottenman - Soldat - gefallen in Rußland - erfleht für seine hinterlassene Frau mit acht Kindern Hilfe - diese seien in größter Not, dem Verhungern nahe.

Rittmann ging der Sache nach, und schließlich bescheinigte ihm das Gemeindeamt Rottenmann im Bezirk Murau die Identität seiner Angaben. Er schrieb am 19. Juni dorthin und erhielt von der Witwe folgende Antwort:

'Hedwig Haas in Rottenmann
Bezirk Murau, Obersteiermark

Rottenmann, am 25.6.1917

Hochgeehrtsamen Herrn Rittmann, Rudolf, Graz

Antwortlich Ihres lieben Schreibens von 19. d. M. teile den geehrten Herrn Rittmann folgendes mit.

Ja bitter traf mich samt Kindern die Kunde vom Tode meines

geliebten Mannes. Er fiel bei Rabarnaska in Rußland am 8. August 1916 durch eine Granate. Mit feuchtem Auge erinnere ich mich jeden Tag an den Armen. Er hinterließ eine Witwe mit 5 Kindern. Es waren 8, sind aber 3 gestorben. Mein Mann erhielt nach dem Tode die kleine silberne Medaille, und ich möchte bittend um Rat fragen, ob ich keinen Anspruch auf dessen Zulage hätte. Habe eine Keusche *(kleines Bauernhaus)* mit etwas Gemüse, muß halt trotzdem bereits alles kaufen, ja es ist wirklich bitter für mich, den Ernährer der Familie verloren zu haben. Aber alles Trauern ist umsonst, wenn ich nur die Kinder durchbringe, so gut es geht, aber hoffen können sie von mir nie etwas. Drei Kinder sind unversorgt, die zwei älteren stehen im Dienste meiner Verwandten. Sollte es vielleicht eine Möglichkeit geben, durch Ihre Mühe und Güte von irgendeiner Seite eine weitere Unterstützung zu erhalten. Ich wäre Ihnen freilich ewig dankbar. Ich bin halt für so etwas zu wenig, um den rechten Weg zu finden.

Meine Bitte auf das untertänigste wiederholend, schließe ich mit aller Hochachtung ergebenst

Hedwig Haas.'

Es war ein eingeschriebener Brief mit der Aufgabenummer: Murau 754. Da Leutnant Rittmann wieder ins Feld mußte, übergab er die Angelegenheit dem Professor Walter. Dieser nahm sich nun der armen Witwe an, machte die nötigen Gesuche an die Behörden und hatte Erfolg. In einem Brief von 19.8.1917 bedankte sich die Witwe:

'Euer Wohlgeboren!

Teile untertänigst mit, daß Ihr wertes Ansuchen mit Erfolg begleitet war und spreche Ihnen und Herrn Leutnant Rittmann meinen tausendfachen Dank aus, in meinem Namen und im Namen meiner Kinder. 50 Kronen wurden mir vom Kuratorium des Steiermärkischen Witwen Kriegsschatz zuerkannt. Bitte vielmals um Bekanntgabe der Adresse des Herrn Lt. Rittmann, daß ich ihm den schuldigen Dank schreiben kann.

Hochachtungsvoll und freundlich grüßend
dankschuldige Witwe Hedwig Haas.'

Einen gleichartigen Fall berichtet der bereits auf Seite 8 erwähnte Dr. Bernhard Cyriax mit folgenden Worten (3, S. 24):

"In Boston werden in dem Lokal des 'Banner of Light'[1)] dreimal

[1)] *Eine spiritistische Zeitschrift.*

wöchentlich Sitzungen gehalten, um irgendwelchen Geistern, die den Wunsch hegen, sich den Hinterbliebenen mitzuteilen, Gelegenheit dazu zu geben, indem sie durch das 'personifizierende Medium' ihre Wünsche mündlich mitteilen. Dieselben werden stenographisch niedergeschrieben und dann im 'Banner' veröffentlicht. Es war im Jahre 1864, als an einem Freitag nachmittag durch das Medium *(damals noch Mrs. Conant)* sich der Geist einer an Schwindsucht gestorbenen Irländerin manifestierte und mitteilte, daß sie sich so furchtbar unglücklich fühle, da ihre beiden hinterlassenen Kinder, acht bzw. zehn Jahre alt, schrecklich zu leiden hätten. Sie gab an, daß sie in einer elenden Wohnung, in einer Sackgasse in Albany, im Staate New York, gestorben sei und daß von den Behörden das eine der Kinder an eine Familie in der Stadt Albany, das andere aber an einen Farmer in der Nähe der Stadt in Pflege gegeben worden sei. Das eine Kind werde zum Betteln angehalten und müsse fast verhungern, das andere aber werde tyrannisch behandelt und wegen der geringsten Kleinigkeit grausam geschlagen. Die Frau gab Daten und Wohnungen ganz genau an, und unter herzzerreißendem Wehklagen ersuchte sie den Vorsitzenden, an einen gewissen Dr. Andrews in Albany zu schreiben, der sie in den letzten Wochen ihrer Krankheit behandelt habe und sehr menschenfreundlich sei, um ihn zu bitten, sich der Kinder anzunehmen.

Diesem Wunsche gemäß wurde am Sonnabend ein Brief, alle Einzelheiten enthaltend, an Dr. Andrews, dessen Adresse vom Geiste angegeben war, gesandt. In der Sitzung am Dienstag nachmittag manifestierte sich die Irländerin wieder, ganz glücklich, und teilte mit, daß sie sich jetzt ruhig und glücklich fühle, da der Doktor ihrem Wunsche nachgekommen sei und ihre Kinder aus den Händen ihrer Peiniger befreit hätte. Sie wußte gar nicht, wie sie ihren Dank für die bereitwillige Hilfe aussprechen sollte und flehte die Gnade des Himmels an, die Vermittler zu segnen. Am Donnerstag kam ein Brief von Dr. Andrews an, in welchem dieser mitteilte, daß er, so sonderbar ihm auch die Sache vorgekommen sei *(er war damals kein Spiritualist)*, sich doch sofort mit Hilfe der Polizei auf die Suche begeben habe, da die Tatsachen richtig angegeben gewesen wären. Er habe auch die Kinder gefunden, und es seien alle Angaben der verstorbenen Mutter richtig gewesen. Für die Kinder habe er gesorgt, bitte aber um Aufklärung, wie der Redakteur des Banner alle diese Einzelheiten, die sich doch alle als wahr herausgestellt hätten, habe in Erfahrung bringen können.

Man teilte dem Doktor nun alle Einzelheiten mit und forderte ihn auf, sich mit dem Spiritualismus zu beschäftigen, die Tatsachen zu untersuchen und die Philosophie desselben zu studieren. Diese Tatsachen wurden natürlich im 'Banner of Light' veröffentlicht; Dr. Andrews aber beschrieb noch in dem 'Albany Argus' die ganzen Vorgänge genau und sagte am Schluß seiner Abhandlung, daß er nach solchen Tatsachen nicht länger daran zweifeln könne, daß wirklich Geister der Verstorbenen sich mitteilen und ihre Wünsche kundgeben könnten. Er war von da an ein überzeugter Spiritualist.

Und Dr. Andrews hatte recht. Wer nach solchen Tatsachen nicht von der Wirklichkeit einer persönlichen Fortdauer nach dem Tode und der Interkommunikation beider Daseinsstufen überzeugt wird, der wird nie ein Spiritualist werden. Man bedenke, daß von Boston nach Albany es zur damaligen Zeit 14 bis 15 Stunden auf der Eisenbahn zu fahren war und daß also ein Brief, der von Boston am Sonnabend abgeschickt wurde, erst am Sonntag in die Hände des Doktors kommen konnte. Nach eigener Angabe des Doktors machte es viel Mühe, die Wohnung der Leute aufzufinden, die das eine Kind übernommen hatten, und da dasselbe außer dem Hause war, so konnte er es erst Montag abend zu sich nehmen. Am Dienstag früh fuhr er auf die Farm und holte sich das andere Kind, und nachmittags schrieb er den Brief, welcher am Donnerstag in die Hände des Redakteurs Luther Colby gelangte.

Wenn also die ganze Geschichte nicht vorher zwischen Herrn Colby und Dr. Andrews abgekartet war, um Humbug zu treiben *(was schon dadurch widerlegt wird, daß der Doktor kein Spiritualist war)*, so bleibt keine andere Erklärung übrig als die, daß wirklich der Geist der Irländerin sich in Boston durch das Medium manifestierte. Wenn man im Stande wäre, mit einem Schwamme alle bisher bekannten Facta des Spiritualismus aus dem Gedächtnis der Menschen zu verwischen, so könnte man aus der oben geschilderten Manifestation ganz allein das Gebäude des Spiritualismus wieder aufrichten."

Welche Folgerungen lassen sich aus den vorgetragenen Berichten ziehen, wenn man sie als Tatsachen und nicht als Erfindung ansieht? - Die menschliche Persönlichkeit besteht offenbar über den Tod hinaus weiter. Für sie fängt mit Beendigung des irdischen Lebens ein neuer Lebensabschnitt an in einer anders aufgebauten und für uns jetzt nicht zugänglichen Welt. Es beginnt eine neue Entwicklungsstufe, ein neuer Ausbildungsabschnitt. Der Hinübergegangene wirft damit aber nicht sofort alle Empfindungen für sein bisheriges Leben und seine zurückgelassenen Verwandten ab. Er spürt in gewissem Maße ihre Gedanken, empfindet ihre Trauer und fühlt sich, wenn diese übermäßig ist, niedergedrückt und zur Erde zurückgezogen.

Wie sollen sich nun Trauernde beim Tode naher Angehöriger verhalten?

Man kann ihnen nur raten, alle Gedanken der Verzweiflung zu unterdrücken, dagegen in Liebe und Zuneigung an den Verstorbenen zu denken und ihm alles Gute für seinen weiteren Lebensweg zu wünschen. Insbesondere sollten sie im Gebet die Bitte an Gott richten, er möge sich des Verstorbenen annehmen, ihm Begleiter und Helfer für seinen weiteren Lebensweg senden und dem Bittenden nach dem eigenen irdischen Tod ein Wiedersehen mit dem Verstorbenen ermöglichen. Durch eine eigene entsprechende Lebensführung möge man dazu die Voraussetzungen schaffen.

Abzuraten ist von allen Praktiken, durch die man gewollt mit dem Verstorbenen wieder in unmittelbare Verbindung treten möchte, durch die man ihn mit Nachdruck herbeirufen will. Dadurch zieht man ihn wieder von seiner neuen Lebensaufgabe ab und behindert ihn in seinem Fortkommen.

Dazu ein Beispiel: Im Juli 1979 nahm ein Ehepaar N. Verbindung mit mir auf, das am 14. Mai jenes Jahres einen Sohn Norbert im Alter von 13 Jahren durch einen tragischen Unfall gegenüber ihrem Wohnhaus verloren hatte. Die Mutter war untröstlich darüber und hoffte durch mich, eine unmittelbare Verbindung zu diesem Kind zu bekommen. Die Eltern nahmen dann auch einige Male an Zusammenkünften des schon mehrfach erwähnten medialen Kreises teil. Sie konnten dabei aber nicht unmittelbar mit ihrem Sohn sprechen, sondern wurden von den Kontrollgeistern auf das Gebet für ihn hingewiesen. Ich riet der Mutter unter Bezug auf die hier vorgetragenen Gründe auch dringend davon ab, nun anderswo eine Verbindung mit ihrem verstorbenen Kind zu suchen. Sie ließ sich dadurch aber nicht beeindrucken.

Da sie bei mir keinen Erfolg hatte, versuchte sie durch ein Tonbandgerät mit Hilfe des sogenannten Stimmenphänomens Verbindung zu ihrem Sohn zu bekommen. Mehrmals täglich rief sie in der Folgezeit ihren Sohn in seinem früheren Zimmer laut an und fragte ihn, wie es ihm gehe, was er gerade mache und ob er noch an sie denke. Sie hoffte dann, auf dem laufenden Tonbandgerät eine Antwort von ihm zu erhalten. Sie spielte mir nach einiger Zeit die aufgenommenen Geräusche vor, die für mich zwar unverständlich waren, die sie aber ganz konkret zu deuten wußte.

Ich habe dieser Mutter dann sehr ernsthaft ins Gewissen geredet und sie beschworen, doch davon abzulassen, ständig ihren Sohn anzurufen. Ich habe ihr vorgestellt, daß der unverhoffte Tod und das Einleben in einer anderen Welt für ihn doch sowieso schon schwer genug zu ertragen seien. Sie solle ihm das Eingewöhnen nicht noch zusätzlich erschweren. Ich hielt ihr vor, was es wohl für Auswirkungen haben würde, wenn eine Mutter auf Erden ihr Kind, das gerade in die Schule gekommen sei, ständig während des Unterrichtes besuche, es frage, ob es ihm gut gehe und ob es nichts vermisse. Das könne doch die Ausbildung des Kindes nur erschweren und den Unterricht nur stören. So ähnlich sei es doch jetzt auch bei ihrem Kind. Die Mutter hat sich meine Ermahnungen mit verschlossener Miene schweigend angehört. Beeindrucken ließ sie sich dadurch aber nicht. Sie setzte ihre Tonbandversuche fort, trat einer entsprechenden Vereinigung bei und hielt Vorträge über ihre Versuche.

Als ich die Eheleute N. am 26. August 1986 in ihrer Wohnung besuchte, unterhielten wir uns über allgemeine parapsychologische Themen und über paranormale Ereignisse, die sich im Anschluß an den Tod ihres Sohnes ereignet hatten. Ich gewann bei dieser Begegnung den Eindruck, daß Frau N. inzwischen Abstand von dem tragischen Tod ihres Sohnes gewonnen hatte. Daß dies aber doch noch nicht der Fall war, merkte ich zwei Jahre später.

Der Kreis mit der medialen Frau A. und Herrn B., von denen ich schon mehrfach berichtet habe, traf sich am 26. August 1988 im Hause einer Frau W. An dieser Zusammenkunft wollten neben Frau W. auch ihre medial veranlagte Tochter Frau G. und deren Ehemann teilnehmen. Als wir auswärtigen Teilnehmer (sieben Personen) am Abend des 26. August bei Frau W. eintrafen, war auch die eigentlich nicht eingeladene Frau N. anwesend. Sie hatte am Spätnachmittag Frau W. einen Besuch abgestattet, da ihr Mann, den sie begleitete, in der Nähe beruflich zu tun hatte. Er wollte sie später wieder abholen. Da Frau N. nun einmal da war, lud Frau W. sie ein, an der etwas später (20.30 Uhr) beginnenden Sitzung teilzunehmen.

Nach einem Musikvorspiel, der Verlesung eines Abschnittes aus dem Neuen Testament und nach zwei Gebeten geschah zunächst eine ganze Weile gar nichts. Dann meldete sich um 21.05 Uhr zuerst das Geistwesen *Nepomuk* durch den Mund des medialen Herrn B. Es begrüßte die Anwesenden, gab Anweisungen für die Sitzordnung und forderte um 21.21 Uhr zum Bilden einer Kette auf. Die Teilnehmer sollten sich also die Hände reichen, was sie für zehn Minuten auch durchführten. Inzwischen war in Frau G. ein Geistwesen eingetreten.

Es sagte klagend: "Nicht loslassen!" Daraufhin hielten die benachbart sitzenden Frau N. und Herr G. weiterhin die Hände von Frau G. Ihr Kopf war auf die Seite gesunken, und sie begann laut und tief zu atmen. *Nepomuk* meldete sich wieder durch Herrn B. und sagte:

"Heute springt der Funke nicht über. Die Harmonie, die wir uns wünschen, ist leider immer noch nicht da. Wir werden versuchen, daran zu arbeiten. Vielleicht ist es gut, wenn ihr uns zunächst etwas fragt, damit wir ein wenig in Gang kommen. Ich weiß im Augenblick nicht, was ich euch sagen soll. Es ist so leer, es ist kalt."

Die Teilnehmerin Frau S. fragt: "Wer ist das da drüben (*sie meint den Geist in Frau G.*), der da so jammert?"

Nepomuk: "Das ist für mich noch nicht zu erkennen."

Schie. (*Schiebeler*): "Könnt ihr ihn sehen?"

Frau S: "Das ist doch jemand, der unglücklich ist."

Schie: "Ist das ein Geistwesen von der anderen Seite?"

Das Geistwesen N. in Frau G. meldet sich weinerlich.

N: "O Mami, - Mami komm!"

Schie: "Wen meinst du mit *Mami*? Bist du ein Kind?"

N: "Komm hinter mich. Bitte komm, Mami!"

Frau W. steht auf und tritt hinter ihre Tochter Frau G. und legt ihr die Hände auf die Schultern.

N: "Nein, geh weg, weg! Die, die!"

Er meint offensichtlich Frau N., die aufsteht und den Platz von Frau W. einnimmt.

N: "Die, ja, die, schön. Meine Mami!"

Es ist jetzt klar, daß es sich um den 1979 verstorbenen Norbert N. handelt.

Schie: "Bist du denn noch hier auf Erden? Bist du noch nicht weiterweggegangen?"

N: "Warum hörst du mich denn nie?"

Schie: "Norbert, hast du denn noch kein neues Zuhause gefunden?"

N: "Ich bin immer da, immer da."

Schie: "Warum bist du noch auf dieser Erde? Du gehörst doch gar nicht mehr hierher."

N: "Ich fühle mich aber wohl hier."

Frau S: "Aber die Mami hört dich doch gar nicht, und trotzdem fühlst du dich wohl?"

N: "Ich versuche es ja immer!"

Schie: "Hast du noch niemand anderen in der jenseitigen Welt gesehen, seitdem du gestorben bist?"

N: "Viele sind da, aber ich fühle mich immer hier hingezogen. Ich möchte doch noch hier sein, so gerne (*schluchzend*), aber es geht doch nicht. Es geht einfach nicht."

Schi: "Willst du nicht doch versuchen, in der jenseitigen Welt Anschluß zu finden?"

N: "Ich habe ja viele. Es sind viele da, und es geht mir auch nicht schlecht (*sehr weinerlich*). Mir geht es gar nicht schlecht, (*mit tränenerstickter Stimme*) aber ich bleibe lieber hier."

Schie: "Du hast aber doch ein neues Leben zu beginnen."

N: "(*Weinend*) Ich weiß, ich weiß ja. Es ist gut drüben, es ist schön. Mir geht es nicht schlecht. Nein. Aber ich wäre so gerne hier, bei meiner Mami. - Was macht denn der Hund?"

Schie. zu Frau N: "Haben Sie noch einen Hund?"

Frau N: "Dem geht es gut."

N: "Ich sehe ihn ja, ich sehe ihn immer."

Frau N: "Ist die Marilyn bei dir?" - Keine Antwort, nur Schluchzen.

Schie: "Können wir dir nicht irgendwie helfen, Norbert?"

N: "Nein, so ist es gut jetzt, das ist schon gut. Jetzt ist alles so schön (*weil ihm seine Mutter immer noch die Hände auflegt*). Halte mich fest, Mami, bitte, ganz fest. Aber weißt du, die wehrt sich immer. (*Damit meint er das Medium, das innerlich mit der Inbesitznahme nicht ganz einverstanden ist, und heute das Geschehen in dieser Form zum ersten Mal erlebt.*) Die wehrt sich immer noch. - Jetzt ist es schon besser."

Schie: "Wer wehrt sich?"

N: "Die da, wo ich jetzt drin bin. Aber sie merkt, daß sie keine Angst haben muß. Ich will doch niemand etwas Böses antun. Ich will doch nur die Mami! - Wo ist der Papi? Der fehlt hier. Warum ist der jetzt nicht da? Jetzt habe ich **einmal** die Gelegenheit, und der treibt sich rum."

Frau S: "Nein, der treibt sich doch nicht herum."

Schie: "Norbert, wo du jetzt hier bei uns bist, möchtest du nicht doch einmal darüber nachdenken, ob es nicht richtiger ist, dich in der jenseitigen Welt umzuschauen und dich dort jemandem anzuschließen?"

N: "Mir geht es ja gut. Ich habe überhaupt keinen Grund mich zu beklagen. Ich nutze nur die Gelegenheit. Könnt ihr denn das eigentlich nicht verstehen? Ich freue mich, hier zu sein."

Schie: "Wenn du nur gelegentlich hierherkommst, ist es ja gut. Wir haben aber den Eindruck, daß du noch sehr stark an diese Erde gebunden bist."

N: "Ach, ich freue mich doch nur, jetzt hier zu sein. Meine Mami ist jetzt ganz nahe. Und sonst muß ich mich immer so anstrengen. Aber mir geht es ja gut. Mir geht es wirklich gut. Ihr braucht euch nicht um mich zu sorgen. Mir geht es wirklich gut. Ich habe alles da drüben, alles."

Frau S: "Auch Freunde?"

N: "Auch Freunde. Ich bin in einem rosa Haus und kann auch jederzeit rausgehen."

Frau S: "Mit anderen zusammen?"

N: "Mit allen, die ich lieb habe, mit allen, die ich mag."

Herr S: "Und deine Freunde, machen die das auch so, daß sie versuchen, auf der Erde noch irgendwie Kontakt zu bekommen?"

N: "Wir mögen Kontakt. Wir rufen euch ja immer. Aber die wenigsten wollen uns. Die hören ja nicht, die sind alle so in sich einge....... (*Der Rest ist unverständlich*)."

Schie: "Sie können euch ja gar nicht hören. Das ist kein böser Wille. Sie können euch nicht hören.

N: "Weil sie es nicht wollen."

Schie: "Nein, weil sie es nicht können und nicht wissen."

Herr S: "Das ist nur eine Ausnahme, wenn das geht."

Frau B: "Es ist auch eine Ausnahme, daß du bei uns sein kannst. Aber vielleicht bist du hier, damit wir dir helfen können. Wir können dir aber nur helfen, wenn du es auch möchtest."

N: "Ihr braucht mir nicht zu helfen. Mir geht es ja gut. Mir geht es doch soo gut, aber ...."

Frau B: "Du hast eben gesagt, jetzt sei dir warm. Ist dir sonst nicht warm?"

N: "Anders, anders, ganz anders. Ich spüre Wärme, ich spüre menschliche Wärme. Das ist anders, (*schluchzend*) das ist ganz anders. - Was ist denn da? - Wo ist der Papi?"

Frau N: "Der kommt bald."

N: "Warum ist er jetzt nicht da?"

Schie: "Er hat in Ravensburg zu tun. Weißt du, er ist doch beruflich tätig."

N: "Nun ja, ich weiß ja."

Frau N: "Ist die Marilyn bei dir?"

N: "Die ist auch da. Ja, sie ist da. Sie steht neben mir. Sie steht da, die Ohren ganz streng und guckt. Sie steht da, neben mir."

Norbert macht Anstalten, das Medium Frau G. zu verlassen und wegzugehen. Da meldet sich durch den Mund von Frau A. das andere

Kontrollgeistwesen *Stanislaus*.

Stanislaus: "Laßt ihn noch nicht gehen. Sagt ihm, daß er nicht unbedingt Verbindung nur mit seiner Mutter suchen soll, daß er sich auch drüben Hilfe holen kann."

Schie: "Norbert, hast du das verstanden, was gerade gesagt wurde?"

Frau S: "Du sollst noch hierbleiben, nicht fortgehen!"

N: "Die Kraft ist so schwach."

Schie: "Wir wollen noch mit dir reden und dir das klarmachen, was wir auch schon vorhin sagten, daß du versuchen sollst, in der jenseitigen Welt Anschluß zu finden und dich nicht an die Erde gebunden zu fühlen."

Stanislaus: "Es ist schon jemand da für ihn, der ihm wirklich sehr viel helfen kann und auch die gleiche Liebe geben kann wie seine Mutter. Sie braucht sich um nichts zu sorgen."

N: "(*Sehr ärgerlich*) Ach, ihr versteht doch **gar nichts**, ihr versteht überhaupt nichts."

Schie: "Wir verstehen vielleicht mehr als du denkst."

N: "Mir geht es doch so gut da drüben. Ich brauche doch niemanden. Ich habe alles."

Frau B: "Norbert, wenn es dir so gut ginge, brauchtest du doch nicht ewig deine Mutter zu rufen."

N: "Ich nutze die Gelegenheit. Ich liebe meine Mami, und ich freue mich, daß ich jetzt endlich einmal durchkommen kann. Aber mir geht es doch gut, mir geht es **soo** gut."

Frau B: "Norbert, du kannst doch sagen: 'Mami, mir geht es gut, vielen Dank für alles, was du mir je gegeben hast!' Aber jetzt lebst du drüben in einer anderen Welt. Doch die ist nicht mehr die irdische Welt, und du hast auch nicht mehr deine irdische Mutter. Du bist drüben, und dort hast du ganz andere Aufgaben, nämlich anderen zu helfen. Aber du kannst nicht mehr hierher zu uns zurück. Es ist wirklich selten und einmalig, daß du mit uns noch sprechen kannst."

N: "Ich weiß das."

Herr S: "Du sollst drüben auch nicht ewig nur ein Kind bleiben, sondern dich wirklich neuen Aufgaben widmen."

N: "Mir steht nichts im Wege, gar nichts."

Stanislaus: "Er hat immer noch nicht verstanden, daß jemand auf ihn wartet."

Frau S: "Hast du das gehört, es wartet jemand auf dich in der jenseitigen Welt!"

N: "Natürlich, die sind doch alle da."

Schie: "Du hast noch nicht die Richtige gesehen. Das ist eine Frau, nach der du ausschauen mußt."

Frau S: "Vielleicht ist sie wie deine Mutter."

Schie: "Sie wird dich weiterführen, dich von der Erde lösen."

Stanislaus: "Er kennt sie noch nicht. Er wird sie erst kennenlernen. Sie ist aber jetzt auch schon bei ihm." (*Allerdings für ihn unsichtbar*)

Frau B: "Norbert, hast du das gehört, eine ganz andere Person, die du noch gar nicht gesehen hast. Die hilft dir und gibt dir Wärme."

N: "Ich kann mir selber helfen."

Schie: "Wir haben nicht den Eindruck, daß das der Fall ist."

N: "Ich komme gut durch, da drüben."

Frau S: "Aber du bist nicht glücklich."

N: "(*Mit Nachdruck*) **Doch!!**"

Frau B: "Dann brauchtest du doch nicht zu weinen."

N: "Ich weine doch gar nicht. Es ist nur der Kampf. Es ist doch nur ein Kampf. **Die**, **die**, die wehrt sich noch (*Damit meint er wieder das Medium*).

Frau S: "Und die merkt, wie elend es dir ist."

N: "Nein, mir ist nicht elend. Mir ist gar nicht elend. Nein. Aber der ist gar nicht gut."

Stanislaus: "Könnt ihr vielleicht die Mutter (*Frau N.*) bitten, daß sie für einen Augenblick weggeht."

N: "(*Protestierend*) Nein, nein, meine Mami bleibt hier! Ich gehe auch gleich wieder."

Frau B: "Norbert, haben deine Mutter oder dein Vater, als du bei uns auf der Erde warst, dir erzählt, daß es einen Schutzgeist, einen Schutzengel gibt, daß jedes Kind, jeder Mensch einen Schutzgeist hat, der ihm beisteht?"

N: "Den habe ich. Versteht ihr denn nicht, mir geht es doch gut. Ich weiß doch, daß es mir gut geht. Aber meine Mami ist doch diejenige ... (*Er bricht ab*)."

Frau B: "Aber sie ist nicht dein Schutzengel."

N: "Aber meine Mami **leidet**, und sie soll nicht leiden."

Frau B: "Die leidet aber nur, weil du jetzt noch so an ihr hängst."

N: "Nein, meine Mami leidet, weil sie mich einfach nicht loslassen kann. Sie hat mich lieb, sie liebt mich so!"

Frau S: "Ja, und beide leiden daran, daß sie einander nicht loslassen können."

N: "Ich kann sie doch nicht loslassen, solange sie mich nicht gehen läßt. Ich **kann** nicht!"

Stanislaus: "Geh zu dieser anderen Frau. Sie wartet auf dich, sehr dringend, schon lange! Hörst du das?"

N: "**Dies** ist meine Mami. Ich hab sie doch so lieb."

Frau S: "Aber sie muß dich trotzdem loslassen können und du sie auch. Ihr werdet sonst beide unglücklich."

Frau B: "Das ist eine irdische Liebe; aber du brauchst jetzt eine Liebe für drüben, für die jenseitige Welt, wo du jetzt lebst. Das ist eine ganz andere Liebe."

N: "Ich will doch nur sagen, daß es mir gut geht, wenn meine Mami das versteht."

Frau S: "Aber du brauchst auch da drüben eine Mami. Und die ist ja schon da, die wartet. Aber sie kann nicht an dich heran, solange du noch an deiner irdischen Mami so furchtbar hängst. Da hat sie keine Chance bei dir. Du brauchst sie aber."

N: "Ich kann euch nur sagen, betet für meine liebe Mami."

Frau B: "Aber auch deine Mutter muß dich loslassen. Auch sie muß dich gehen lassen."

N: "Sie soll ganz beruhigt sein, mir geht es gut, mir geht es wirklich gut. Mir geht es viel besser als ihr, viel besser."

Frau B: "Norbert, du betest auch?"

N: "Ja."

Frau B: "Kannst du Gott darum bitten, daß du diese Frau erkennst, die dir helfen soll?"

N: "Ich komme ganz gut durch. Mir geht es gut."

Frau S: "Möchtest du niemanden, der dich umsorgt, dich wirklich umsorgt wie früher?"

N: "Es sind ja **so** viele da!"

Frau S: "Aber die umsorgen dich doch nicht!"

N: "Wen soll ich mir denn suchen? Ich kann mir doch nicht eine zweite Mami suchen."

Herr S: "Du mußt verstehen, daß es bei dir dort in dem jenseitigen Leben eine Entwicklung geben muß. Und die fand bei dir bislang nicht statt."

N: "(*Mit Nachdruck*) Ich brauche keine zweite Mami!"

Herr S: "Das ist vielleicht nicht richtig ausgedrückt, aber du brauchst jemand, der dich anleiten kann, der dir die Entwicklung vermitteln kann."

N: "Ich habe viele, die mir gut sind, und viele, die sich auch mühen, viele, die um mich herum sind, ganz viele. Aber eine zweite Mami - nein! (*Schreiend*) **Nein! Nein! Ich will nicht!**"

Frau B: "Norbert, auf Erden war deine Mutter für dich da, damit sie dich an die Hand nahm und dich leitete, die ersten Schritte mit dir machte und mit dir zur Schule ging. Aber das Leben auf der Erde ist jetzt für dich zu Ende. Jetzt kommt eine, die dich auch an die Hand nimmt und in das Leben geleitet, was du jetzt führst, drüben bei dir. Das kann deine Mutter jetzt nicht mehr."

N: "Ihr seid alle immer so klug. Ihr habt überhaupt keine Ahnung, gar keine Ahnung."

Schie: "Vielleicht mehr Ahnung, als du glaubst. Du bist doch hierhergeführt und hierhergelassen worden, damit du das heute abend einmal erfährst, was wir dir sagen."

N: "Ich wurde ja auch gerufen, richtig gerufen, hingezogen."

Schie: "Und zwar deswegen, damit wir dir das heute abend erzählen, damit du erkennst, daß du dich von dieser Erde lösen mußt, und daß du deinen Weg in der jenseitigen Welt suchen mußt. Deswegen bist du hierhergeführt."

N: "Wie oft muß ich euch denn sagen, daß es mir gut geht drüben. Mir geht es gut!"

Herr S: "Du kannst es gar nicht ermessen, wie es dir gehen sollte."

Frau B: "Norbert, wenn es dir gut ginge, würdest du nicht deine Mutter rufen."

N: "Ihr kapiert das einfach nicht. Ich bin zu früh hier weg, ich bin viel zu früh hier weggegangen. Aber mir geht es ja gut, und ich werde damit fertig. Aber es ist einfach schwer."

Frau B: "Damit du damit fertig werden wirst, ist diese Frau für dich da. Bitte doch darum, daß du sie siehst."

N: "Ich will keine Frau. Es sind viele da, ganz viele, aber keine spezielle. Was wollt ihr mir denn immer erzählen?"

Herr S: "Das wäre dieser besondere Schutzgeist, der dir bei deiner Entwicklung dort helfen kann"

Stanislaus: "Du sollst dich heute von deiner Mutter verabschieden."

N: "Ja, ja, ja. (Ärgerlich) Ja!"

Schi: "Frau N., vielleicht sagen **sie** auch etwas dazu. **Sie** sind jetzt gefordert. **Sie** müssen sich dazu äußern."

Frau N: "Norbert, geh deinen Weg. Mutti läßt dich ja los."

N: "(Schluchzend) Du sagst das immer, aber das willst du nicht. Du willst mich nicht loslassen. Das willst du doch gar nicht!" (*Er weint laut auf*)

Frau B: "Wir werden auch für deine Mutter beten. Hörst du, Norbert? Damit deine Mutter die Kraft bekommt, dich loszulassen."

N: "(*Weinend*) Die will mich nicht loslassen."

Frau W: "Norbert, deine Mutter wird es mit unserer Hilfe lernen, dich loszulassen. Wir werden ihr helfen."

N: "Vielleicht habe ich es dann leichter. Das kann schon sein, das kann wirklich sein."

Herr S: "Sie weiß ja jetzt, daß es dir eigentlich nicht schlecht geht, daß es dir nur noch besser gehen könnte. Dann kann sie doch beruhigt sein."

N: "Ja, ja, Mami, mir geht es so gut, Ich habe alle um mich herum, und ich bekomme auch alles mit, was ihr macht. Aber ich schaue gerne zu, weißt du."

Frau N: "Ich laß dich schon los. Norbert, geh du deinen Weg, wie es am besten ist."

N: "Ich werde immer bei dir sein. Und wenn du mal soweit bist, dann hole ich dich. Ich hole dich dann ab. Ich bin da, wenn du mal soweit bist. Ich werde dich **nie** vergessen, Mami."

Frau S: "Aber du mußt noch lernen bis dahin, damit du deiner Mutter dann auch helfen kannst."

N: "Ja, das werde ich auch. Ich werde es euch versprechen."

Es folgt ein längeres Gebet für Norbert N. und seine Mutter, das er mit Schluchzen begleitet:

"Herrgott, himmlischer Vater, wir bitten Dich um Deine Hilfe und Deinen Beistand für diese arme Seele hier, für den jungen Norbert, der vor einigen Jahren durch einen Unfall ums Leben gekommen ist, der in der jenseitigen Welt noch an seine irdische Mutter gebunden ist. Wir bitten Dich, o Herr, lehre ihn erkennen, daß der Weg zu Dir führt und daß er nicht auf dieser Erde zurückbleiben soll. Öffne ihm die Augen, damit er den Schutzgeist erkennt, der für ihn bestimmt ist, damit er neuen Aufgaben entgegengeführt werden kann. Wir bitten Dich, o Herr, lehre diesen Jungen erkennen, daß er in der jenseitigen Welt Aufgaben hat, daß er nicht immer zurückbleiben, sondern sich entwickeln soll, Dir entgegen, damit er später auch bereit ist, seine Eltern zu empfangen, wenn sie einmal von dieser Erde scheiden. Hab ihn lieb und hilf ihm und seiner Mutter, damit auch sie erkennt, daß sie ihren Jungen mit Gebeten in der jenseitigen Welt begleiten soll, daß sie ihm helfen kann, wenn sie für ihn bittet, damit er seinen Weg in der jenseitigen Welt findet. Doch nicht unser Wille, sondern Dein Wille geschehe.

Amen."

Schie: "Nun wünschen wir dir, Norbert, alles Gute. Öffne deine Augen und finde deinen Weg in der jenseitigen Welt. Gott zum Gruß!

Stanislaus: "Ich möchte euch noch mitteilen, daß ein anderer Kontrollgeist, der sich hier auch schon einmal gezeigt hat, das alles heute zustande gebracht und uns so zusammengeführt hat. Wir mußten deswegen auch erst eingewiesen und darauf vorbereitet werden. Es war sehr schwierig für uns alle, und es könnte sein, daß wir vielleicht (*in dieser Angelegenheit*) noch einmal zusammenkommen müssen. Vielleicht auch nicht. Das wird sich zeigen. Wir sollten für beide beten, daß jeder seinen Weg findet bei uns im Jenseits. Wir hoffen, daß Norbert auch diese Frau erkennt, die ihn schon sehr liebevoll die ganze Zeit begleitet, die er aber nicht wahrnehmen konnte. Sie versucht es schon sehr lange, aber er war immer noch zu sehr an diese Erde gebunden und wollte jede Gelegenheit wahrnehmen, seine Mutter zu rufen. Wir können nur die Mutter bitten, daß sie sich auch allmählich von ihm löst. Das heißt ja nicht, daß ihr Menschen die Verstorbenen vergessen müßt. Sie soll es nur zulassen, daß er seinen Weg weitergeht, den er wirklich nur bei uns finden kann. Er wird sich bestimmt wieder melden, nur unter anderen Bedingungen, die dann weniger traurig sein werden, wenn er seine Freiheit bekommt. Wir wünschen euch alles Gute. Vielleicht kann ich noch sagen, daß dieser Kontrollgeist sehr stark ist und bestimmt auch irgendwann hier in diesem Kreis die Führung übernehmen wird.

Gott schütze und behüte euch.
Gott zum Gruß!
Stanislaus."

Welche Folgerungen kann man aus diesen Geschehnissen ziehen? Eine starke Mutter-Kind-Bindung über den irdischen Tod hinaus verhinderte für viele Jahre die geistige Fortentwicklung des verstorbenen Sohnes. Man bedenke, daß der von unserer Erde abgeschiedene Norbert 1988 nach unseren irdischen Maßstäben bereits 22 Jahre alt gewesen wäre. Seine Äußerungen an jenem Abend aber deuten auf den Stand eines Dreizehnjährigen, wie er es bei seinem Tod war. Diese verhängnisvolle Bindung erregte offensichtlich auch in der jenseitigen Welt Mitgefühl, so daß höhere Instanzen die eindrucksvolle Zusammenkunft am 26. August 1988 in die Wege leiteten. Wir Menschen hätten ein solch seltsames Zusammenspiel normalerweise als "Zufall" angesehen.

Natürlich kann nicht nur eine starke Mutter-Kind-Bindung den Verstorbenen an seinem weiteren Fortkommen in der jenseitigen Welt (*wie auch auf dieser Erde*) hindern, sondern jede andere übertrieben starke Bindung im Sinne einer Fesselung in gleicher Weise.

Wenn Sie daher einmal in die Lage kommen sollten, einen geliebten Menschen durch den Tod zu verlieren, handeln Sie bitte anders, als es in diesem Kapitel beschrieben wurde. Denken Sie nicht so sehr an sich selbst und Ihren eigenen Schmerz, sondern in erster Linie an das weitere Wohlergehen des Verstorbenen und seine Empfindungen. Senden Sie ihm alle Gedanken der Liebe und Zuneigung, beten Sie für sein Fortkommen und gestalten Sie Ihr irdisches Leben so, daß Sie darauf hoffen dürfen, den Verstorbenen nach Ihrem eigenen Tod einmal wiedersehen zu können.

6. Die Zuverlässigkeit medialer Durchgaben und die Gefahren des Jenseitsverkehrs

Wir haben in den vorangegangenen Abschnitten die Berichte jenseitiger Wesenheiten betrachtet, die mit Hilfe sogenannter Medien auf unsere Erde gelangten. Es handelte sich dabei um einen Nachrichtenaustausch zwischen zwei Daseinsbereichen durch eine uns geläufige Sprache. Diese ist auch im täglichen Leben das Mittel der Verständigung. Durch Fragen versuchen wir von anderen Menschen die Auskünfte zu erhalten, die wir für unseren Lebensablauf benötigen oder die wir gerne aus Eitelkeit oder Geltungsdrang hören möchten. Daher eignet sich die Sprache, und davon abgeleitet auch das geschriebene Wort, in hervorragender Weise zur Täuschung des Fragenden, dann nämlich, wenn man durch eine falsche oder nur halbrichtige Antwort Vorteile für sich erhofft. Von diesem Verfahren wird in der Werbung und in der Politik ausgiebig Gebrauch gemacht. Über Presse, Rundfunk und Fernsehen versuchen die Vertreter dieser Bereiche ihre Mitbürger durch eine gute Mischung von Wahrheit, Halbwahrheit und Unwahrheit in die Richtung zu lenken, in welche sie diese haben möchten.

Hier beginnt nun schon auf dieser Erde die große Schwierigkeit, die Wahrheit vom Betruge, von der Täuschung, unterscheiden zu können. Der einzelne Mensch versucht, wenn er interessiert und intelligent genug ist, angebotene Nachrichten auf ihren Wahrheitsgehalt zu überprüfen. Er überwacht, ob Versprechungen in Erfüllung gehen. Wenn sie es nicht tun, kann er nachträglich feststellen, daß er einer Falschinformation zum Opfer gefallen ist, und muß für die Zukunft mißtrauischer werden. Wir Menschen auf dieser Erden können uns aber nie vollkommen dagegen sichern, immer wieder aufs neue getäuscht zu werden. Wir können ja nicht sämtliche uns zufließenden Nachrichten als Falschinformationen abweisen. Wenn wir leben wollen, müssen wir einer Vielzahl von Informationen vertrauen. Wir können aber, auch wenn wir intelligent genug sind, nicht immer mit Sicherheit erkennen, wo geschickte Täuschungen verborgen sind. Erst hinterher, wenn es zu spät ist, sind wir dann schlauer.

Da nun die Bewohner der jenseitigen Welt, die ja überwiegend verstorbene Menschen sind, durch ihren Tod keine "Heiligen" geworden sind und zunächst noch alle ihre Fehler und Mängel aufweisen, muß auch bei dem Umgang mit ihnen immer die Möglichkeit einer beabsichtigten Täuschung in Betracht gezogen werden. Für viele erdgebundene Wesenheiten stellt sich doch die Frage, auf welche Weise sie auf dieser Erde eine andächtige und folgsame Zuhörerschaft erlangen können. Das Mittel dazu ist, wie die Erfahrung zeigt, sich einen klingenden Titel oder berühmten Namen zuzulegen oder sich als Engelfürst (*Michael ist sehr beliebt)*, Maria, Christus oder Gott selbst auszugeben. Viele Menschen ersterben dann vor Ehrfurcht und wagen keine kritischen Fragen zu stellen oder harte Beweise zu verlangen. Ausführlich soll dieses Thema in einem nachfolgenden Band **"Der Mensch und seine Bindung an Gott"** behandelt werden. Ein Beispiel soll aber schon hier belegen, daß sich im Jenseitsverkehr der ganze Täuschungsablauf wie bei Menschen auf dieser Erde abspielen kann. Schalten sich sogar bösartige Geistwesen in den Jenseitsverkehr ein, was auch nicht selten vorkommt, so wird die Täuschung mit besonderer Raffinesse betrieben.

Das alles muß nicht zwangsläufig eintreten, aber man sollte darauf gefaßt sein und seine Vorsichtsmaßnahmen treffen. Insbesondere darf man nie unsinnigen oder überzogenen Forderungen nachkommen, wie z.B. Hab und Gut zu verkaufen und auszuwandern oder einen Platz in einem Raumschiff anderer Sternenbewohner zu buchen, weil demnächst unsere Erde untergeht. Als Beispiel für Täuschung berichte ich auszugsweise die schlechten Erfahrungen, die der Däne Carolsfeld-Krausé in den Jahren vor 1924 bei seinem medialen Jenseitsverkehr gemacht hat. Dieser Verkehr fand teils in einer spiritistischen Gruppe statt, teils entwickelte sich bei ihm selbst eine stärkerwerdende Medialität, die zum medialen Schreiben und Hellhören führte. Bei seiner Verbindung mit den Jenseitigen wurde er trotz eigenen besten Willens in mannigfacher Weise getäuscht. Er schreibt darüber (2, S. 54):

"Ein Geist läßt die Maske fallen.

Je mehr der Geist *Andreas* festen Fuß in mir faßte, desto stärker wurde mein Drang, für den Spiritismus zu arbeiten, weshalb ich einer mehrfachen, auch von *Andreas* auf eine heimliche Anfrage wiederholten Aufforderung nachkam und mich zum Vorsitzenden des Vereins wählen ließ. Ich warb für seine Zwecke und führte verschiedene Reformen ein mit dem Ergebnis, daß der Verein sich rasch vergrößerte und eine ganze Schar Menschen um *Andreas* und die von ihm in unserem engeren Kreise empfangenen Verkündigungen sammelte. Von physischen Phänomenen, wie sie sonst in spiritistischen Vereinen vorzukommen pflegten, merkten wir noch nichts, und wenn wir gelegentlich fragten, ob wir dergleichen noch sehen würden, so wurde uns bedeutet zu warten, bis die Zeit erfüllt sei, dann würden uns alle Gaben des Geistes zuteil werden, eine Verheißung, die sich später im Überfluß erfüllte, soweit die Gaben des Geistes in Phänomenen bestanden.

Zu jener Zeit versuchte ich wieder etwas Automatschrift, und da meldete sich ein Geist mit dem offenen Eingeständnis, derjenige gewesen zu sein, der mich betrogen hatte, indem er mit meiner Hand in *Andreas*' Namen schrieb. Er erklärte, er habe im Einverständnis mit *Andreas* gehandelt und seinen Namen benutzt, weil ich damals nichts mit anderen Geistern zu tun haben wollte, jedenfalls ihren Absichten skeptisch gegenüberstand, und nur darauf ausging, ein Medium für *Andreas* zu werden. Die wohlgemeinte Absicht sei gewesen, mir damit eine ernsthafte Warnung vor allzu großer Leichtgläubigkeit gegenüber Geistern zu geben, die vielleicht später kommen und Verhältnisse schaffen würden, die eine wirkliche Gefahr für mich werden könnten. Ich müsse selber Böses und Gutes erfahren, wenn ich Nutzen haben und mich entwickeln wolle, usw.

Dieser Geist gab sich so herzensgut und wohlwollend, daß ich alle Bitterkeit fahren ließ und mich bereit erklärte, mit ihm zusammenzuwirken. Sein Kommen merkte ich immer an einem eigentümlichen Druck. Er schrieb mit meiner Hand, und nach und nach entwickelte sich eine enge Freundschaft zwischen uns. Er war die Sanftmut selber und gleichzeitig der Unnachsichtigste, wenn es etwas zu rügen galt, was nach seiner Meinung nicht zu dem Vorsatz stimmte, keinen Finger breit von Gottes Wegen abzuweichen. Er lehrte mich einsehen, daß gar vieles im Menschenherzen ausgerottet und manches Opfer gebracht werden müsse, ehe man in Wahrheit Gottes Wege ginge. Er kam Tag und Nacht, tröstete mich, wenn ich bedrückt war, und teilte meine Freuden. Es war eine Freundschaft, so ideal, wie ich sie nicht für möglich gehalten hätte.

Er erzählte mir mehrmals, er habe von höheren Geistern den Befehl erhalten, mich so zu entwickeln, daß ich seinerzeit den mir bestimmten Platz in der Arbeit zur Förderung des Reiches Gottes ausfüllen könne. Er brauchte ausdrücklich die Worte "Förderung des Reiches Gottes", und ich hielt dies damals gleichbedeutend mit Förderung der spiritistischen Prinzipien. Er schrieb, ich sei dazu ausersehen, Bücher über diese Dinge zu schreiben, und ich würde die nötige Eingebung aus hohen Geistessphären erhalten. Mein Einwand, daß ich hinreichender Medialität ermangele, wurde liebevoll aber entschieden zurückgewiesen; ich brauchte nur ein gehorsames Werkzeug zu sein und zu warten, bis der Befehl zum Beginn der Arbeit komme. Hand in Hand mit diesem gottseligen Einfluß arbeiteten andere Geister, die ich für böse hielt, kräftig daran, mich zu ganz entgegengesetzten Anschauungen zu bringen, vor allem dahin, den Geisterverkehr aufzugeben. Dieser Feldzug war ein Meisterwerk satanischer Bosheit, das sah ich nur zu spät ein.

Ich fand indessen Trost bei dem mir befreundeten Geist, der vom Werk des Bösen schrieb, von dessen Anstrengung, den erreichten Erfolg zunichte zu machen usw. Er war unermüdlich in seinen Bestrebungen, kein Engel konnte reiner und sanfter sein als er. Aber eines Tages, ohne jeden Anlaß, wie ein Blitz aus heiterem Himmel, ließ er die Maske fallen *(durch Verdrehung intimer Familienverhältnisse)*, und das in einer Weise und unter Umständen, die so bösartig ausgedacht waren, wie es ähnlich von Menschen kaum ausgeführt werden konnte. Darauf verschwand er.

Wie meine Stimmung danach war, brauche ich nicht auszumalen; er war mir, als stürzte alles zusammen und hinterließe eine gähnende Ruine. Ich konnte nicht verstehen, daß so etwas geschehen durfte, daß sogar im Namen Gottes ungehindert so gehandelt werden durfte gegen einen Menschen, dessen Absichten waren, wie ich sie beschrieben habe. Mein Verstand stand still bei einer so frechen und grauenhaften Verspottung Gottes - denn das war die ganze mehrmonatige Verbindung mit diesem Geist gewesen.

Unheimliche Vorfälle. Gefühl beginnender Besessenheit

Einige Zeit nach jenem schweren Vertrauensbruch hatte ich ein äußerst bösartiges Erlebnis. Ich hatte mich zum zweiten Male entschlossen, das automatische Schreiben aufzugeben; mit wem hätte ich schreiben sollen, nach solchen Betrügereien? *Andreas* wollte ja nicht, jedenfalls noch nicht. Ich wollte den Zeitpunkt abwarten, wo er selber mir durch sein Medium das Amt übertragen würde - aber, als ich eines Morgens einen auffallend starken Drang zu automatischer Schrift spürte, griff ich gleichwohl zu einem Bleistift. Der Bleistift begann zu schreiben, aber kaum stand das erste Wort auf dem Papier - der Name des Geistes, der mich betrogen hatte -, als ich die schreckliche Empfindung hatte, daß sich etwas Fremdes unwiderstehlich in mich eindrängte und meinen Leib in Besitz nahm; mir war buchstäblich so, als würde ich aus mir selber seitwärts hinausgedrängt. Von Grauen gepackt, fuhr ich empor und wollte ohne Zweck und Ziel davonstürzen, doch gelang es mir einigermaßen, mich zusammenzunehmen. Das Fremde - die einzige Bezeichnung, die ich dafür brauchen kann - drängte sich mir immer mehr auf und sog sich in mich ein, Kälteschauer durchfuhren mich, die Beine waren gelähmt und wurden bleischwer. Aber am schlimmsten war das Grauen, das ich empfand. Mit diesem schrecklichen Zustand kämpfte ich einen ganzen Tag für mich allein, dann verging er langsam.

Ich verschwieg meiner Frau dieses Erlebnis, um sie nicht vom Spiritismus abzuschrecken; aber einige Tage darauf, als sie allein zu Hause war und einen Versuch machte, automatisch zu schreiben, hatte sie einen ebensolchen Anfall. Als ich nach Hause kam, erzählte sie mir voller Bestürzung das Geschehene - dieselbe Lähmung der Beine, dasselbe angstvolle Gefühl, daß sich etwas Unheimliches plötzlich in sie eindrängte - ein Zustand, der erst nach einem halben Tag aufhörte. Seitdem wagte sie nicht mehr, sich mit dem Spiritismus einzulassen.

Ein ähnlicher Anfall traf einige Zeit danach noch einen langjährigen Spiritisten, ebenfalls bei dem Versuch, automatisch zu schreiben. Sein Erlebnis erschien sogar noch schlimmer als meines; er fuhr mit einem lauten Angstschrei empor, lief in den dunklen Garten hinaus und war ganz außer sich. Auch er fühlte, daß etwas Unsichtbares und Bösartiges seinen Leib in Besitz nehmen und ihn hinausdrängen wollte. Nie habe ich eine unheimlichere Szene erlebt.

Zu dem letzterwähnten Fall wäre noch zu bemerken, daß dieser Mann nichts von den Anfällen wußte, die mich und meine Frau betroffen hatten; sodann, daß sein Erlebnis wie ein planmäßiger Überfall erschien. Am Tage vorher war ich noch dazu dringend durch Automatschrift *(von der ich trotz allem nicht lassen wollte)* aufgefordert worden, diesen Mann, wenn wir am nächsten Abend zusammenkämen, zu einem Schreibversuch zu veranlassen. Er hatte es bisher nicht gekonnt und auch nicht recht gewollt, nun hatte er also auf meine Veranlassung den Versuch gemacht - mit diesem fürchterlichen Erfolg!

Nicht nur das automatische Schreiben öffnete solchen unheimlichen Anfällen das Tor, sondern auch die bloße Teilnahme an Erörterungen über den Spiritismus schien eine Gefahr, selbst für Nichtspiritisten, zu sein. Ein schlimmer derartiger Fall ereignete sich denn auch. Ein älterer Mann war das Opfer. Er war nach einer Sitzung erschienen und machte eine ironische Bemerkung über die Geister, und im Nu erlebte er das gleiche wie die anderen. In spiritistischen Zeitschriften, besonders im englischen 'Light', habe ich oft Anfragen wegen dieses unheimlichen Phänomens gelesen.

Ich befragte die Geister, und sie erklärten geradeheraus, sie führten die Überfälle aus. Es wäre aber unsere eigene Schuld; wir könnten ihnen ja fernbleiben und brauchten uns nicht in ihre Angelegenheiten zu mischen.

Trotz allem arbeitete ich weiter für den Spiritismus, denn ich hatte volles Vertrauen zu *Andreas*, der mich nicht nur unaufhörlich zur Ausdauer ermahnte, sondern uns gelegentlich auch schrieb, daß wir nichts von den Angriffen böser Geister zu fürchten hätten, denn die Finsternis berge nicht nur Feinde. Er bedeutete uns, Versuche anderer Art, als er uns angeben würde, zu unterlassen, und verhieß uns treue Fahnenwacht, wenn wir um seine heilige Sache geschart blieben. Aber im Widerspruch dazu schrieb er mehrmals, daß es ihm unter Umständen unmöglich sei, uns zu helfen, da die Macht der Finsternis sehr wohl imstande sei, ihn ohnmächtig zu machen - sie könne sich turmhoch erheben, und dann könne die Gefahr sehr groß werden."

Dieses waren aber nicht die einzigen Täuschungen, die Carolsfeld-Krausé erlebte. Er berichtet weiter (2, S. 84):

"**Auch Mira läßt die Maske fallen**

Eines Tages machte der weibliche Geist, mein 'Schutzgeist', kurzen Prozeß und enthüllte sich in brutalster Weise als Betrüger. Das hatte ich - merkwürdig genug - nicht erwartet, trotz der wiederholten Betrügereien, deren Opfer ich geworden war. Allan Kardec, der weltbekannte französische Spiritist und Schriftsteller, schreibt in seinem großen Werk vom Spiritismus: 'Die Geister martern ihre Medien wieder und wieder mit schweren Vertrauensbrüchen und können auch den schärfsten Denker betrügen.' Wie gesagt, diesem Geiste hatte ich keinen Betrug zugetraut, er hatte sich sehr gottesfürchtig gestellt und war äußerst sanft, freundlich und fürsorglich, wenn er zur Unterredung kam. Er hatte mir in vielen Angelegenheiten Ratschläge gegeben und mir tatsächlich wertvolle Dienste geleistet, wovon ich noch heutigentags Nutzen habe *(z.B. Winke auf geschäftlichem Gebiete)*, aber leider wollte er damit wohl nur mein Vertrauen gewinnen, um dann seinen Hauptschlag ausführen zu können.

Er versuchte nämlich unmittelbar vor der Enthüllung, mich in eine Sache hineinzuziehen, die nichtwiedergutzumachende Verwicklungen für mich und andere verursacht haben würde. Es war eine ganz aus der Luft gegriffene Angelegenheit, die er aber so glaubhaft hinzustellen wußte, daß ich nicht den Schatten eines Zweifels an der Richtigkeit hegte und meinte, mit Rücksicht auf das Wohl aller Beteiligten aus reinem Pflichtgefühl eingreifen zu müssen, um ein schändliches Unrecht an Unschuldigen zu verhindern.

Dieser ruchlose Anschlag wurde jedoch im allerletzten Augenblick so plötzlich und so wunderbar abgewehrt, daß ich noch jetzt glaube, eine höhere Macht hat eingegriffen. So wurden zweimal Briefe, die ich abgesandt hatte und die meine Zukunft vernichtet hätten, auf dem Wege zum Empfänger angehalten.

Jene bittere Enttäuschung hinterließ tiefe Spuren; ich war äußerst niedergedrückt und erlitt eine Nervenerschütterung. Das Ziel, das ich schon vor Augen sah, rückte aufs neue in hoffnungslose Ferne. In solchem Falle sollte man den Geisterverkehr aufgeben, aber das ist, als gäbe man hohe Ideale auf und gestände ein, daß das Böse die Macht habe, unser Emporstreben zu hindern. Mitten in der Seelennot kommt dann ein anderer Geist mit tröstenden Worten, und trotz aller Zweifel gleitet man doch langsam wieder in eine neue Verbindung hinein - neuen Enttäuschungen entgegen."

Die innere Verzweiflung und Seelennot von Carolsfeld-Krausé strebte einem Höhepunkt zu. Er schreibt (2, S. 98):

"Endlich Befreiung als Gebetserhörung

In dem Zustande, in den ich nun geraten war, fühlte ich mich allen Einflüssen der Geisterwelt preisgegeben, und der Verkehr wurde immer drohender und unheimlicher, denn die Geister hatten wegen meiner nach und nach ausgebildeten Empfänglichkeit ein überaus leichtes Spiel mit mir. Ich war Quälereien und bösartigen Angriffen ausgesetzt, und dazu kam, daß die Geister mich nun ununterbrochen in Gespräche verflochten und mich in jeder Weise bedrohten. Ich konnte sie nicht zum Schweigen bringen, und da ich nicht wußte, daß ihrer Macht Grenzen gesetzt waren, so fühlte ich mich ganz wehrlos.

Andreas, der mich bis dahin, wenn ich ihn heimlich befragte, getröstet und ermutigt hatte, ließ mich nun auch entschieden und endgültig im Stich, und das bei einem besonders kritischen Anlaß. Ich fühlte mich seitdem wie ein gehetztes Wild, jederzeit unberechenbaren Zufällen und Gefahren ausgesetzt, und nun überdies außerstande, mich vom Spiritismus freizumachen - ich war und blieb ein Medium, ein Opfer der Angriffe jener Wesen!

In dieser äußersten Not geschah etwas, was ungeahnte Folgen haben sollte. In meiner ohnmächtigen Verzweiflung bat ich eines Tages Gott um Hilfe, und zu meinem unaussprechlichen Staunen erhielt ich sie augenblicklich! Im Nu verschwand alle Furcht, es war, als bräche die Sonne durch, und alles wurde still.

Eine neue Macht hatte sich mir plötzlich gezeigt und ließ mich merken, daß sie auf meiner Seite stand und von unbezwinglicher Kraft war. - Ich stand nicht mehr allein. Zugleich erklangen einige Worte:

'Sei getrost! Nichts kann dir geschehen! Wir sind auch hier!'

Dies Erlebnis bleibt mein größtes.

Mit einem Male hatten Geister, Phänomene und alles dergleichen nur noch eine untergeordnete Bedeutung infolge des überwältigenden Eindrucks dieser denkwürdigen Kundgebung; ich fühlte mich über alle Maßen sicher; die Quälereien hörten auf, und die Geister konnten sich mir ohne meine Zustimmung nicht mehr nähern. Mein gedrückter Sinn richtete sich auf, die Binde fiel von meinen Augen, es wurde mir klar, welch hohlem und unwürdigem Doppelspiel ich ausgesetzt gewesen war. Ich sah ein, wie unmöglich es ist, zuverlässige Aufklärung aus jener Welt zu erlangen, wo die Bosheit in krassester Form herrscht, und wie unmöglich es für unsere verstorbenen Lieben ist, falls sie drüben sind, mit uns in ungehinderte und dauernde Verbindung zu treten. Ich sah, wie aussichtslos es für gute Geister ist, uns Ratschläge und Winke durch Geisterbotschaften zuverlässig zu übermitteln, falls sie so etwas überhaupt tun dürfen, unter so unsicheren Verhältnissen und unter Gefährdung des freien Willens, auf den es doch sicher ankommt - und als erstes wie als letztes stand mir klar vor Augen, wie unnütz und schädlich der Geisterverkehr ist, und auf welchen Abweg ich geraten war, als ich mein Ziel auf dem Wege des Spiritismus erreichen wollte."

Man kann es Carolsfeld-Krausé nicht verdenken, daß er nach diesen enttäuschenden Erlebnissen der praktischen Ausübung eines medialen Jenseitsverkehrs den Rücken kehrte und für ihn die schädlichen Gesichtspunkte überwogen und nicht der mögliche Gewinn, den er nicht kennenlernte. Es ist tragisch, daß er nicht viel früher auf den Gedanken kam, Gott und seinen Sohn Jesus Christus regelmäßig um Hilfe und Schutz anzurufen und darum zu bitten, sie möchten Boten aus ihrem Reich zu ihm schicken. Da er nicht wußte, daß man die Geistwesen in feierlicher und strenger Form schwören lassen muß, daß sie nur Gott und Jesus Christus dienen und nicht etwa dem Gegenspieler Luzifer, konnten sich bei ihm die Truggeister für so lange Zeit einnisten. Er konnte aber wenigstens von Glück sagen, keinen dauernden körperlichen oder seelischen Schaden davongetragen zu haben.

Auch in dem folgenden Fall traten keine ernsthaften bleibenden

Schäden auf. Er wird von einer Frau S. R. aus H. in der Schweiz geschildert und ist im Schweizerischen Bulletin für Parapsychologie 1/1988, S. 4, veröffentlicht. Der Bericht lautet:

"Meine negativen Erfahrungen mit dem Pendel

Es begann im Januar 1986. Es war mein Wunsch, mit meinen verstorbenen Eltern Kontakt aufzunehmen. Ich hörte davon, daß dies mit Hilfe eines Alphabetes und des Pendels möglich wäre. Mein Mann mußte zu dieser Zeit geschäftlich verreisen. So hatte ich viel Zeit, dieses Experiment zu versuchen.

Ohne große Erwartungen zu haben, war ich erstaunt, als das Pendel die Buchstaben suchte. Ein Wort kam zustande und schließlich ein ganzer Satz. Ich war fasziniert. Nach längerer Kommunikation sollten es meine Eltern sein, mit denen ich in Kontakt stand. Ich zweifelte, aber es kamen immer wieder die Worte: 'Glaube und vertraue!'

Skeptisch fragte ich still, ob sie mir etwas sagen würden, was nur wir drei wissen konnten. Als Antwort erhielt ich eine Aussage, woran ich Jahre nicht mehr gedacht hatte. Berührt und erschüttert begann sich etwas in mir zu regen. Ich weiß noch, daß ich im Zimmer umherlief und zu weinen begann.

Meine Eltern waren schon zehn Jahre tot, und nun sollte es die Möglichkeit geben, mich mit ihnen zu verständigen? Meine anfänglichen Zweifel wechselten in Vertrauen über. Es war die erste Nacht, wo ich nicht ans Schlafen dachte. Ich wußte damals nicht, daß noch viele schlaflose Nächte folgen würden. Die anfänglichen positiven Aussagen schlugen ins Negative um. Es wurde in mein persönliches Leben eingegriffen, und es sollten noch viele schlimme Dinge passieren, die mich erschütterten und zur Verzweiflung trieben.

Meine Nerven waren so gereizt, weil diese Kommunikation, die am Anfang so still verlief, jetzt plötzlich in laute Ausbrüche umschlug. Ich verzweifelte. Meine Eltern, mit denen ich zu Lebzeiten immer in harmonischer Beziehung stand, würden mich nie beunruhigen wollen. Ich fragte wieder: 'Wer ist dort?' Es kam ein Name: 'Popano'. Er wäre mein Ehemann aus dem früheren Leben. Ich fühlte mich wie erschlagen, und ein Gefühl der Angst stieg in mir hoch. Ich versuchte, mich wieder zu beruhigen.

Da ich immer ein ganz normales Leben geführt hatte, mußte ich einsehen: Was hier ablief, war nicht einfach zu verarbeiten. Es lag ja nur ein Blatt Papier auf dem Tisch und ein Pendel, aber ich fühlte mich angesprochen. Ich nahm das Pendel wieder in die Hand und wollte Näheres wissen.

Es kamen Angaben: 1691 geboren, gestorben 1744 und die Anzahl der Kinder. Mein Interesse wuchs wieder. Ich bekam Einzelheiten darüber, wie wir gelebt hatten. Der Geist versicherte mir, mich immer noch zu lieben. Es kam einmal die Aussage: 'Ohne dich kann ich nicht mehr hier sein!' Ich antwortete entsetzt: 'Willst du etwa, daß ich zu dir komme?' Aber die Antwort war: 'Nein.' Ich muß gestehen, daß bei dieser ganzen Kommunikation, die wir führten, ein Mitgefühl für diesen Geist aufkam. Es ging so weit, daß ich die alltäglichen Dinge beiseite schob, und viel Zeit mit dem Pendeln verbrachte. Auch wenn ich aus dem Haus gehen wollte, kam: 'Bitte gehe nicht.' Ich bin aber trotzdem gegangen, denn so viel Macht, wie diese Kraft ausüben wollte, hatte sie noch nicht.

Ein neues Symptom trat auf: Ich verspürte am linken Ohr so etwas wie einen Druck oder ein innerliches Summen. Ich hatte das Gefühl, als wäre es ein Aufruf zu pendeln. Es waren schon einige Tage und Nächte vergangen. Ich fühlte mich körperlich kraftlos und seelisch zerschlagen. Nahrung konnte ich nur noch mit Mühe zu mir nehmen. In meinen Gedanken spielten sich Kämpfe ab. Ich begann, meinen Selbstmord zu planen, und wußte im Grunde nicht, warum ich es überhaupt wollte. Ich hatte doch meinen Glauben und wußte, daß ich diese Entscheidung nicht selbst treffen durfte. Dieser katastrophale Zustand spielte sich in einem Zeitraum von einer Woche ab, und ich war einem Nervenzusammenbruch nahe. Nach einigen Stunden Schlaf konnte ich meine Gedanken wieder ordnen und hatte begriffen, daß das, was in dieser Zeit ablief, nur etwas Böses sein konnte. Ich griff immer wieder zum Pendel und mußte mich zwingen, es wieder wegzulegen. Ich hatte begriffen, daß ich unter einem Pendelzwang stand, und versuchte, aus Büchern über ähnliche Vorfälle etwas zu erfahren. Schließlich wurde ich fündig: In Amerika gab es ähnliche Fälle. Da meldeten sich Geistwesen durch ein Oui-Ja-Brett. Auch hier wurden, so las ich, einige Menschen Opfer des Besessenseins.

Heute möchte ich selbst davor warnen, mit dem Pendel zu experimentieren. Denn das, was ich durchlebt habe, kommt mir heute wie ein Alptraum vor, den ich vergessen möchte, aber nicht kann.

Frau S. R. in H., November 1987."

Auch dieses Geschehen lief glimpflich ab. Das war in dem nachfolgenden Fall aber nicht so. Er wird von dem amerikanischen parapsychologischen Forscher Prof. Hans Holzer *(geb. 1920)* berichtet.

Nach Schilderung zweier vorangehender Beispiele schreibt er. (8, S. 154):

"Wenig später erfuhr ich von einem wesentlich ernsteren Fall, bei dem sich kein guter Ausgang abzeichnet. Es handelt sich um die Frau eines bekannten Verlagsdirektors. Sie schrieb, malte, war eine Schönheit, sehr geistreich und in der Gesellschaft sehr beliebt. Körperlich krank war sie nicht, als die Ereignisse begannen. Ab und zu nahm sie einen Drink oder auch zwei, aber sie war keine Alkoholikerin und litt nicht unter Depressionen. Sie hatte keine Probleme, aber auch kein Interesse am Okkulten, das sie für Aberglauben hielt.

Eines Tages befand sich diese Mrs. K. im Landhaus einer Verwandten, deren Hobby das Tischrücken war. Sie war gut gelaunt und ließ sich herbei, daran teilzunehmen, aber nicht aus Neugier, sondern um ihrer Gastgeberin einen Gefallen zu tun. Anwesend war noch eine Freundin der Gastgeberin, welche die Funktion einer Gesellschafterin ausübte.

Kaum hatte Mrs. K. die Hände auf den Tisch gelegt, da fand sie die Sache auch schon langweilig und stand auf. Dann brachte man das Ouija-Brett, und Mrs. K. stieß zur Gruppe. Das Brett schien sich ganz auf Mrs. K. zu konzentrieren, so daß sie schließlich Angst bekam und aufhören wollte, aber ihre Gastgeberin überredete sie, Papier und Bleistift zu nehmen und mitzuschreiben, wenn der Geist das wünschte.

Mrs. K. hielt das für unwahrscheinlich, und sie war dann sehr verblüfft, als der Bleistift wie von selbst etwas auf das Papier kritzelte, das ein verzerrtes Gesicht zu sein schien, vielleicht das eines wahnsinnigen jungen Mannes. Und um die Zeichnung lief eine Schrift: 'Ich habe die getötet, die ich liebe.' Das Wort **'getötet'** war mit solchem Nachdruck geschrieben, daß an dieser Stelle das Papier eingerissen war. Nun sprang Mrs. K. auf, tat einen wilden Schrei, der die anderen mit Angst erfüllte, und war jetzt in so tiefer Trance, daß sie lange Zeit nicht mehr normal schien. Danach war sie zutiefst von ihrem ersten Erlebnis des Beherrschtseins erschüttert.

Nun war sie nicht mehr so skeptisch und schwor, niemals mehr das Unheimliche herauszufordern. Doch die Tür, die sie geöffnet hatte, wollte sich nicht mehr schließen. Sie wurde das Instrument einer ganzen Reihe entkörperlichter Persönlichkeiten, die sie als Medium benützten, um sich nach langen Jahren enttäuschenden Vergessenseins wieder mitzuteilen.

Es waren Soldaten, der Architekt des Hauses, ein Gentleman aus dem achtzehnten Jahrhundert und der gewalttätige Mörder, der die psychische Tür aufgemacht hatte. Er war Maler gewesen und begann Mrs. K. so zu beherrschen, daß ihr eigener, liebenswürdiger Stil ganz im gewalttätigen, heftigen des jungen Mannes unterging. Sie konnte keinen Pinsel in die Hand nehmen, ohne unter seinem Einfluß zu stehen.

Dann folgte eine brutale alte Vettel, die Mrs. K. viele Verletzungen beibrachte. Ihr verängstigter Mann ließ sie in jeder Beziehung gründlich untersuchen, doch man bescheinigte ihr eine vorzügliche geistige und seelische Gesundheit. Eine Erklärung für das, was mit ihr geschah, ließ sich nicht finden. Eine Reihe von Psychiatern, die der Parapsychologie freundlich gesinnt waren, versuchten ihr zu helfen - ohne Erfolg.

Als ich sie kennenlernte, versuchte ich die eingedrungene Persönlichkeit zum Verlassen ihres Geistes zu bewegen. Aber mit einem Verrückten läßt sich nicht rechten, und der Kampf war sehr heftig. Es dauerte Monate und bedurfte intensiver und tiefer Hypnose, um sie wieder einigermaßen unter Kontrolle zu bringen.

Persönlich erlebte sie einige Enttäuschungen; sie schrieb und malte sehr gut, aber noch war nichts veröffentlicht oder verkauft. Die Enttäuschung wurde selbstzerstörerisch und trieb sie zum Alkohol. Nun wurde es immer schwieriger, fremde Persönlichkeiten aus ihrem Geist fernzuhalten. Allmählich faszinierte sie die neue Möglichkeit, und sie verwandte viel Zeit auf die Entwicklung ihres medialen Talents. Statt ihre geistige Tür zu schließen, machte sie diese ganz weit auf für alle Persönlichkeiten, die mit ihrer Hand zu schreiben wünschten.

Sie begann zu kränkeln, und trotz aller Kuren besserte sich ihr Gesundheitszustand nicht. Ihr Köper war schon geschädigt. Viele Leute versuchten, ihr zu helfen und die fremden Geister auszutreiben, die sie beherrschten. Heute ist Mrs. K. eine invalide Person, die nicht mehr auf eine merkliche Besserung ihrer Gesundheit hoffen kann. Eine Weile hatte ich bei ihr Erfolg gehabt, als sie aber selbst keinen Wunsch mehr hatte, sich zu wehren, war alle Mühe umsonst.

Diese fremden Persönlichkeiten waren von Mrs. K. als Medium angezogen worden. Sie war ein Naturtalent, wußte jedoch nicht und lernte auch nie, wie sie diese Invasionen kontrollieren konnte, so daß sie ihr nicht hätten schaden können.

Es gibt registrierte Fälle von anscheinend gesunden Leuten, die plötzlich Amok laufen oder nahe Verwandte töten. Sie können meistens keine Gründe für ihre Tat angeben. Viele wissen von einem bestimmten Punkt an nichts mehr, sie haben 'Mattscheibe', wie man so bildhaft sagt. Hatte eine andere Persönlichkeit sich ihres Körpers bedient und die schrecklichen Verbrechen begangen? Hatte ein böser Entkörperlichter seine aufgestaute Bosheit und Feindseligkeit durch einen Mann abgeladen, der müde von einer harten Tagesarbeit nach Hause kam? Kein Gericht wird eine solche Erklärung akzeptieren, und doch kann sie wahr sein.

Solche Fälle ereignen sich auch oft unter Alkoholeinfluß. Im alkoholisierten Zustand lockern sich die Bande zwischen bewußtem und unbewußtem Geist, und da hat es eine Geistpersönlichkeit leicht, sich eines fremden Geistes zu bemächtigen. Dasselbe trifft auf das geschwächte Bewußtsein nach Drogengenuß zu, und zwar nach medizinischen und psychedelischen, nach Opiaten und Barbituraten.

Jedoch - ohne ASW-Begabung[1)] der 'Opfer' wären diese schrecklichen Dinge nicht vorgefallen. In solchen Fällen ist ASW eher ein Fluch als eine Gnade, da ja die Betreffenden nicht wissen, wie sie sich zu verhalten haben. Die beste Verteidigung ist eben doch die Kenntnis der menschlichen Fähigkeiten und ein besseres Verstehen der Dualität unserer Welt - Geist und Materie."

So weit die Ausführungen von Prof. Holzer. Ich möchte noch hinzufügen, daß zur besseren Verteidigung auch die Kenntnis der religiösen Hintergründe und die Bindung an Gott erforderlich ist. Vom Gebet um göttlichen Schutz ist bei Holzer überhaupt nicht die Rede, dafür von Hypnose und gutem Zureden. Und das hat offensichtlich nicht ausgereicht.

Zusammenfassend ist zu diesen drei Beispielen zu sagen: Die Verbindung mit der jenseitigen Welt kann wertvolle Erkenntnisse über das Weiterleben nach dem irdischen Tod vermitteln und Zweifel beseitigen, wenn sie aus einer religiösen Grundhaltung und moralischen Festigkeit heraus mit der nötigen Vorsicht und der ständigen Bitte um Gottes Schutz betrieben wird. Sie kann aber den Menschen auch ins Verderben stürzen, wenn diese Regeln nicht beachtet werden. - Der Entschluß gewissenhafter Menschen, die Jenseitsverbindung aufzunehmen, hat uns die Gewißheit geliefert, daß der irdische Tod nicht das Ende des Lebens ist. Doch bei allen derartigen Versuchen gilt das Gebot: Prüfet die Geister! Dabei ist ein vorangestelltes ernsthaftes Gebet zu Gott oder Christus mit der Bitte um Schutz nahezu unerläßlich.

1) *ASW = außersinnliche Wahrnehmung, hier verwandt für 'Medialität'.*

7. Schlußbetrachtung

Nach diesen Schilderungen wird der Leser verstehen, daß parapsychologische Versuche und der Jenseitsverkehr kein Gesellschaftsvergnügen oder Kinderspiel sein sollten. Als solches wurde aber das Tischrücken von vielen Menschen um die letzte Jahrhundertwende betrieben und wird das Planchette-Schreiben heutzutage von Schülern in manchen Klassen durchgeführt. Jugendmagazine geben dazu die notwendigen Anleitungen und erklären, wie man durch "Pendeln", Tischklopfen und mediales Schreiben die Verbindung zur jenseitigen Welt herstellen kann. Das mag in manchen Fällen harmlos bleiben und ohne schädliche Folgen abgehen, weil es entweder mangels Medialität nicht funktioniert oder bald langweilig und dann eingestellt wird. Es kann aber auch die oben beschriebenen schrecklichen Folgen haben. Betroffene können schneller beim Psychiater landen, als ihnen lieb ist.

Dazu ein Beispiel: Ende Oktober wurde ich von vier Damen und einem Herrn aufgesucht, die Mitte 1986 in einer alten Nummer *(vom September 1984)* der Jugendzeitschrift "Bravo" genaue Anleitungen zur Aufnahme des Jenseitsverkehrs gelesen hatten. Sie sagten sich: Was so Kinder zuwege bringen, das müssen wir doch auch schaffen. Tatsächlich brachten sie sehr schnell ein kleines Tischchen durch ihre aufgelegten Hände zum Schweben. Bei drei der vier Damen stellten sich mediale Fähigkeiten heraus, besonders bei einer Frau D. Sie hörte Stimmen und begann alsbald medial zu schreiben. Sie mußte die verschiedenartigsten Botschaften durchgeben, insbesondere auch von einem Geistwesen, das behauptete, die verstorbene Mutter einer der anderen Damen zu sein. Die Wesenheit gab an, vergiftet worden zu sein. Die Kanne mit dem Gift, das man ihr beigebracht habe, befinde sich noch in ihrem Sarg. Man müsse das Grab öffnen, die Giftkanne entfernen und außerdem Seelenmessen lesen lassen. Tatsächlich war die Mutter eines natürlichen Todes gestorben.

Die Zustände und das auffällige Wesen der Frau D. wurden in kurzer Zeit so schlimm, daß ihr Mann und ihre Mutter die Einweisung in eine psychiatrische Anstalt erwirkten. Dort wurde Frau D. mit Psychopharmaka behandelt, die ihr aber wegen ihrer Nebenwirkungen sehr unangenehm waren. Um aus der Anstalt entlassen zu werden, behauptete sie, keine Stimmen mehr zu hören. Tatsächlich hörte sie diese aber weiterhin und blieb auch nach der Entlassung aus der psychiatrischen Anstalt mit den jenseitigen Wesen in Verbindung. Um sich mit ihnen 'unterhalten' zu können, sollte sie bei den Antworten normal reden oder flüstern. Damit ihre Angehörigen das aber nicht bemerkten, mußte sie auf Anweisung der Geistwesen lernen, ohne Lippenbewegung zu sprechen. Frau D. gab an, zur Zeit ihres Besuches bei mir täglich etwa zwei Stunden mit ihren Geistwesen zu sprechen. Sie meinte, daß es jetzt keine Foppgeister mehr seien, sondern solche, die anderen Geistern helfen wollten. Sie hatte aber die Anweisung bekommen, nicht mehr in der Bibel zu lesen. Die Geister wollten ihr später sagen, was in der Bibel richtig sei und was nicht. Frau D. hat diesen Auftrag nicht als beunruhigend angesehen und verhielt sich ihren Geistern gegenüber sehr vertrauensselig. Die ersten unsinnigen Aufträge hatten sie keineswegs argwöhnisch gemacht. Meinen Rat, den Verkehr mit ihren Geistwesen unter allen Umständen abzubrechen und sich gegen weitere Durchsagen und Aufträge zu sträuben, befolgte sich nicht. Sie handelte sich aber das Verbot ihrer Geistwesen ein, mich nochmals aufzusuchen. Ich befürchte für Frau D. auf lange Sicht eine ungünstige Weiterentwicklung.

Wer sich aber trotz der möglichen Gefahren aus Forscherdrang oder religiöser Wahrheitssuche an die Verbindung mit der jenseitigen Welt heranwagt, sollte das nur tun, wenn er ernsthafte und keine materiellen Ziele hat, wenn er ein festes religiöses Fundament besitzt und ständig Gott im Gebet um seinen Schutz anruft. Außerdem sollte er große Vorsicht walten und sich nie zum kritiklosen Diener jenseitiger Wesenheiten machen lassen. Nur dann kann er hoffen, reichen geistigen Gewinn aus dem Jenseitsverkehr zu ziehen und eine noch festere Beziehung und größeres Vertrauen zu Gott zu bekommen. Dann wird sein Leben in ruhigen Bahnen verlaufen, und nicht jeder Schicksalsschlag wird ihn umwerfen und verzweifeln lassen. Es wird ihm möglich sein, auch anderen Menschen in ihrer Not und Trübsal beizustehen und ihnen Trost und Hoffnung zu vermitteln. Ein solcher Suchender wird sich auch schon jetzt auf Erden bemühen, sein Leben so zu gestalten, daß es ihm nicht nach seinem Tod zum Nachteil gereicht.

Sicherlich werden manche Leser, die sich bis hierher mit Geduld und Mühe durch den Text gelesen haben, zu der Meinung gelangen, daß alles doch nur Phantasieerzeugnisse der Medien und daher völliger Unsinn seien. Die von mir vorgetragenen Berichte und Schlußfolgerungen können und wollen sie nicht annehmen, da sie ihnen zu unwahrscheinlich erscheinen und zu sehr gegen den Strich gehen. In ihrer bisherigen Lebenserfahrung haben paranormale Geschehnisse keinen Platz. Sie mögen aber bedenken, daß schon immer Menschen in gleicher Weise geurteilt haben und letzten Endes doch im Irrtum waren. Als Beispiel führe ich hier den griechischen Geographen, Astronomen und Mathematiker **Pytheas** aus der griechischen Kolonie Massilia *(heutiges Marseille)* an. Er unternahm um das Jahr 330 v. Chr. von Cadiz *(Spanien)* aus eine nach Norden führende Seereise. Er gelangte, zwischen England und Irland hindurchsegelnd, an den Orkney-Inseln vorbei nach Norwegen und dann nach Thule *(Island oder Grönland)*. Zurückgekehrt berichtete Pytheas von den im Winter zufrierenden Küstengewässern, der Mitternachtssonne und den damaligen Bewohnern von Thule. Doch kaum einer wollte ihm glauben. Die meisten hielten ihn für einen Aufschneider und Lügner.

So kann es auch heute einem Berichterstatter über die jenseitige Welt gehen. Es ist aber gar nicht erforderlich, daß alle Menschen derartige Berichte glauben. Wichtig ist nur, daß wenigstens einige sie in den Bereich des Möglichen rücken, sich schon zu Lebzeiten darauf einstellen und das Wissen darüber an die nachfolgende Generation weitergeben. --

8. Namens- und Sachverzeichnis

9. Literaturangaben

(1) A. Borgia: "Das Leben in der Unsichtbaren Welt", Verlag "Die Silberschnur", Melsbach/Neuwied, 2. Aufl. 1986

(2) A. Carolsfeld-Krausé: "Bekenntnisse eines Spiritisten", Agentur des Rauhen Hauses, Hamburg 1925

(3) B. Cyriax: "Wie ich ein Spiritualist geworden bin", Verlag Oswald Mutze, Leipzig 1893

(4) W. Eisenbeiss: "Die ungewöhnlichste Schachpartie", Die Schachwoche, Nr. 38 vom 24.9.1987, S. 21

(5) A. Findlay: "Gespräche mit Toten", Verlag Hermann Bauer, Freiburg 1960

(6) A. Ford: "Bericht vom Leben nach dem Tod", Scherz Verlag, München 1972

(7) J. Greber: "Der Verkehr mit der Geisterwelt Gottes, seine Gesetze und sein Zweck", Johannes Greber Memorial Foundation, 139 Hillside Avenue, Teaneck, N.J. 07666, USA, 10. Aufl. 1987

(8) H. Holzer: "Das Übersinnliche ist greifbar", Prisma Verlag, Gütersloh 1978

(9) A. Kardec: "Der Himmel und die Hölle oder die göttliche Gerechtigkeit", Verlag Karl Siegismund, Berlin 1890

(10) E. Kübler-Ross: "Über den Tod und das Leben danach", Verlag "Die Silberschnur", Melsbach/Neuwied, 10. Aufl. 1988

(11) Ph. Landmann und R. Schwarz: "Wie die Toten leben", Lebensweiser-Verlag, Büdingen-Gettenbach 1954

(12) R. Lees: "Reise in die Unsterblichkeit", 2 Bände, Drei Eichen-Verlag, München, 3. Aufl. 1964

(13) E. Mattiesen: "Das persönliche Überleben des Todes", 3 Bände, Verlag Walter de Gruyter, Berlin 1936-39, Neuaufl. 1962 u.1987

(14) R. Moody: "Leben nach dem Tod", Rowohlt Verlag, Reinbeck 1977

(15) S. Muldoon: "Die Aussendung des Astralkörpers", Verlag Hermann Bauer, Freiburg 1964

(16) W. Ohr u. G. Cooke: "White Eagle", Parapsychika, H 2/3, 1982, S. 12

(17) W. Schiebeler: "Der Tod, die Brücke zu neuem Leben", Verlag "Die Silberschnur", Melsbach/Neuwied 1988

(18) W. Schiebeler: "Zeugnis für die jenseitige Welt, eine Darstellung der Erfahrungsbeweise", Verlag "Die Silberschnur", Melsbach/Neuwied 1989

(19) M. Schrimpf: "Eppur si muove. Eine Sammlung neuester authentischer Beweise des Weiterlebens nach dem Tode", Verlag Oswald Mutze, Leipzig 1912

(20) R. Schwarz: "Dr. Rudolf Schwarz meldet sich aus dem Jenseits durch das Medium Ph. Landmann", Metaphysik, Zeitschrift für Jenseitsforschung, H. 7/1963, S. 123

(21) R. Sekanek: "Mutter Silbert", Otto Reichl Verlag, Remagen 1959

(22) E. Stead: "Die blaue Insel. Mit der Titanic in die Ewigkeit", G. E. Schroeder-Verlag, Garmisch-Partenkirchen 1961 u. weitere Aufl.

(23) C. Wickland: "Dreißig Jahre unter den Toten", Otto Reichl Verlag, Remagen 1952 u. weitere Aufl.

(24) Geistige Welt, Nr. 33/34, 1965, S. 263, Arthur Brunner Verlag, Zürich

(25) Geistige Welt, Nr. 18/1970, S. 142, Arthur Brunner Verlag, Zürich

Werner Schiebeler

DER TOD, DIE BRÜCKE

ZU NEUEM LEBEN

Beweise für ein persönliches Fortleben nach dem Tod

Der Bericht eines Physikers

Verlag „Die Silberschnur" GmbH

Werner Schiebeler

Der Tod, die Brücke zu neuem Leben

Die Wissenschaft der Parapsychologie befaßt sich mit seltenen Naturerscheinungen, die eng mit dem menschlichen Leben verknüpft sind und in den herkömmlichen Wissenschaften nicht untersucht werden. Die Parapsychologie erörtert auch die Frage nach der Herkunft und dem Ziel des menschlichen Lebens und versucht eine Antwort darauf zu geben, ob denn der Tod wirklich das Ende des "Lebens" überhaupt ist. Diese Wissenschaft hat zahlreiche Fälle aufgedeckt, in denen das "Ich" verstorbener Menschen sich trotz des Zerfalls des irdischen Körpers wieder mit Menschen dieser Welt in Verbindung setzen und handfeste Zeichen seines Fortbestandes geben konnte. Die Parapsychologie sieht darin einen Erfahrungsbeweis für das Überleben des Todes. Man mag darüber denken, wie man will, fest steht, daß man an dem Tatsachenmaterial der Parapsychologie und ihrer Jenseitsforschung nicht vorbeikommt, wenn man über die Möglichkeiten eines Weiterlebens nach dem Tode nachdenkt.

Inhalt

Werner Schiebeler

ZEUGNIS FÜR DIE JENSEITIGE WELT

Eine Darstellung
der Erfahrungsbeweise

Der Bildbericht eines Physikers

Über das Werk

Physik, Biologie und Physiologie sind die Wissenschaften, die sich mit den Vorgängen der unbelebten Natur befassen. Sie versuchen, die Gesetzmäßigkeiten für die "normalen" Natur- und Lebenserscheinungen zu finden. Daneben gibt es aber wenig bekannte und seltene Naturerscheinungen, die man als "paranormal" bezeichnet und die eng mit dem menschlichen Leben verknüpft sind. Es handelt sich dabei um Fernbewegung von Gegenständen, freies Schweben von Personen, Bildung und Auflösung von menschlichen Gliedmaßen, Gesichtern und ganzen Gestalten, die behaupten, verstorbene Menschen zu sein.

Entspringen solche Erscheinungen dem Unterbewußtsein der dabei beteiligten lebenden Menschen, ist es nur Schwindel, oder sind es Wirkungen und Erscheinungen aus einer anderen Welt?

Seit Jahrzehnten geht der Autor solchen Geschehnissen nach, beobachtet sie und sammelt Berichte darüber. Er hält sie für echte Naturerscheinungen, die auf eine neben unserer materiellen Welt bestehende jenseitige Daseinsebene hinweisen.

Zeugnis für die jenseitige Welt

Inhaltsverzeichnis

Werner Schiebeler

Der Mensch und seine Bindung an Gott

Parapsychologie und Religion

Geplant für 1990

Werner Schiebeler

Der Mensch und seine Bindung an Gott

Parapsychologie und Religion

Der moderne Mensch glaubt meist nicht mehr an Gott und ein himmlisches Reich. In früheren Zeiten war das ganz anders. Seit es Menschen auf dieser Erde gibt, haben sie die Überzeugung von einer jenseitigen Welt, einem Fortleben nach dem Tode und einer Verbindungsmöglichkeit mit ihren verstorbenen Vorfahren gehabt. Sehr früh entwickelte sich dann auch die Vorstellung von göttlichen Wesenheiten mit großer Machtvollkommenheit über die irdischen Menschen. Der Glaube an sie und die daraus entwickelten Moralvorstellungen und Kultformen werden als Religion bezeichnet. Besondere Bedeutung haben vier Religionen erlangt, die als sogenannte monotheistische Religionen einen gemeinsamen Gott als universalen Weltenschöpfer und Weltenlenker verehren. Es sind dies in der zeitlichen Reihenfolge ihres Entstehens: Die Mosaische Religion, die Zarathustrische Religion (oder Mazdaismus), das Christentum und der Islam. Allen vieren ist gemeinsam, daß ihre Stifter (Moses, Zarathustra, Jesus Christus und Mohammed) über unmittelbare Verbindung zur göttlichen Welt berichten und von ihr Anweisungen und Belehrungen entgegennahmen. Die moderne Theologie bezeichnet derartige Auffassungen als mythologischen Ballast, den man schleunigst ablegen sollte.

Die Forschungsergebnisse der heutigen Parapsychologie haben dagegen gezeigt, daß ein Verkehr mit der jenseitigen Welt tatsächlich möglich ist und daher die Kernaussagen der vier monotheistischen Religionen über einen einzigen universalen Gott durchaus glaubhaft sind. Daher sagte der inzwischen verstorbene evangelische Theologe Prof. Fritz Blanke von der Universität Zürich, daß die Parapsychologie einen neuen Zugang zur biblischen Wirklichkeit der Engel und Dämonen eröffnet und dadurch den Glauben zwar nicht ersetzt, aber für ihn Raum schafft. Dadurch können Menschen, die im Materialismus und Rationalismus versunken sind, beginnen, an ihrer bisherigen Weltschauung zu zweifeln und zu Religion und Christentum zurückfinden.

Aus unserem Programm

ISBN 3-923781-09-1
farbig broschiert
156 Seiten, DM 18,80

Hinrich Ohlhaver

Die Toten leben

Dieses Buch macht den Leser mit Deutschlands wohl erstaunlichstem Medium bekannt. Unter den vielen medialen Fähigkeiten, die Elisabeth Tambke ausübte, sind die durch sie bewirkten Materialisationserscheinungen Verstorbener wohl die in ihrer „Leibhaftigkeit“ bemerkenswertesten gewesen, die je auf deutschem Boden demonstriert worden sein dürften.

Trutz Hardo: Wohl kaum ein anderes Buch vermag den Leser von einem Leben nach dem Tod und vom Vorhandensein einer Geisterwelt nachhaltiger zu überzeugen.

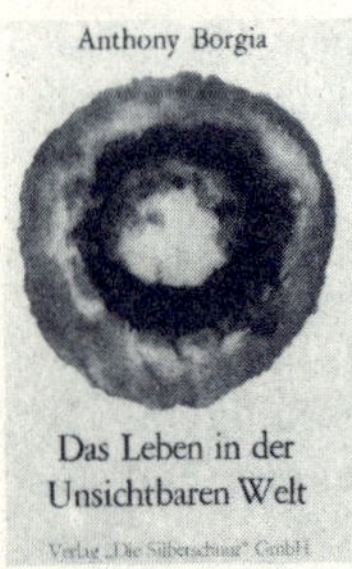

ISBN 3-923781-03-2
mehrfarbig, broschiert
268 Seiten, DM 29,80

Anthony Borgia

Das Leben in der unsichtbaren Welt

Unternehmen wir zum erstenmal – sagen wir – eine Reise nach Amerika, so erscheint es uns zweckdienlich, uns vorher über jenes Land zu informieren, um uns bei unserer Ankunft besser zurechtzufinden. In das Land des Jenseits, jener uns nach unserem irdischen Tod erwartenden „Geistigen Welt“, müssen wir aber alle einmal reisen!

HINWEIS:
Im Sommer 1988 wird der Folgeband erscheinen

ISBN 3-923781-02-4
mehrfarbig, broschiert
90 Seiten, DM 16,80

Elisabeth Kübler-Ross

Über den Tod und das Leben danach

Zum erstenmal werden mit diesem Buch die Ergebnisse zum Thema „Über den Tod und das Leben danach“ veröffentlicht, zu denen die berühmte Wissenschaftlerin und Ärztin Dr. ELISABETH KÜBLER-ROSS nach vielen Jahren des Erforschens an den Betten Sterbender gelangte.

„Ich glaube, es ist jetzt Zeit, daß die Leute wissen, daß der Tod gar nicht existiert, wenigstens nicht so, wie wir uns das vorstellen.“